NPO
Non Profit Organization
法人の税務
【改訂版】

田中 義幸 著

税務経理協会

まえがき

　会社などの営利法人とNPO法人などの非営利法人のどちらが先に，私たちの社会に登場したのかといえば，軍配はNPO法人などの非営利法人の側に上がります。すでに，ローマ時代の自治都市や植民地において，法人という概念が制度化されていたというのです。つまり，法律によって自治都市や植民地がローマ皇帝と契約することが認められていました。

　法人という形態は，やがて中世のヨーロッパに至って，中世の自由都市の他に僧院や大学，同業者のギルドなどとなって現れました。人と同じように契約をすることができて，人のように寿命が尽きることがない，法人という仕組みがとられたのは，都市や僧院などが領主との契約を継続することができるようにするためでした。

　ただし，ここには，権利義務の主体となる法人という仕組みはあっても，会社などのようにその法人を誰かが所有するという仕組みはありませんでした。都市や僧院や大学，ギルドなどにおいても特定の者による実質的な支配は少なからずあったと思われますが，支配者としての地位が富を表象するものではなかったので，実質的な支配はあっても，所有と結び付くことはなかったのだろうと思われます。

　NPO法人は，これら中世の自由都市，僧院，大学，ギルドなどのうち，どの系譜に連なるものでしょうか。NPO法人が実際に行っている事業内容のあふれるような多様さからすると，僧院，大学，ギルドなどにとても収まりきれるものではなく，人々のエネルギーであふれていた中世の自由都市の系譜に連なるものではないかと考えると，今のNPO法人の現状にぴったりくるような気がします。

　NPO法人は，私たちの社会に様々なものをもたらしましたが，その中でも最大のものは多様な価値観ではなかったかと今になって気付かされます。ややもすると硬直化したり偏狭になったり思考停止になったりしがちな私たちの社

会を多様化し柔軟にする存在としてのNPO法人ですが,税金の面では普通の会社や個人の事業に比べて優遇されていると思われがちで,厳しい目で見られていますので,社会的批判を受けることのないように注意しなければなりません。

　本書は,平成15年に初版を発行して以来,12年ぶりの改訂版となります。改訂に際しては,消費税の項目をかなり書き足し,認定NPO法人制度も大幅に修正しました。ようやく刊行できたのは税務経理協会の小林規明氏の労によるものですが,読者の皆様の利便に供することができれば,これに過ぎる喜びはありません。

　平成27年2月

　　　　　　　　　　　　　　　　　　　　　　　　　　　田中　義幸

■■ 目　　次 ■■

まえがき
凡　例

第1章　NPO法人の選択 ……………………………………………… *1*

第1節　NPO法人と他の事業体 …………………………………… *2*
第2節　NPO法人の現在 …………………………………………… *6*
第3節　事業体の選択 ……………………………………………… *11*
第4節　収益事業に対する課税 …………………………………… *16*

第2章　NPO法人の税務上の義務 ……………………………… *25*

第1節　所得税の源泉徴収義務 …………………………………… *26*
第2節　NPO法人の収益事業の申告と納税 ……………………… *31*
第3節　消費税の申告と納税 ……………………………………… *44*
第4節　NPO法人のその他の税 …………………………………… *45*
第5節　損益計算書等の提出義務 ………………………………… *47*
第6節　NPO法人に対する寄附の取扱い ………………………… *47*

第3章　NPO法人の収益事業 … 49

第1節　収益事業の意義と範囲 … 50
第2節　収益事業からの除外 … 57
第3節　収益事業の種類と特徴 … 65
第4節　公益法人等の所得計算の特例 … 101
第5節　収益事業の申告手続 … 109
第6節　収益事業申告の具体的な計算例 … 110

第4章　NPO法人の組織再編に伴う課税 … 129

第1節　NPO法人の組織再編の態様 … 130
第2節　NPO法人の組織再編に伴う課税 … 132
第3節　NPO法人の出資による会社の設立 … 134

第5章　損益計算書等の提出制度 … 137

第1節　税務署への提出制度 … 138
第2節　活動計算書・収支計算書の作成・提出 … 139

第6章　NPO法人の消費税 … 145

第1節　消費税の基本と特徴 … 146
第2節　消費税の課税対象と課税範囲 … 151
第3節　消費税の非課税 … 158
第4節　消費税の課税期間と課税標準 … 160
第5節　消費税の税額控除等 … 163

第6節　非営利法人の消費税の特例 …………………………………… *173*
第7節　消費税の申告・納付 ……………………………………………… *186*
第8節　消費税の届出等 …………………………………………………… *190*
第9節　消費税 Q&A ……………………………………………………… *197*

第7章　認定 NPO 法人制度 …………………………………… *209*

第1節　認定 NPO 法人とは ……………………………………………… *210*
第2節　認定 NPO 法人になるには ……………………………………… *213*
第3節　認定 NPO 法人になると ………………………………………… *215*
第4節　認定等が取消しになると ………………………………………… *221*
第5節　認定を受けるための基準 ………………………………………… *222*
第6節　事前チェックシート ……………………………………………… *234*
第7節　認定を受けるための申請書類 …………………………………… *249*

付　　録

① 特定非営利活動促進法 …………………………………………………… *296*
② 特定非営利活動促進法施行令 …………………………………………… *333*
③ 特定非営利活動促進法施行規則 ………………………………………… *341*

■ 凡 例 ■

本書で使用した法令の略称は以下のとおりです。

略称	正式名称
NPO法	特定非営利活動促進法
NPO法令	特定非営利活動促進法施行令
NPO法規	特定非営利活動促進法施行規則
所　法	所得税法
法　法	法人税法
法　令	法人税法施行令
法　規	法人税法施行規則
法基通	法人税基本通達
登免法	登録免許税法
印　法	印紙税法
消　法	消費税法
消　令	消費税法施行令
消　規	消費税法施行規則
消基通	消費税法基本通達
措　法	租税特別措置法
措　令	租税特別措置法施行令
措　規	租税特別措置法施行規則
通則法	国税通則法
地　法	地方税法

第 1 章

NPO法人の選択

　目的とする事業を行うのにどのような組織が相応しいのか。NPO法人以外にも選択肢はあります。法人格のない任意団体もあるでしょうし，NPO法人と類似するところの多い一般社団法人，一般財団法人という選択もあるでしょう。また，非営利法人ではない会社という選択もあるかもしれません。

　この章では，NPO法人と他の事業体を比較して，NPO法人を選択することのメリットなどについて改めて確認しておきましょう。

第1節　NPO法人と他の事業体

1　様々な事業体

　NPO法人を設立して事業を行うことは，事業体としてNPO法人を選択することを意味します。わが国には，NPO法人以外にも様々な事業体が存在します。一般社団法人，一般財団法人，公益社団法人，公益財団法人，学校法人，社会福祉法人，宗教法人，更生保護法人，医療法人，株式会社，合同会社，事業協同組合，有限責任事業組合，任意団体，民法上の組合，匿名組合，個人事業，…などです。事業を行う者は，それらの中から，行おうとしている事業に最もふさわしいと思われる事業体を選択する必要があります。

　その場合の判断としては，まず法人格が必要かどうかです。次に，会社などの営利法人にするか，それともNPO法人などの非営利法人にするかを検討します。そして，具体的な法人の選択にあたっては，それぞれの事業体・法人制度の趣旨や性格，事業の性質，税務上の取扱いなどから判断することになります。

2　法人格があるものとないもの

　事業体といっても，これには大きく法人格があるものとないものがあります。法人とは，自然人以外で，法律上の権利義務の主体として法律により認められた存在を示すもので，このような法的技術を用いることによって構成員の変動にかかわらず法的主体としての地位を継続させるという効果が生まれます。法人格があるものは，法人としてモノを所有したり，貸し借りしたり，人を雇用したり，事業を委託したり，受託したりといった契約の主体となることができます。法人格のない任意の団体は，権利義務の主体となることができないことから，個人の名義で所有したり契約したり，口座を設けたりしなければなりません。そのため権利義務の関係が不安定で，社会的信用に欠ける面がありますが，その反面，規制する法律がないので法律に縛られず自由に運営すること が

できるという利点があります。

　このような法人格のない任意の団体は，税務上は，「人格のない社団等」として，法人とみなされるか，さもなければ各構成員の個人であれば個人に分けられて取り扱われるかのどちらかです。なお，人格のない社団等は，「法人でない社団または財団で代表者または管理人の定めがあるものをいう」と法人税法では定義されています。

　これに対して，NPO法人は，特定非営利促進活動法によって法人格が与えられている法人です。

3　社団型法人と財団型法人

　法人は，寿命に限りのある個人の人格の限界を超越する存在として生み出されたものです。その中には特に集団の永続性に着目して法人格が付与された社団型法人と，財産の永続性に着目して法人格が付与された財団型法人があります。

　社団型法人の設立は，複数の構成員が集まり集団を形成することで始まり，解散は，集団の解消を構成員で議決することにより可能とされます。つまり，永続性の存在実体である集団がなくなれば解散です。社団型法人は，現行のわが国制度の中で具体的に挙げると一般社団法人，一般社団法人が公益の認定を受けた公益社団法人，NPO法人などがあります。

■ 社団型と財団型の違い ■

財団型法人の設立は，一団の財産が拠出されることによって始まりますが，解散は財産の滅失等がなければできません。これも，永続性の存在実体である財産がなくなれば解散です。財団型法人は，現行のわが国制度の中で具体的に挙げると，一般財団法人，一般財団法人が公益認定を受けた公益財団法人，学校法人，宗教法人，社会福祉法人などがあります。

4　営利法人と非営利法人

　法人格のある法人には，いわゆる営利を目的とする営利法人と営利を目的としない非営利法人があります。

　営利法人は，法人が所有する仕組み，すなわち法人としてモノを所有したり，貸し借りしたり，人を雇用したり，事業を委託したり，受託したりといった契約の主体となることができることに加えて，この法人を所有する仕組みが組み込まれています。営利法人は，もともと共同で出資して事業を行い利益を分け合う共同出資の仕組みに，契約の主体となれる法人格の仕組みを結合させてできたのですから，営利法人には出資者として法人を所有し，そこから利益の分配を受ける者が存在します。

　これに対して，非営利法人には，モノを所有したり，貸し借りしたり，人を雇用したり，事業を委託したり，受託したりといった契約の主体となることはありますが，法人に出資したり，所有したりするような仕組みはありません。

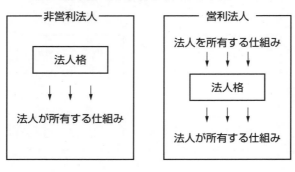

■ 非営利法人と営利法人の根本的な違い ■

したがって，法人から利益分配を受けることもありません。

NPO法人は，法人を所有する仕組みのない，したがって利益を分配したり，残余財産を分配したりすることのない非営利法人に属する法人です。

5　税務上の取扱い

わが国の法人税は，法人を五つの種類に分けて課税所得の範囲を定めています。法人の区分は，①公共法人，②公益法人等，③協同組合等，④人格のない社団等，⑤普通法人の5種類です。このうち，①公共法人の課税所得の範囲は

■ 法人の種類と課税の方式 ■

内国法人	法人税法	課税方式
公共法人	別表第1の法人	非課税
公益法人等	別表第2の法人	収益事業課税
協同組合等	別表第3の法人	全所得課税
人格のない社団等	—	収益事業課税
普通法人	—	全所得課税

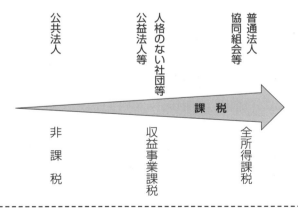

①課税所得の範囲　②利子等の源泉課税　③税率
④寄附金の損金算入限度額　⑤みなし寄附金　⑥寄附金税制

ありません。②公益法人等と④人格のない社団等の課税所得の範囲は，収益事業の所得のみです。③協同組合等と⑤普通法人の課税所得の範囲は，全て，すなわち全所得です。

この課税所得の範囲を中心にして，利子等の源泉課税の有無，税率の適用，寄附金の損金算入限度額，みなし寄附金，寄附金税制などの要素を組み合わせて，わが国の法人に対する課税制度は組み立てられています。

消費税は，取引に係る税ですから，法人税のように法人の種類によって課税の範囲が異なるということはありません。国や地方公共団体であっても消費税の納税義務を免れていないことでもわかるように，NPO法人のような非営利法人が収益事業を行っていない場合でも，基準期間（前々事業年度）の課税売上高1,000万円以下の免税事業者に該当しない限り，消費税の納税義務が生じることになります。

第2節　NPO法人の現在

1　NPO法人の登場

NPO法人制度は，容易に設立できる非営利法人の制度として平成10年にスタートしました。それまで，非営利法人の設立は容易ではなく，行政の許可や認可によって制限されていました。わが国の非営利法人制度は，明治29年に成立した民法による社団法人，財団法人の制度によって始まり，第二次世界大戦前はこの制度しか存在しませんでした。たとえば，戦前はNHKなども社団法人でしたし，有名な理化学研究所も財団法人でした。これらは公益法人と呼ばれ，主務官庁の許可による設立や運営の監督が行われました。

第二次世界大戦後の昭和25年～26年頃になって初めて，学校法人，社会福祉法人，宗教法人，医療法人などの制度が登場してきました。といっても，学校法人，社会福祉法人，医療法人は行政の認可による設立や監督の対象であることに変わりはありませんでした。宗教法人は認可ではなく，行政が要件を確

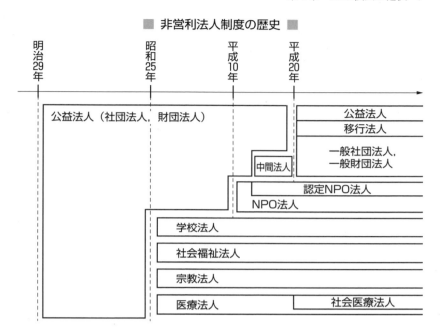

認する認証制度でしたが，認証の期限が定められていないため設立は容易ではありませんでした。

　平成10年に誕生したNPO法人は，宗教法人と同じ認証制度でしたが，行政による認証の期限を4か月以内と定めたことから，行政の関与はあるものの4か月で設立できるため，比較的容易に設立できる非営利法人として登場しました。NPO法人の設立の認証や運営の監督を行う所轄庁は，①事務所が所在する都道府県の知事，②2以上の都道府県に事務所を設置する法人は内閣総理大臣とされました。

2　公益法人改革

　NPO法人制度が始まった平成10年前後から公益法人改革の声が上がり始めました。主務官庁制の弊害としての行政と法人の癒着や公益法人とは名ばかりの法人の存在など，公益法人制度には構造的な問題が生じていました。

そうした中で，平成14年には全く行政の関与を受けない中間法人制度がスタートしました。中間法人は，登記するだけで簡単に設立できたため一定の活用は行われましたが，会社並みの課税を受けたこともあって，広範な普及には至りませんでした。

公益法人改革は，明治29年以来110年間に及ぶ旧制度を大幅に改革する新公益法人制度として，平成20年12月1日にスタートしました。それは，①登

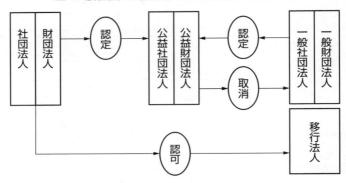

■ 一般社団・財団法人と公益法人の関係 ■

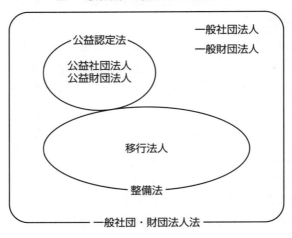

■ 一般社団・財団法人の現況 ■

記するだけで誰でも簡単に設立できる一般社団・財団法人制度，②一般社団・財団法人が公益認定を受ければ公益社団・財団法人になる公益認定制度，③これまでの公益法人であった社団法人，財団法人を一般社団・財団法人又は公益社団・財団法人に移行させる制度，の三つの制度からなるものでした。

旧公益法人であった社団法人，財団法人の新公益法人制度への移行は，平成20年12月1日から，平成25年の11月30日までの5年間に行うことが義務付けられました。スタート時点で約24,000法人を数えた旧公益法人は，この移行により約4,000法人が解散や合併によって姿を消し，約9,000法人の公益財団・社団法人と約11,000法人の一般社団・財団法人に移行しました。一般社団・財団法人に移行した法人は，移行法人と呼ばれて，それまでに蓄積した財産を，公益目的に使用し尽くすことが義務付けられています。

公益社団・財団法人の税務上の取扱いとして，収益事業課税は当然ですが，利子等に対する源泉所得税は旧公益法人と同様に非課税とされ，収益事業からのみなし寄附金も大幅に拡充されました。また，個人からの寄附金については全て特定公益増進法人として寄附金控除等の優遇措置が受けられるようになりました。

また，一般社団・財団法人は，原則として会社並みの課税を受けるとしながらも，そのうち，利益分配を行わない，残余財産を国等に帰属させる，親族で支配しないなどの要件を満たす法人は，非営利型法人として収益事業課税を受けるものとされました。

3　NPO法人の歩みと現状

平成10年に始まったNPO法人には，収益事業課税が適用されましたが，税務上の優遇措置は一切講じられなかったため，平成13年に税制優遇措置を受ける認定NPO法人の制度が設けられました。認定NPO法人は，運営組織や事業活動の適正性などについて一定の要件を満たすものとして国税庁長官が認定した法人です。認定NPO法人の要件は，その後も毎年のように緩和されましたが，認定NPO法人を申請する法人は少数にとどまりました。

■ 公益法人等の構成 ■

区　　分			法人税率	みなし寄附
公益法人等	本来の公益法人等	公益社団法人・公益財団法人	25.5% (15%)※	○
		非営利型法人	25.5% (15%)※	×
		社会医療法人	19% (15%)※	○
		学校法人，社会福祉法人，宗教法人などの特別法上の公益法人，認可法人，特定の公法人	19% (15%)※	○
	みなし公益法人等	特例民法法人	19% (15%)※	○
		NPO法人，政党法人，地縁団体，マンション管理組合法人，マンション建替組合，防災街区整備事業組合	25.5% (15%)※	×

※年800万円以下の部分

■ NPO法人の税制 ■

区　分	NPO法人	非営利型法人
課税所得の範囲	収益事業	収益事業
利子等の源泉徴収	課税	課税
法人税率	25.5% (800万円まで15%)	25.5% (800万円まで15%)
寄附金の損金算入限度額	所得の1.25%	所得の1.25%
みなし寄附金	なし	なし
寄附税制	措置法40条の対象	非営利性徹底法人は措置法40条の対象

阪神淡路大震災でボランティア団体が活躍したことを契機として誕生したNPO法人制度は，東日本大震災でも目覚ましい貢献を見せたことから，NPO法人制度を，より地域に密着した使い勝手のいい制度にするための制度改正の機運が一挙に高まりました。

　平成24年4月1日に施行された改正NPO法は，それまでの国と地方が関与した制度から，完全な地方の制度への転換を実現するものでした。所轄庁は，①主たる事務所が所在する都道府県の知事，②その事務所が一の指定都市の区域のみにある場合は指定都市の長，となりました。また，認定NPO法人の認定は，国税庁長官ではなく，所轄庁，すなわち都道府県知事か指定都市の長となりました。

　NPO法人は，今日までに約5万の法人が設立されましたが，すでに約1万の法人が解散して，存続している法人は4万を少し超える法人となっています。NPO法人は，設立は容易ですが運営は容易ではないとされる所以です。

　平成20年12月1日からスタートした誰でも簡単に設立できる一般社団・財団法人は，NPO法人の最大のライバルとなっています。行政の関与が全くなく登記だけで設立できるため，NPO法人より手軽で短期間に設立できて，行政への定期的な報告の必要がありません。また，NPO法人のように事業目的の制限がないため，どのような事業も行うことができる上に，一般社団法人に限れば社員も設立時2名以上，設立後は1人でもOKと，NPO法人の10名以上に比べてハードルが格段に低くなっています。税務上も非営利型法人を選択すれば，NPO法人と全く遜色がありません。設立や運営のしやすさという点で完全に差をつけられている一般社団・財団法人制度の今後の展開がNPO法人に及ぼす影響は，今後ますます大きなものがあるといわなければなりません。

第3節　事業体の選択

　具体的な事業体の選択にあたって，どのような点を考慮すべきか。主に税務

上の観点から，NPO法人と任意団体，会社，一般社団・財団法人などの違いを取り上げてみましょう。

1 任意団体とNPO法人

任意団体の手軽さを取るか，それともNPO法人の社会的信用力を選ぶか，任意団体とNPO法人の違いを比べると次のようになります。

(1) 財産の帰属

任意団体は，契約の主体となる法人格がないため，団体の代表者が個人の資格で代替するしかありません。NPO法人の名義で不動産の所有権を登記したり，銀行口座を開いたりすることもできず，代表者の名義で所有権の登記や銀行口座を持つことになります。このように団体が有する財産と個人の財産との境界やその他の契約関係も明確ではないため，税務上もその帰属をめぐる問題が存在し，代表者等の相続が生じても，個人財産と帰属がはっきりしないなど，いつも不安を抱えた状態です。税務上，代表者又は管理人の定めがある任意の団体は，人格のない社団等として法人とみなされるといっても，あくまで課税の便宜上の取扱いであって，法人格のない不安定な状態であることに変わりはありません。

これに対して，NPO法人は法人としてモノを所有したり，貸し借りしたり，人を雇用したりすることはもちろん，NPO法人の名義で不動産の所有権を登記したり，銀行口座を開いたりすることもできるため，任意団体のように個人財産と帰属がはっきりしないといった問題は生じません。

(2) 収益事業課税

NPO法人は収益事業から生じた所得のみが法人税等の課税を受け，収益事業以外から生じた所得には課税を受けない，いわゆる「収益事業課税」の適用を受けています。

任意団体も，人格のない社団等に該当する場合には収益事業から生じた所得のみが法人税等の課税を受け，収益事業以外から生じた所得には課税を受けない，「収益事業課税」が適用されています。また，収益事業の所得に対する税

率は，任意団体もNPO法人も同じで，会社などの普通法人並みとなっています。

したがって，税務上の取扱いは任意団体もNPO法人も同等です。

(3) **損益計算書等の提出**

NPO法人などの非営利法人で収益事業の申告をしていない法人は，事業年度終了後4か月以内に損益計算書等を税務当局に提出しなければなりません。ただし，経常的に収入金額が8,000万円を超えない法人は，免除されています。

この提出制度は，法人格のある非営利法人にのみ義務付けられており，法人格のない任意団体には義務付けられていません。

(4) **財産の寄附**

個人が任意団体に募金などの寄附をしても，寄附金控除などは一切受けられません。この点はNPO法人であっても同様で，個人がNPO法人に募金などを寄附しても寄附金控除などの適用はありません。それでは，個人からの寄附金を受けた任意団体やNPO法人の方はどうか。この寄附金が収益事業に附随する寄附金でない限り，任意団体もNPO法人も，法人税等の課税を受けることはありません。

しかし，個人から多額の財産の寄附を受ける場合には，法人側に特別の取扱いがあります。任意団体である人格のない社団等は，個人とみなされて贈与税や相続税が課税される仕組みになっています。この場合，その贈与をした者の異なるごとに，その贈与をしたものの各一人のみから財産を取得したものとみなし，贈与税の基礎控除額110万円を控除した上で税率を乗じて算出した場合の贈与税額の合計額をもって納付すべき贈与税額とすることになっています。

NPO法人には，原則として人格のない社団等のような贈与税の課税はありません。ただし，NPO法人に対して個人から財産の贈与又は遺贈があった場合に，贈与又は遺贈した者の親族等の相続税又は贈与税の負担が不当に減少する結果となると認められるときは，NPO法人を個人とみなして贈与税又は相続税を課税する取扱いになっています。

2　会社とNPO法人

(1)　収益事業課税と全所得課税

　会社などの営利法人は，法人の全ての所得が課税範囲となる全所得課税ですが，NPO法人などの非営利法人は収益事業の所得のみが課税の範囲となる収益事業課税です。

　収益事業課税は，非収益事業が赤字であっても，この赤字と収益事業の黒字を通算することはできないため，あらゆる場合において収益事業課税が全所得課税よりも有利とは限りません。

　とはいえ，会社などの営利法人は会費や寄附金を受け取っても課税されますが，NPO法人などの非営利法人が受け取る会費や寄附金は原則課税されません。また，不動産を譲渡して譲渡益が生じた場合，会社などの営利法人はもちろん課税されますが，NPO法人などの非営利法人は通常は収益事業に該当しないので課税されません。

(2)　中間申告の有無

　会社などの営利法人には，6か月ごとに行う法人税等の中間申告の義務がありますが，NPO法人などの非営利法人には法人税等の中間申告は義務付けられていません。法人税等の中間申告は，法人が任意に定められる事業年度の期間によって課税の不公平が生じないように，6か月ごとの申告・納税を義務付けているものですが，非営利法人の事業年度は例外なく1年であるところから免除されているものです。

　この点，消費税の中間申告は益税を防止するという観点から義務付けられているものですから，非営利法人であっても中間申告の義務は免除されていません。

3　一般社団・財団法人とNPO法人

(1)　流動的な収益事業課税と確定的な収益事業課税

　一般社団・財団法人は，非営利型法人に該当すれば収益事業課税を受けますが，そうでなければ全所得課税となります。また，全所得課税を受けている一

般社団・財団法人が，非営利型法人に該当して収益事業課税となることもあります。ただし，一般社団・財団法人が，収益事業課税から全所得課税に変わる場合には，課税を受けていない累積所得金額に対する課税が一時に行われますので，たいへんな税負担を強いられることとなります。このように，一般社団・財団法人の収益事業課税は不安定で流動的なものになっています。

　これに対して，NPO法人は，無条件で収益事業課税を受け，決して全所得課税を受けることはありません。その意味で，NPO法人の収益事業課税は，安定的で確定的なものだということができます。

(2) **公益法人への移行と認定NPO法人への移行**

　一般社団・財団法人は，公益認定を受けると公益社団・財団法人になります。公益社団・財団法人になると，財務3基準などの公益認定基準を充足し続ける

■ 一般社団・財団法人かNPO法人かの選択 ■

	一般社団・財団法人	NPO法人
設　　立	登記により設立	所轄庁の認証に4か月必要
行政の監督	あり	なし
課　　税	要件を満たせば収益事業課税	収益事業課税
社員の数	設立時2人以上	10人以上
事業目的	制約なし	主として特定非営利活動に係る事業
移　　行	公益社団・財団法人	認定NPO法人

■ 非営利型法人とNPO法人 ■

規制＼法人	一般社団・財団法人			NPO法人
	営利型法人	非営利型法人		
		非営利性徹底法人	共益活動目的法人	
剰余金の分配	○	×	×	×
残余財産の分配	○	×	○	×
特別利益の供与	○	×	×	△
役員の親族規制	○	×	×	×

○：できる。　×：できない。

必要がある反面，収益事業課税におけるみなし寄附金の適用や寄附者に対する寄附金控除等の特例の他，利子等に対する源泉所得税の非課税などの税制優遇措置が受けられます。

これに対して，NPO法人は，認定を受けると認定NPO法人になります。認定NPO法人も，パブリック・サポート・テストなどの認定基準を充足し続けることが必要になりますが，収益事業課税におけるみなし寄附金の適用や寄附者に対する寄附金控除等の特例が受けられます。ただし利子等に対する源泉所得税の非課税などが受けられないなど，公益社団・財団法人と比べると少し見劣りする点があります。

一般社団・財団法人か，NPO法人か，選択する場合には，いずれ移行することになるかもしれない公益社団・財団法人，認定NPO法人の違いを，やはりある程度視野に入れて，選択する必要があります。

第4節　収益事業に対する課税

公益社団・財団法人，非営利型法人に該当する一般社団・財団法人，学校法人，宗教法人，社会福祉法人などの，営利を目的としない非営利法人は，税務上は公益法人等のグループに区分され，NPO法人は公益法人等とみなされる取扱いになっています。これらの公益法人等においては，収益事業から生ずる所得に対してのみ法人税等の課税が行われますが，近年の税制改正においては，この課税のあり方を検討課題として掲げ，見直しの必要性を指摘する傾向が続いています。今後どのような方向で見直しが行われるか予断を許さないところですが，将来を展望する意味でも税制の現状を整理しておくことは有用であると思われます。

ここでは，収益事業に対する課税の背景と，これまでの公益法人等の課税制度の沿革を整理してみましょう。

1 収益事業に対する課税の背景

　営利法人には出資者として法人を所有し，そこから利益の分配を受ける者が存在すると先に述べましたが，会社などの普通法人や農協などの協同組合等においては，個人の利益分配に対する課税の前取りとして法人税等の全所得課税が行われると考えられています。これが法人税の一般的な課税根拠とされているものです。

　したがって，法人を所有する者のいない非営利法人には，このような法人税の課税根拠は当てはまりません。しかし，非営利法人であっても，会社と同じように一般消費者等を相手に商売を行い対価を得る収益事業を行っている場合には，課税ができると考えられます。なぜなら，ここでいう収益事業とは，会社などと同じように消費者等から対価を受け取る対価取引の継続反復と考えられますが，ここから生じた余剰に課税しても原価は償われており，事業の存続や法人の存続を阻害する恐れはありません。すなわち，この対価取引の継続反復には担税力があると考えられるからです。

　NPO法人などの公益法人等や人格のない社団等は，収益事業から生じた所得以外の所得については法人税等は課さないと定められていますが，これは収益事業以外の事業に課税が行われると事業の存続や法人の存続を阻害する恐れがあるからです。非営利法人が，会費や寄付金，補助金等を収入源として事業や活動を行っている限り，余剰が生じても課税を受けることがないのは，そのような根拠によるものと考えられます。

■ **NPO法人の事業** ■

会　費 ／ 寄附金 ／ 助成金 ／ 補助金 → NPO法人 → 社会奉仕 ／ 文化振興 ／ 教育普及 → 対価を求めない行為

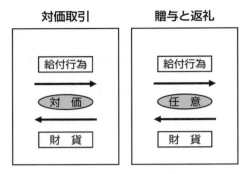

それでは，非営利法人が相手方から受け取る金銭などの財貨が，対価なのか，それとも会費や寄附金，補助金なのか，ということですが，これは，非営利法人が相手方に物品やサービスを提供する行為すなわち法人の給付行為と相手方から受け取る財貨との間にどのような対応関係があるかによって決まると考え

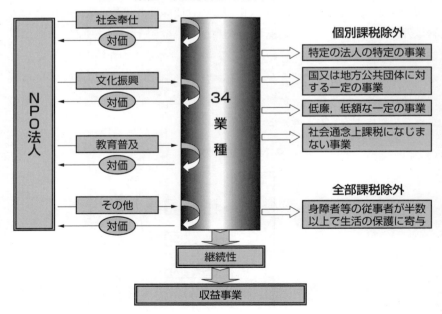

られます。相手方から受け取る財貨が料金表や契約書などで決まっているとすると明らかに対価的関係がある。料金表や契約書のようなものがなく，対価的関係が希薄で財貨の金額は任意だと考えられるものは，あくまで法人の贈与に対する返礼，すなわちお礼であるということになります。

わが国の収益事業課税制度は，どのような名目の事業であっても対価性があるものは原則として収益事業として定めた34業種の事業に該当するように組み立てられています。しかし，34業種に該当したら即収益事業というわけではなく，そこから事業の性質に応じて収益事業から除外されている事業が定められています。これは，34業種の各個別の事業ごとに定められている個別課税除外と，34業種の全てに渡って収益事業から除外されている全部課税除外の2種類があります。

それで，除外されずに残った事業で継続して行われるものが収益事業として法人税等の課税を受けることになります。

2　収益事業課税の沿革

(1)　収益事業課税に至るまでの沿革

それでは，わが国の税制の歴史を簡単にたどり，公益法人等の収益事業課税に至るまでの沿革を見ておきましょう。

明治20年，わが国において初めて所得税法が制定されたのですが，このときは宗教団体等の公益法人は非課税扱いとされました（明治20年3月，勅令第5号）。

明治32年，所得税法の改正によって，法人所得に対し第1種所得課税が追加されましたが，そのときもまだ，公益法人に対する課税は行われていませんでした（明治32年2月，法律第17号）。

大正9年，所得税の大幅改正により法人を独立の課税主体とする制度が創設されましたが，公益法人課税はなされませんでした（大正9年7月，法律第11号）。

昭和15年，わが国初めての法人税法が制定されましたが，公益法人に対しては依然として課税は行われませんでした（昭和15年3月，法律第25号）。

昭和20年，宗教法人令（勅令第719号）が制定されました。これによって，宗教法人が行う収益事業から生ずる所得に対しては，法人税が課税されることになりました（昭和20年，大蔵省令第109号）。しかしながら，戦後の混乱期でもあり，期待された効果はほとんど見られませんでした。

昭和25年8月27日，GHQは，日本政府に対し米国シャウプ使節団の調査報告をもとに，わが国税制に関する勧告（Report on Japanese Taxation by The Shoup Mission）が行われました。

いわゆる，シャウプ勧告ですが，これによれば，非課税とされている公益法人のうち，収益を目的とする活動を行っているものは，免税を正当化する理由はなく，法人税の課税対象とすべきであると勧告しています。

このシャウプ勧告に基づき，昭和25年の法人税法の改正（昭和25年3月，法律第69号）により，公益法人等の行う事業のうち，収益事業に係る所得に対する法人税課税の制度が創設されました。

このとき，公益法人等の範囲が「法人税法別表第2」に列挙されましたが，主たるものは民法34条による法人，宗教法人，学校法人，社会福祉法人，商工組合などでした。

(2) 収益事業の範囲の変遷

シャウプ勧告を受けた昭和25年の法人税法の改正によって公益法人等の行う事業のうち，収益事業の所得にのみ法人税が課税されることとなりましたが，当初の収益事業の種類としては，次の29業種が規定されました（法規1の2）。

物品販売業，金銭貸付業，物品貸付業，製造業，無線電話放送事業，運送業，運送取扱業，倉庫業，請負業，印刷業，出版業，写真業，席貸業，旅館業，料理店業，周旋業，代理業，仲立業，問屋業，両替業，鉱業，砂鉱業，土石採掘業，湯屋業，理容業，演劇興行業，よせ業，遊技所業，遊覧所業

当時は，収益事業の所得に対する税率は，普通法人と同一の35％の法人税

率とされていましたが，昭和27年の改正で普通法人は42％と引き上げられたのに対し，公益法人等は35％に据え置かれました。その後，幾多の改正を経て現行の法人税率に至っています。

昭和26年以降における収益事業の範囲に関する主な税制改正の経緯は次のとおりです。

昭和26年　「砂鉱業」を課税対象から削除した。
昭和32年　①「不動産貸付業」，「医療保健業」，及び「技芸教授業」が追加された。
　　　　　②人格なき社団又は財団についても公益法人等の収益事業の範囲を適用することとした。
昭和33年　「美容業」が追加された。
昭和34年　「演劇興行業」を「興行業」とし，「よせ業」を削除した。
昭和38年　「請負業」に事務処理の受託業が含められた。
昭和40年　「不動産販売業」が追加された。
昭和43年　①「不動産貸付業」に工場，倉庫の用に係る不動産貸付が含められた。
　　　　　②「駐車場業」追加された。
昭和46年　「不動産貸付業」について，従来課税対象貸付を限定していた方式を改め，特定のもの以外は全て課税の対象とすることに改められた。
昭和48年　「製造業」に熱供給業が含められた。
昭和51年　「信用保証業」が追加された。
昭和53年　「技芸教授業」に公開模擬学力試験を行う事業が含められた。
昭和56年　①「技芸教授業」に着物着付けの教授業及び船舶操縦の教授業が含められた。
　　　　　②「不動産貸付業」について，従来非課税とされていた公共法人（地方公共団体を除く）又は公益法人等に対する不動産貸付

	を課税対象にすることに改められた。
	③「旅館業」について，従来非課税とされていた簡易宿泊所営業を課税対象にすることに改められた。
昭和59年	①「無体財産権の提供業」が追加された。
	②「席貸業」について，遊興，娯楽及び慰安のための席貸しだけでなく，原則として全ての席貸しが課税対象とすることに改められた。
	③「技芸教授業」に絵画，書道，写真，工芸及びデザイン（レタリングを含む）の教授業が含められた。
	④「技芸教授業」に学力の教授業が含められた。
平成3年	「物品販売業」に関し，学校給食に係る非課税規定のうち，その他の物品で学校給食の用に供するものは文部大臣の承認を受けたものとされた。
平成12年	①「金銭貸付業」について，小規模業者等設備導入資金助成法の貸与機関が設備資金買付事業として行う金銭貸付業が非課税となった。
	②「金銭貸与業」について，従来非課税とされていた社会福祉法人が行う公益質屋業が課税対象となった。
平成13年	NPO法人に税制優遇措置を講じる認定NPO法人制度が創設された。
平成14年	私立大学等が他の者の委託に基づいて行う研究に係る一定の事業が「請負業」の範囲から除外された。
	認定NPO法人制度の要件を緩和した。
平成15年	認定NPO法人制度の要件を緩和するとともに，20%のみなし寄附金制度を新設した。
平成17年	認定NPO法人制度の要件を更に緩和した。
平成18年	認定NPO法人制度の要件を更に緩和し，小規模法人の特例を新設した。

平成20年　公益法人改革に伴う改正として，公益社団・財団法人のみなし寄附を拡充し，一般社団・財団法人のうち，非営利型法人は収益事業課税とされた。

　　　　　認定NPO法人制度が見直された。

　　　　　①「労働者派遣業」が追加された。

　　　　　②「技芸教授業」に係る除外規定が見直された。

平成21年　認定NPO法人制度が見直された。

平成22年　認定NPO法人制度が見直された。

平成23年　認定NPO法人制度が見直された。

このようにして，収益事業は現在のところ次の34業種となっています。

物品販売業，不動産販売業，金銭貸付業，物品貸付業，不動産貸付業，製造業，通信業，運送業，倉庫業，請負業，印刷業，出版業，写真業，席貸業，旅館業，料理店業その他の飲食店業，周旋業，代理業，仲立業，問屋業，鉱業，土石採取業，浴場業，理容業，美容業，興行業，遊技所業，遊覧所業，医療保健業，技芸教授業，駐車場業，信用保証業，無体財産権提供業，労働者派遣業

第 2 章

NPO法人の税務上の義務

　NPO法人は収益事業を行っていれば法人税、住民税、事業税などが課税されますが、収益事業を行っていなくても消費税や住民税の課税は生じます。また所得税の源泉徴収義務なども免れません。その他、印紙税や登録免許税などの国税、不動産取得税、固定資産税、事業所税などの地方税はどうなっているのでしょうか。また、それ以外に税務上の義務はないのでしょうか。この章では、NPO法人の税務上の義務について全体の概要をひととおり見ておきましょう。

第1節　所得税の源泉徴収義務

1　NPO法人の源泉徴収義務

　給与等その他源泉徴収の対象となる所得の支払者は，所得税法の定めるところにより，その支払に係る金額について源泉徴収義務が課されています（所法6）。収益事業を行っていないため法人税等の課税を受けないNPO法人であっても，この源泉徴収義務を免れることはありません。

　NPO法人を設立して給与を支払う場合には，1か月以内に「給与支払事務所等の開設届出書」を所轄税務署長に提出しなければなりません。源泉徴収税額の納付は，原則として翌月10日が納期限とされていますが，給与の支給人員が常時10人未満である場合には，年2回にまとめて納付する納期の特例の制度が設けられています。

　NPO法人が支払う場合に源泉徴収の対象となるものには，主に次のようなものがあります。

---

① 　給与等
　　俸給，給料，賃金，歳費，賞与その他これらの性質を有するもの
② 　退職手当等
　　退職手当その他これらの性質を有するもの
③ 　報酬・料金等
　　ⅰ．原稿料，デザイン料，講演料等
　　ⅱ．弁護士，公認会計士，税理士，司法書士等の報酬・料金
　　ⅲ．外交員，集金人等の報酬・料金
　　ⅳ．芸能等の出演，演出等の報酬・料金

第2章 NPO法人の税務上の義務 27

給与支払事務所等の開設・移転・廃止届出書

※整理番号

税務署受付印

平成　年　月　日

税務署長殿

所得税法第230条の規定により次のとおり届け出ます。

事務所開設者
（フリガナ）
氏名又は名称
住所又は本店所在地　〒
電話（　　）　－
（フリガナ）
代表者氏名　㊞

（注）「住所又は本店所在地」欄については、個人の方については申告所得税の納税地、法人については本店所在地を記載してください。

開設・移転・廃止年月日　平成　年　月　日　　給与支払を開始する年月日　平成　年　月　日

○届出の内容及び理由
（該当する事項のチェック欄□に✓印を付してください。）

「給与支払事務所等について」欄の記載事項

	開設・異動前	異動後
開設 □ 開業又は法人の設立／□ 上記以外　※本店所在地等とは別の所在地に支店等を開設した場合		開設した支店等の所在地
移転 □ 所在地の移転	移転前の所在地	移転後の所在地
□ 既存の給与支払事務所等への引継ぎ（理由）□ 法人の合併　□ 法人の分割　□ 支店等の閉鎖　□ その他（　）	引継ぎをする前の給与支払事務所	引継先の給与支払事務所等
廃止 □ 廃業又は清算結了　□ 休業		
その他（　　　）	異動前の事項	異動後の事項

○給与支払事務所等について

	開設・異動前	異動後
（フリガナ）氏名又は名称		
住所又は所在地	〒　　電話（　）－	〒　　電話（　）－
（フリガナ）責任者氏名		
従事員数　役員　人　従業員　人　（　）人　（　）人　（　）人　計　人		
（その他参考事項）		

税理士署名押印　㊞

※税務署処理欄	部門	決算期	業種番号	入力	名簿等	用紙交付	通信日付印	年月日	確認印

23. 12改正

（源0301）

（国税庁ホームページ）

給与支払事務所等の開設・移転・廃止届出書の記載要領等

1 この届出書は、給与等の支払事務を取り扱う事務所（以下「給与支払事務所等」といいます。）を開設、移転又は廃止した日から1か月以内にその給与支払事務所等の所在地の所轄税務署長（移転の場合には、移転前と移転後のそれぞれの事務所等の所在地の所轄税務署長）に提出してください。
2 各欄は、次により記載してください。
　(1) 「事務所開設者」の各欄には、届出者の氏名又は名称、住所（居所）又は本店（主たる事務所）の所在地及び法人の場合は代表者の氏名をそれぞれ記載してください。
　(2) 「給与支払を開始する年月日」欄は、給与支払事務所等を開設した月中に給与の支払が開始されない場合に、給与の支払を開始した日（又は開始予定日）を記載してください。
　(3) 「届出の内容及び理由」欄は、該当する事項のチェック欄□に印を付してください。
　　　給与支払事務所等の名称の変更など届出事項に異動があった場合は、「その他」欄に異動した届出事項を記入し、「給与支払事務所等について」欄に異動の内容を記載してください。
　(4) 「給与支払事務所等について」の各欄には、届出の内容及び理由に基づき所要の事項を記載してください。
　　(注) 給与支払事務所等の移転があった場合、移転前の支払に係る源泉所得税の納税地は、この届出書に記載された移転後の給与支払事務所等の所在地とされます。
　　　　そのため、法人の合併又は分割の場合は、被合併法人又は分割法人の源泉所得税の納税地は、合併法人又は分割承継法人の給与支払事務所等（本店又は支店等）の所在地に引き継がれることになります。
　　　　また、支店等の給与支払事務所等は、事務所開設者が廃業又は清算結了しない限り廃止したことにはならないため、支店等を閉鎖した場合のその納税地は、他の給与支払事務所等（本店又は他の支店等）の所在地に引き継がれることになります。

【既存の給与支払事務所等への引継ぎをする場合の理由別の記載事項】

引継理由	引継ぎをする前の給与支払事務所等	引継先の給与支払事務所等
法人の合併	被合併法人（被合併法人の本店及び支店等）	合併法人の本店又は支店等
法人の分割	分割法人（分割法人の本店及び支店等）	分割承継法人の本店又は支店等
支店等の閉鎖	閉鎖される支店等	閉鎖される支店等の給与支払事務を引き継ぐ本店又は他の支店等

　(5) 「従事員数」欄には給与等を支払う職種別の人員数を記載してください。
　(6) 「その他参考事項」欄は、法人成りにより個人の事業を廃止した場合のその廃止した事業に係る事業主、納税地、整理番号など、参考となる事項を記載してください。
　(7) 「税理士署名押印」欄は、この届出書を税理士及び税理士法人が作成した場合に、

その税理士等が署名押印してください。
(8)　「※」欄は，記載しないでください。
3　留意事項
　○　法人課税信託の名称の併記
　　　法人税法第2条第29号の2に規定する法人課税信託の受託者がその法人課税信託について，この届出書を提出する場合には，申請書等の「氏名又は名称」の欄には，受託者の氏名又は法人の名称のほか，その法人課税信託の名称を併せて記載してください。

(国税庁ホームページ)

2 源泉所得税の追徴

セミナーの講師などに謝金を支払う場合に，源泉徴収をして支払うのは当然です。謝金の他に交通費や宿泊料などの名目で支払われることも少なくありませんが，これらは実費相当額であったとしても，謝金と同様に源泉徴収しなければならないことになっていますので，注意が必要です。ただし，法人が直接交通機関やホテルに支払っている場合には，源泉徴収の必要はありません。

また，本来役員やスタッフなどの個人が負担すべき費用を法人が負担した場合には，法人から個人への給与の支払とみなされて，源泉徴収の対象となってきます。

このように法人から源泉徴収をしないで支払が行われた場合には，法人に対する源泉徴収税額の追徴課税が行われますので，源泉徴収の事務もおろそかにできません。

3 利子等に対する課税

NPO法人が支払を受ける利子等，配当等，匿名組合契約に基づく利益の分配，定期積金の給付補てん金等及び懸賞金付預貯金等の懸賞金等については，所得税が課されることになっています（所法7四）。

法人税法における「公共法人」と一定の「公益法人等」とを併せた所得税法上の公共法人等が支払を受ける利子等については，所得税は課されないこととなっています（所法11①）。これは，公共的な性格から法人税の課税を受けない公共法人や収益事業から生ずる所得のみに課税される一定の公益法人等が，利子や配当の支払を受ける場合にのみ法人税を課税されることはそもそも適当でないため，所得税も課税しないこととしたものです。

この源泉所得税の非課税制度はNPO法人には適用がありません。

第2節　NPO法人の収益事業の申告と納税

1　収益事業開始届出書

　NPO法人は，法人税法等の適用については「公益法人等」とみなすとされています（NPO法70）。したがって，他の公益法人等の取扱いと同じく，税法上の収益事業から生じた所得に対してのみ課税を受けることになります。ただし，NPO法人は収益事業から生ずる所得に対する税率については普通法人と同じ税率が適用され，一部の公益法人等に適用される軽減税率は適用されません。また，収益事業から非収益事業に対して繰入支出した場合に公益法人等に認められているみなし寄附金の損金算入も，認定NPO法人を除いては認められていません。

　NPO法人や公益法人等が収益事業を開始したときは，その開始した日から2か月以内に「収益事業開始届出書」を税務署長に提出しなければなりません。この届出書には，収益事業の概要を記載した書類，収益事業についての「開始貸借対照表」，定款等の写し，登記事項証明書等を添付しなければなりません。また，いったん収益事業を開始したら事業を廃止するまでは，各事業年度終了の日の翌日から2か月以内に確定申告をしなければなりません。

　NPO法人や公益法人等の確定申告書には収益事業に係る「貸借対照表」，「損益計算書」を添付することはもちろんですが，それ以外にも法人税基本通達では収益事業以外の事業に係る計算書類の添付まで求められています。

　なお，NPO法人や公益法人等は会社などの普通法人のように中間申告・納付は義務付けられていません。

収益事業開始届出書

※整理番号 _____

税務署受付印

平成　年　月　日

税務署長殿

	（フリガナ）	
	名　称	
	本店又は主たる事務所の所在地	〒 電話（　）　―
	納　税　地	〒 電話（　）　―
	（フリガナ）	
	代表者氏名	㊞
	代表者住所	〒 電話（　）　―

新たに収益事業を開始したので届け出ます。

収益事業開始日	平成　年　月　日	事業年度	自　月　日　自　月　日 至　月　日　至　月　日
事業の目的		収益事業の種類	

収益事業を営む事業場等	収益事業の種類	事業場等の名称	所　在　地	収益事業の経営責任者

関与税理士	氏　名		添付書類	1　収益事業の概要を記載した書類 2　収益事業についての貸借対照表 3　定款等の写し 4　登記事項証明書（履歴事項全部証明書）、登記簿謄本又はオンライン登記情報提供制度利用 （照会番号：　　　　　） （発行年月日：　年　月　日） 5　合併契約書の写し
	事務所所在地	電話（　）　―		

（備　考）

「給与支払事務所等の開設届出書」の提出の有無　　　有・無

税理士署名押印		㊞

※税務署処理欄	部門	決算期	業種番号	入力	名簿	通信日付印	年　月　日	確認印

20．06改正

（法1203）

（国税庁ホームページ）

収益事業開始届出書の記載要領等

　公益法人等又は人格のない社団等が新たに収益事業を開始した場合には，その開始した日以後2月以内に収益事業開始届出書を納税地の所轄税務署長に提出しなければならないことになっておりますので，下記の記載要領等を参考としてこの届出書を作成し，添付書類を添えて提出してください。

記

1　収益事業開始届出書を提出しなければならない法人等
　(1)　内国法人である公益法人等（法人税法別表第2に掲げる法人）又は人格のない社団等が収益事業を開始した場合
　(2)　外国法人（人格のない社団等に限ります。）が国内源泉所得のうち収益事業から生ずるものを有することとなった場合

2　収益事業開始届出書の提出部数及び添付書類
　　この届出書は，次に掲げる書類を添付して1通（外国法人（人格のない社団等に限ります。）の場合は2通）提出してください。
　(1)　内国法人である公益法人等又は人格のない社団等
　　イ　収益事業の概要を記載した書類
　　ロ　収益事業開始の日における収益事業についての貸借対照表
　　ハ　定款，寄附行為，規則若しくは規約又はこれらに準ずるものの写し
　　ニ　登記事項証明書（履歴事項全部証明書）又は登記簿謄本
　　(注)　「オンライン登記情報提供制度」（http://www.touki.or.jp）を利用した場合には，（照会番号）及び（発行年月日：年月日）欄に「照会番号」及び「発行年月日」を記載してください。この場合には，登記事項証明書（履歴事項全部証明書）又は登記簿謄本の添付は不要です。
　　ホ　合併により法人が設立され，かつ，その設立の時に収益事業を開始した場合における合併契約書の写し
　(2)　外国法人（人格のない社団等に限ります。）
　　イ　収益事業の概要を記載した書類
　　ロ　国内源泉所得のうち収益事業から生ずるものを有することとなった時における収益事業についての貸借対照表

3　各欄の記載方法
　(1)　内国法人である公益法人等又は人格のない社団等が収益事業を開始した場合には，次により記載します。
　　イ　「本店又は主たる事務所の所在地」欄は，次により記載します。
　　　(イ)　公益法人等にあっては，登記してある主たる事務所の所在地を記載してください。
　　　(ロ)　人格のない社団等にあっては，本店又は主たる事務所の所在地の定めがある場合にはその定められた所在地，これらの定めがない場合には主たる事業場の所在地（移動販売業等のように事業場が転々移動する場合において，その事業の本拠として代表者又は管理人が駐在し，当該社団等の行う業務を企画し，経理を統括している場所があるときはその場所とし，その場所が転々移転するときは代表者

又は管理人の住所とする。）を記載してください。
　ロ　「代表者氏名」欄には，公益法人等又は人格のない社団等を代表する者の氏名を記載してください。ただし，人格のない社団等で代表者の定めがなく，管理人の定めがあるものにあっては管理人の氏名を記載してください。
　ハ　「事業の目的」欄には，公益法人等又は人格のない社団等の本来の事業目的を記載してください。
　ニ　「事業年度」欄には，公益法人等又は人格のない社団等の事業年度を記載してください。
　ホ　「収益事業の種類」欄には，公益法人等又は人格のない社団等が営んでいる収益事業の種類を具体的に記載してください。
　ヘ　「『給与支払事務所等の開設届出書』の提出の有無」欄には，その提出の有無のいずれか該当のものを○で囲んでください（既に別途に提出している場合も含みます。）。
　　（注）　給与等の支払事務を取り扱う事務所，事業所等を設けた場合には，その事務所等を設けた日から１月以内に「給与支払事務所等の開設届出書」を当該事務所等の所在地の所轄税務署長に提出しなければならないことになっております。
　ト　「（備考）」欄には，その他参考となる事項を記載してください。
　チ　「添付書類」欄には，この届出書に添付したものを○で囲んで表示してください。
(2)　外国法人（人格のない社団等に限ります。）が国内源泉所得のうち収益事業から生ずるものを有することとなった場合は，「内国法人である公益法人等又は人格のない社団等が収益事業を開始した場合」に準じて記載しますが，次の点に注意してください。
　イ　「納税地」欄は，次により記載します。
　　(イ)　その法人が国内に恒久的施設を有する外国法人（法人税法第141条第１号から第３号までに規定するもの）に該当するときは，その収益事業についての国内にある事務所，事業所，その他これらに準ずるもののうちその主たるものの所在地を納税地として記載してください。
　　(ロ)　その法人が(イ)以外で不動産の貸付け等の対価（船舶又は航空機の貸付けによるものを除く。を受ける法人に該当するときは，その貸付け等をしている資産のうち主たる資産の所在地を納税地として記載してください。
　　(ハ)　その法人が(イ)及び(ロ)以外のものである場合には，その法人が法人税に関する申告，請求その他の行為をする場所として選択した場所を納税地として記載してください。
　ロ　「収益事業開始日」欄には，国内において行う収益事業開始の日を記載してください。
(3)　「関与税理士」欄には，関与税理士の氏名及び事務所所在地を記載してください。
(4)　「税理士署名押印」欄は，この届出書を税理士及び税理士法人が作成した場合に，その税理士等が署名押印してください。
(5)　「※」欄は記載しないでください。

　　　　　　　　　　　　　　　　　　　　　　　　　　　　（国税庁ホームページ）

2 青色申告の承認申請

　青色申告は，納税者が法定の帳簿書類（仕訳帳，総勘定元帳，棚卸表，貸借対照表及び損益計算書等）を備えて取引を複式簿記で記録し，かつ，保存（原則7年）することなどの義務を伴いますが，税務上の各種の特典が受けられるため，NPO法人が収益事業を開始する場合には，青色申告の承認申請を行うかどうか検討する必要があります（法法122）。

　青色申告者が受けられる特典とは次のようなものですが，なんといっても欠損金の9年間の繰越控除が大きな項目です。

法人税法上の特典	青色申告書提出事業年度に生じた欠損金の翌期以後9年間の繰越し
	帳簿書類の調査に基づく更正
	更正通知書への更正理由の付記，など
租税特別措置法上の特典	法人税額の特別控除
	特別償却，割増償却
	各種準備金の損金算入

　この制度の適用を受けるためには，「青色申告の承認申請書」を1部（調査課所管法人は2部）作成し，納税地の所轄税務署長に提出します。申請書の提出期限は，原則として，青色申告によって申告書を提出しようとする事業年度開始の日の前日までとなっています。ただし，その事業年度が次に該当する場合は，それぞれ次に掲げる日となります。

---

① 新たに収益事業を開始した日の属する事業年度の場合（収益事業開始第1期）
　⇒ 開始した日以後3月を経過した日と，その事業年度終了の日とのうち，いずれか早い日の前日

② 新たに収益事業を開始した日からその事業年度終了の日までの期間が3月に満たない場合におけるその翌事業年度の場合
　⇒ 新たに収益事業を開始した日以後3月を経過した日と，翌事業年度終了の日とのうち，いずれか早い日の前日

税務署長が青色申告の申請について承認又は却下の処分をするときは，書面によりその旨を通知します。青色申告書を提出しようとする事業年度終了の日までに，承認又は却下の通知がないときは，その日において承認があったものとみなされます。

青色申告の承認申請書

※整理番号　_____

税務署受付印

平成　年　月　日

（フリガナ）	
法人名等	
納税地	〒　　　　電話（　）－
（フリガナ）	
代表者氏名	㊞
代表者住所	〒
事業種目	業
資本金又は出資金額	円

税務署長殿

自平成　年　月　日
至平成　年　月　日
　事業年度から法人税の申告書を青色申告によって提出したいので申請します。

記

1　この申請書が次に該当するときには、それぞれ□にレ印を付すとともに該当の年月日を記載してください。

□ 青色申告書の提出の承認を取り消され、又は青色申告書による申告書の提出をやめる旨の届出書を提出した後に再び青色申告書の提出の承認を申請する場合には、その取消しの通知を受けた日又は取りやめの届出書を提出した日　　平成　年　月　日

□ この申請後、青色申告書を最初に提出しようとする事業年度が設立第一期等に該当する場合には、内国法人である普通法人又は協同組合等にあってはその設立の日、内国法人である公益法人等又は人格のない社団等にあっては新たに収益事業を開始した日、公益法人等（収益事業を行っていないものに限ります。）に該当していた普通法人又は協同組合等にあっては当該普通法人又は協同組合等に該当することとなった日　　平成　年　月　日

□ この申請後、青色申告書を最初に提出しようとする事業年度が連結納税から離脱した（連結親法人による連結完全支配関係を有しなくなった）日を含む事業年度である場合には、その離脱した日　　平成　年　月　日

□ 連結法人である内国法人が自己を分割法人とする分割型分割を行った場合には、分割型分割の日　　平成　年　月　日

□ 内国法人が、法人税法第4条の5第2項第4号又は第5号（連結納税の承認の取消し）の規定により第4条の2（連結納税義務者）の承認を取り消された場合には、取り消された日　　平成　年　月　日

□ 内国法人が、法人税法第4条の5第2項各号の規定により第4条の2の承認を取り消された場合は、取り消された日　　平成　年　月　日

2　参考事項
(1)　帳簿組織の状況

伝票又は帳簿名	左の帳簿の形態	記帳の時期	伝票又は帳簿名	左の帳簿の形態	記帳の時期

(2)　特別な記帳方法の採用の有無
　　イ　伝票会計採用
　　ロ　電子計算機利用

(3)　税理士が関与している場合におけるその関与度合

税理士署名押印　_____　㊞

※税務署処理欄	部門	決算期	業種番号	入力	備考	通信日付印	年　月　日	確認印

24.06改正　　　　　　　　　　　　　　　　　　　　　　　（法1301）

（国税庁ホームページ）

青色申告の承認申請書の記載要領等

1　この申請書は，法人税法第2条第16号に規定する連結申告法人以外の法人が各事業年度における法人税の確定申告書，中間申告書及び清算事業年度予納申告書を青色申告書によって提出することの承認を受けようとする場合に使用してください。(旧法121①三，平22改正法附則10②)
2　この申請書は，青色申告書によって申告書を提出しようとする事業年度開始の日の前日までに，納税地の所轄税務署長に1通(調査課所管法人にあっては2通)提出してください。
　　なお，その事業年度が次の事業年度に該当するときは，次に掲げる日までに提出してください。
(1)　普通法人又は協同組合等の設立の日の属する事業年度…設立の日以後3月を経過した日と当該事業年度終了の日とのうちいずれか早い日の前日
(2)　公益法人等又は人格のない社団等の新たに収益事業を開始した日の属する事業年度…開始した日以後3月を経過した日と当該事業年度終了の日とのうちいずれか早い日の前日
(3)　公益法人等(収益事業を行っていないものに限ります。)に該当していた普通法人又は協同組合等が当該普通法人又は協同組合等に該当することとなった日の属する事業年度…同日以後3月を経過した日と当該事業年度終了の日とのうちいずれか早い日の前日
(4)　普通法人若しくは協同組合等の設立の日又は公益法人等若しくは人格のない社団等の新たに収益事業を開始した日又は公益法人等(収益事業を行っていないものに限ります。)に該当していた普通法人若しくは協同組合等が当該普通法人若しくは協同組合等に該当することとなった日(以下「設立等の日」といいます。)から，その事業年度終了の日までの期間が3月に満たない場合におけるその翌事業年度…当該設立等の日以後3月を経過した日と当該翌事業年度終了の日とのうちいずれか早い日の前日
　　(注)　外国法人については，法人税法第146条の規定によって提出してください。
(5)　連結法人である内国法人が平成22年9月30日以前に自己を分割法人とする分割型分割を行った場合における当該分割型分割の日の前日の属する事業年度…当該事業年度終了の日の翌日から2月を経過する日の前日
(6)　内国法人が，法人税法第4条の5第2項第4号又は第5号(連結納税の承認の取消し)の規定により第4条の2(連結納税義務者)の承認を取り消された場合におけるその取り消された日の前日の属する事業年度…当該事業年度終了の日の翌日から2月を経過する日(平成22年10月1日以後に解散する法人の残余財産の確定の日に属する事業年度にあっては，当該事業年度終了の日の翌日から1月を経過する日(当該翌日から1月以内に残余財産の最後の分配又は引渡しが行われる場合には，その行われる日の前日))の前日
(7)　内国法人が法人税法第4条の5第2項各号の規定により第4条の2の承認を取り消された場合におけるその取り消された日の属する事業年度…当該取消日以降3月を経過した日と当該事業年度終了の日の翌日から2月を経過する日(平成22年10月1日以後に解散する法人の残余財産の確定の日に属する事業年度にあっては，当該事業年

第2章　NPO法人の税務上の義務　39

　　度終了の日の翌日から1月を経過する日（当該翌日から1月以内に残余財産の最後の分配又は引渡しが行われる場合には，その行われる日の前日））とのうちいずれか早い日の前日
　(8)　内国法人が法人税法第4条の5第2項各号の規定により第4条の2の承認を取り消された場合におけるその取り消された日の属する事業年度開始の日からその終了の日までの期間が3月に満たない場合における当該事業年度後の各事業年度…当該取消日以後3月を経過した日と当該各事業年度終了の日の翌日から2月を経過する日（平成22年10月1日以後に解散する法人の残余財産の確定の日に属する事業年度にあっては，当該事業年度終了の日の翌日から1月を経過する日（当該翌日から1月以内に残余財産の最後の分配又は引渡しが行われる場合には，その行われる日の前日））とのうちいずれか早い日の前日
　(9)　法人税法第4条の5第3項の承認を受けて第4条の2の適用を受けることをやめることとなった内国法人の当該承認を受けた日の属する連結親法人事業年度の翌事業年度…当該翌事業年度開始の日以後3月を経過した日と当該翌事業年度終了の日とのうちいずれか早い日の前日
3　「参考事項」欄は，次により記載してください。
　(1)　「帳簿組織の状況」欄には，貴法人の伝票から総勘定元帳までの帳簿書類等の種類，形態及び記帳の時期を記載します。なお，「左の帳票の形態」欄には，例えば，「3枚複写伝票」，「大学ノート」，「ルーズリーフ」，「装丁帳簿」のように記載し，「記帳の時期」欄には，例えば，「毎日」，「1週間ごと」，「10日ごと」のように記載します。
　(2)　「特別な経理方法の採用の有無」欄は，貴法人がイ又はロのいずれかに該当する場合には，該当項目を○で囲んで表示してください。
　(3)　「税理士が関与している場合におけるその関与度合」欄は，その関与度合を例えば，「総勘定元帳の記帳から一切の事務」，「伝票整理から一切の事務」のように具体的に記載してください。
　(4)　「税理士署名押印」欄は，この申請書を税理士及び税理士法人が作成した場合に，その税理士等が署名押印してください。
　(5)　「※」欄は，記載しないでください。
4　留意事項
　(1)　連結納税の承認申請中の青色申告の承認申請
　　　連結納税の承認申請中において提出された，連結事業年度を対象とした青色申告の承認申請書は，連結納税が承認された場合，無効なものとなります。
　　　このため，連結グループから離脱した際に，青色申告の承認を受けようとする場合は，法律の定める日までに改めて申請書を提出する必要があることにご注意ください。
　(2)　法人課税信託の名称の併記
　　　法人税法第2条第29号の2に規定する法人課税信託の受託者がその法人課税信託について，国税に関する法律に基づき税務署長等に申請書等を提出する場合には，申請書等の「法人名等」の欄には，受託者の法人名又は氏名のほか，その法人課税信託の名称を併せて記載してください。

（国税庁ホームページ）

3　法人住民税

　法人に課される住民税には，都道府県の法人住民税と市町村の法人住民税があり，いずれも均等割と法人税割からなっています。このうち，均等割は法人の所得の有無や所得金額の多寡にかかわらず一定の税額を納付するもので，法人税割は法人税額を課税標準として税額を計算します（地法23, 292）。

　NPO法人は，収益事業を行わなければ法人税は課税されないので，法人税割はなく，均等割だけが課税されることになります。ただし，各都道府県市町村の条例によって均等割の免除制度を設けている地域があり，その場合には収益事業を行っていない旨の申請を行えば均等割は免除されますので，申請を忘れないように留意する必要があります。申請の期間は，毎年4月1日から4月30日までとされているところが多いですが，各々の地方公共団体に確認しておきましょう。

　ちなみに，公益法人等のうち，社会福祉法人，宗教法人，学校法人，労働組合ほか，博物館の設置や学術の研究を目的とする公益法人などの特定の法人は収益事業を行うとき以外は均等割も法人税割も課されません（地法25, 296）。

　なお，NPO法人を設立した場合には，収益事業を行わないときでも，「事業開始等申告書」「法人設立等申告書」「法人設立（設置）届出書」などの所定の書類を各都道府県税事務所や市町村役場に提出しなければなりません。提出期限については，法人の設立から15日以内や2か月以内などまちまちですので注意が必要です。

第2章 NPO法人の税務上の義務 41

[法人設立・設置届出書の様式画像 — 東京都都税事務所・支庁長宛の届出書フォーム]

法人 設立/設置 届出書

※整理番号 _____

その3（市町村提出用）

受付印

平成 年 月 日

市町村長殿

新たに法人を設立／設置したので届け出ます。

（フリガナ）		
法 人 名		
（フリガナ）		
本店又は主たる事務所の所在地	〒　　　　　　　　　　　　ビル名等 電話（　　）　－	
納 税 地	〒 電話（　　）　－	
（フリガナ）		
代表者氏名		㊞
代表者住所	〒 電話（　　）　－	
送付先・連絡先	□本店所在地　　　　　ビル名等 □代表者住所 □その他　　電話（　　）　－	

※届出については、（特別区（23区）に事務所等を有する場合、区役所への提出は不要です。）それぞれの機関へ提出してください。

設立設置年月日	平成　年　月　日	事業年度	（自）　月　日　（至）　月　日
資本金又は出資金の額	円	地方税の申告期限の延長の処分（承認）の有無	事業税 有／無　：　の事業年度から　月間 住民税 有／無　：　の事業年度から　月間
資料金等の額	円（記載不要）		

事業の目的	（定款等に記載しているもの）	従業者総数	人	市内従業者数	人
	（現に営んでいるもの又は営む予定のもの）	支店・出張所・工場等	名称／所在地／設置年月日 電話（　　）　－ 電話（　　）　－ 電話（　　）　－		

設立の形態	1　個人企業を法人組織とした法人　　2　合併により設立した法人 3　新設分割により設立した法人（□分割型・□分社型・□その他） 4　現物出資により設立した法人　　5　その他（　　）
設立形態が1～4である場合の設立前の個人企業、合併により消滅した法人、分割法人又は出資者の状況	事業主の氏名、合併により消滅した法人の名称、分割法人の名称又は出資者の氏名、名称／納税地／事業内容等
設立の形態が2～4である場合の適格区分	適格・その他
事業開始（見込）年月日	平成　年　月　日
「給与支払事務所等の開設届出書」提出の有無	有・無

届出内容に該当する□にチェックをしてください。
□　当該区市町村の事務所等が本店で複数の区市町村に事務所等をもつ法人
□　当該区市町村の事務所等が支店で複数の区市町村に事務所等をもつ法人
□　当該区市町村にのみ事務所等を有する法人

添付書類等	1　定款等の写し　　2　登記事項証明書（履歴事項全部証明書）、登記簿謄本又はオンライン登記情報提供制度利用 3　合併契約書の写し　　4　分割計画書の写し 5　その他
	オンライン登記情報提供制度利用の場合　照会番号／発行年月日 国　　　　　年　月　日 都　　　　　年　月　日 市　　　　　年　月　日

関与税理士	氏名	事務所所在地 〒 電話（　　）　－

設立した法人が連結子法人である場合	連結親法人名	「完全支配関係を有することとなった旨等を記載した書類」の提出年月日	連結親法人 年　月　日	連結子法人 年　月　日
	連結親法人の納税地	〒 電話（　　）　－	所轄税務署	決算期

税理士署名押印	㊞

事業種目	□製造業 □その他（具体的に　　　　　業）	公益法人等である場合	□収益事業を行う □収益事業を行わない
一般社団法人・一般財団法人である場合	□非営利型法人 □普通法人	※処理欄	

（国税局・東京都・市町村統一様式用）

4 事業税

事業税は，法人の行う事業に対し，収入金額又は所得を課税標準として課税される都道府県税です。NPO法人や公益法人等については，収益事業から生じた収入金額又は所得に対しては課税され，収益事業に係るもの以外のものに対しては非課税とされます。その対象となる法人は具体的に列挙されていますが，これにはNPO法人やほとんど全ての公益法人等が含まれています（地法72の5）。

■ NPO法人に適用される税率をまとめると次のとおりになります。

[法人税率]
　　年間所得800万円以下　15.0%
　　　　　　800万円超　　25.5%

[道府県民税，市町村民税]
　　均等割（事務所等を有する法人に課税）の標準税率
　　　道府県民税　2万円
　　　市町村民税　5万円
　　法人税割（収益事業所得に課税）の標準税率
　　　道府県民税　法人税額の　5.0%　（制限税率　6.0%）
　　　市町村民税　法人税額の12.3%　（制限税率14.7%）

[事業税（収益事業所得に課税）の標準税率]
　　年間所得　400万円以下　3.4%
　　　　　　～800万円以下　5.1%
　　　　　　　800万円超　　6.7%

第3節　消費税の申告と納税

1　消費税の原則

　消費税は，事業者が対価を得て行う資産の譲渡等に対して課税され，最終的に消費者が負担することになっている間接税です。そのため，NPO法人や公益法人等についても，一般の民間企業と同様に，納税義務を負うこととされています。

　消費税の納付税額は，原則として「課税売上げに係る税額」から「課税売上げに要する課税仕入れ等に係る税額」を控除して計算します。しかし，NPO法人や公益法人等は，その収入の中に会費，寄附金，補助金等のような対価性のない収入が多く含まれています。これを特定収入と呼びますが，特定収入によって賄われる課税仕入れ等の税額については，仕入税額控除の対象から除外することとされています（消法60）。

2　免税事業者と簡易課税制度

　国内で資産の譲渡等を行った事業者は，納税義務者となりますが，基準期間の課税売上高が1,000万円以下の場合は消費税の納税義務が免除されます。基準期間は，その事業年度の前々事業年度となっています。ただし，基準期間の課税売上高が1,000万円以下であっても，法人の特定期間（その事業年度の前事業年度の上半期）の課税売上高又は給与等支払総額が1,000万円を超える場合には，免除されません。

　また，基準期間の課税売上高が5,000万円以下の事業者は，課税標準額のみから納付税額を計算する簡易課税制度を選択することができます。

第4節　NPO法人のその他の税

1　印　紙　税
(1)　課税文書
　印紙税の対象となる課税文書は，印紙税法別表第1に限定列挙されており，NPO法人であっても，この課税文書を作成すれば納税義務者となります（印法2）。
　ただし，次のような文書は非課税文書として課税されないこととなっています（印法5）。

> ①　記載金額が少額の文書
> ②　手形の複本・謄本のように課税すると二重課税になるおそれがあるもの
> ③　国等が作成する文書
> ④　一定の公益性の強い法人がその義務ないし事業に関して作成する文書等

(2)　NPO法人の留意点
　NPO法人が留意すべき印紙税の取扱いは次のとおりです。

> ①　NPO法人の定款
> 　会社の設立時に作成される定款は課税文書に該当しますが，NPO法人の定款の作成については，印紙税は課税されません（印法2，別表第1六）。
> ②　NPO法人の作成する領収証等
> 　金額のいかんによらずNPO法人の領収証等は，営業に関しないものとして取り扱われ，非課税文書となります（印法5，別表第1十七）。

2 登録免許税
(1) 課税の範囲

登録免許税は，各種の登記等（登記，登録，特許，免許，許可，認可，認定，指定及び技能証明）について課税されます。登記等の課税の範囲や課税標準，税率等については，登録免許税法別表第1に限定列挙されています（登免法2）。

別表第1では，たとえば不動産の登記の場合の課税標準は，登記のときの不動産の価額となっています。これは，適正な市場価値と解されていますが，当分の間，固定資産課税台帳に登録された価格とすることとされています（登免法附則7）。

(2) 公益法人等の非課税

登記等を受ける者が登録免許税の納税義務者となりますが，国や非課税法人として別表第2に掲げられている各種の公共法人等は，人的に非課税とされています（登免法4①）。また，公益法人等その他一定の公益性の強い法人が自己のために受ける一定範囲の登記等についても，登録免許税は非課税とされています（登免法4②）。NPO法人においても，設立又は役員や主たる事務所などの変更の登記に関しては非課税です。

3 不動産取得税

不動産取得税は，不動産（土地及び建物）の取得者に対し，固定資産の価格を課税標準として課税される都道府県税です。不動産取得税の非課税は，取得者の性格に着目して非課税とされる人的非課税と，不動産の用途に着目して非課税とされる用途非課税があります。宗教法人の境内地や学校法人の教育施設などにはこの用途非課税の適用がありますが，NPO法人には，適用がありません（地法73の4）。

4 固定資産税（都市計画税）

固定資産税は，固定資産の所有者に対し，固定資産の価格を課税標準として課税されます。固定資産税の非課税は，固定資産の所有者の性格に着目して非

課税とされる人的非課税と，固定資産の用途に着目して非課税とされる用途非課税，それから一定の期限を付して非課税とする地方税法附則14条の暫定非課税があります。このうち公益法人等に対する適用があるのは，固定資産の性格及び用途に基づいて非課税とされる用途非課税です。宗教法人の境内地や学校法人の教育施設などにはこの用途非課税の適用がありますが，NPO法人には，適用がありません（地法348）。

5　事業所税

　事業所税は，都市環境の整備改善のため政令指定都市等の大都市が課す目的税です。NPO法人や公益法人等については，収益事業以外の事業に係る事業所税は，非課税とされます（地法701の34）。

第5節　損益計算書等の提出義務

　NPO法人や公益法人等は収益事業を行っていれば，赤字黒字を問わず税務申告書を税務署等に提出することとなりますが，収益事業を行っていなくても収入金額が8,000万円を超える法人は，損益計算書又は収支計算書を事業年度終了後4か月以内に税務署に提出しなければなりません（措法68の6）。

第6節　NPO法人に対する寄附の取扱い

　わが国の税制では，公益法人等に対する寄附に対して，一定額の所得控除や損金算入などの優遇措置が設けられています。すなわち，寄附をした個人や法人に対して税制面で優遇する制度です。NPO法人の中でも国税庁長官の認定を受けた認定NPO法人に対して寄附をした場合には，そうした寄附金の優遇措置が設けられています。

しかし，それ以外の一般の NPO 法人に対する寄附金については，寄附金の優遇措置は一切認められていません。ただし，寄附金を受け取ることは収益事業に該当しませんので，NPO 法人の側で受贈益として課税されることも原則としてありません。

第 3 章

NPO法人の収益事業

　NPO法人では収益事業を営む場合に限り，その収益事業から生じる所得に対して課税が行われ，それ以外は非課税とすることとされています。昭和25年のいわゆるシャウプ税制改正において，非営利法人に対するこのような制度の枠組みが創設されたわけですが，その後収益事業の範囲や税率の見直しなどは行われながらも，基本的な枠組みは維持されて現在に至っています。

　この章では，NPO法人を含む非営利法人課税の最も重要な概念である「収益事業」に焦点を当てて，法人税法における収益事業の意義や範囲を取り上げてみましょう。

第1節 収益事業の意義と範囲

1 非営利組織の収益事業

(1) 収益事業のあり方

　非営利組織が本来の事業・活動を行うのに必要な経費の不足を補うために，副次的に収益事業を行うことは，非営利組織の本来の目的とは矛盾しないといわれています。しかし，矛盾しないからといって，いかなるものでも許されるというわけではありません。非営利組織の行う収益事業は，およそ次のようなものであるべきだと考えられています。

> ① 収益事業は，本来の事業に付随して行われるべきものであるから，本来の事業と密接に関連していることが望ましい。
> ② 収益事業は，本来の事業より規模が過大であったり，本来の事業に支障を及ぼすおそれのあるものは不適当である。
> ③ 収益事業は，投機的性格を有しているもの，風俗営業的なもの，著しく営業優先の事業であるなど，社会的信用を傷つけるものは避けるべきである。
> ④ 収益事業から生じた利益は，本来の事業に充てるべきものであるから，役員や設立者に出資の分配など特別な利益を供与すべきではない。
> ⑤ 収益事業を行う場合，法人の権利能力や行為能力の及ぶ範囲を明らかにするため，寄附行為，定款にその事業を明示すべきである。

　こうした考え方は，非営利組織の行う収益事業にどのような制約を及ぼしているのでしょうか。

(2) NPO法人の収益事業

　NPO法人では，本来の事業に支障がない限り，収益事業等を行うことができることになっています（NPO法5）。この場合にも，利益を生じたときは本来の事業のために使用しなければなりません。

公益認定要件を満たすことが求められている公益社団・財団法人は，本来の事業・活動である公益目的事業を主たる目的とするものでなければならず，50％以上であることが課されています。

また，収益事業等を行うことによって公益目的事業の実施に支障を及ぼすおそれがないことが求められ，収益事業等から生じた利益の50％以上を公益目的事業に繰り入れなければなりません。

その他の非営利組織を見ると，社会福祉法人では，経営する社会福祉事業に支障がない限り，その収益を社会福祉事業の経営に充てることを目的とする収益事業を行うことができるとされています（社会福祉法26）。

また，宗教法人では，その目的に反しない限り収益事業を行うことができるが，収益が生じたときは本来の活動・事業等に使用しなければならないとされています（宗教法人法6）。

ここでいう収益事業は，非営利組織が行う本来の活動・事業等と区分される，利益を得るための事業としての収益事業のことであり，税務上の課税の対象としての収益事業とは異なります。

2　法人税法における収益事業の意義

(1)　収益事業の要件

それでは，課税の対象となる税務上の収益事業とは，どのようなものでしょうか。

法人税法では，収益事業とは，「販売業，製造業その他の政令で定める事業で，継続して事業場を設けて営まれるもの」（法法2十三）であると定義されています。このうち，1番目の要件である政令で定める事業は，法人税法施行令第5条第1項に列挙されている次の34業種として定められたものをいいます。

物品販売業，不動産販売業，金銭貸付業，物品貸付業，不動産貸付業，製造業，通信業，運送業，倉庫業，請負業，印刷業，出版業，写真業，席貸業，旅館業，料理店業その他の飲食店業，周旋業，代理業，仲立業，

> 問屋業，鉱業，土石採取業，浴場業，理容業，美容業，興行業，遊技所業，遊覧所業，医療保健業，技芸教授業，駐車場業，信用保証業，無体財産権提供業，労働者派遣業

　ここに挙げられている収益事業の34業種は限定列挙ですので，これ以外の事業，たとえば，農業，水産業などはNPO法人や公益法人等が営んでも収益事業には該当しないことになります。反対に，ここに列挙されている事業に該当すれば，NPO法人や公益法人等が行う本来の事業であっても法人税法上の収益事業に当たることになります（法基通15-1-1）。

　しかし，こうした規定の仕方に問題があるのではないかという意見が税制改正の議論の中でしばしば出てきます。

　『NPO法人や公益法人等が有償で行っている事業内容が次第に拡大し，多様化してきていることから，民間企業が行う事業内容との間に大きな違いがなくなってきているのではないか。現在収益事業とされていない事業であっても民間企業と競合関係にあるものは，随時収益事業の範囲に追加していくべきである。しかし，そうした対応に限界があるとすれば，収益事業の課税対象範囲の規定の仕方を逆転させて，対価を得て行う事業は原則課税とした上で非課税の事業を掲げる方がいいのではないか』とする意見です。

　農業や水産業は営利法人との競合の要素が少なく，このように事業を列挙する方法は営利法人と競合するほとんどの業種が網羅されていて，盲点がそんなにあるとも思えませんが，それからすると，収益事業の範囲の規定の仕方を逆転するという意見は，そもそもあまり実益がなく必要性にも乏しいのではないでしょうか。

　2番目の「継続して営まれるもの」には，各事業年度の全期間を通じて営まれるものだけに限らず，事業の性質に応じて継続性を判断することになりますが，たとえば次のようなものは継続して営まれることになります（法基通15-1-5）。

> ① 土地の造成及び分譲，全集又は事典の出版等のように，通常一の事業計画に基づく事業の遂行に相当期間を要するもの
> ② 海水浴場における席貸し等又は縁日における物品販売のように，通常相当期間にわたって継続して行われるもの又は定期的に，若しくは不定期に反復して行われるもの

　また，NPO法人や公益法人等が収益事業とこれに類似する非収益事業とを営んでいる場合に，継続性をどう判断するかについては，全体として継続しているかどうかで判断することになります。たとえば，「席貸業」の場合，NPO法人や公益法人等の所有する会場が本来の目的で使われるのが通常ですが，ときどきコンサート会場などに貸していたとしますと，会場が全体として継続的に使われていれば，ときどき行われる「席貸業」も継続していると判断されることになります。

　3番目の「事業場を設けて営まれるもの」については，事業場というのは事業を営むための物的施設を指しているものと解されています。販売業であれば店舗，製造業であれば工場，サービス業であれば事務所，飲食業であれば食堂のようなものが考えられます。また不動産貸付業であれば建物や土地ということになります。

　施設は必ずしも常設のものでなくても，移動式のものでも事業場に該当し，また既存の施設を利用して行われるものも含まれます（法基通15-1-4）。したがって収益事業のための専用の施設でなくとも，学校法人や宗教法人の講堂を興行等に貸し付けた場合でも「事業場を設けて営まれるもの」と認定されます。特に施設を必要としないような請負業や代理業においても，事務手続を行うなどの行為によって事業場と認定され，法人が委託契約，組合契約，信託契約を結んで他のものに営業させている場合には，その営業は法人が収益事業を営んでいるものとして取り扱われ，他のものの事業場が法人の事業場と認定されることになります。

(2) 収益事業に付随する行為

収益事業の範囲においては，その性質上その事業に付随して行われる行為も，その収益事業に含まれるとされています（法令5①）。その性質上，事業に付随して行われる行為とは，通常その収益事業の事業活動の一環として，又はこれに関連して行われる行為であって，例えば次のような行為をいうことになります（法基通15-1-6）。

> ① 出版業を営む公益法人等が，その出版事業に関係した講演会を開催したり，その出版物に掲載する広告の引受けをした場合，これらの行為は公益法人等が営む出版業に含まれる。
> ② 技芸教授業を営む公益法人等が，その技芸教授業に係る教科書その他これに類する教材の販売をしたり，バザーを開催した場合には，技芸教授業に含まれる。
> 　学校法人等が，教科書や教科書に類する参考書，問題集等を販売したり（後記第3節1の物品販売業を参照），年1・2回程度のバザーを開催したりすることは，原則として収益事業には含まれない。しかし，収益事業に該当する技芸教授業を営む公益法人等が，その収益事業に該当する技芸教授に関連して，上記のような行為を行った場合には，それらの行為は全て，収益事業である技芸教授業に含まれる。
> ③ 旅館業又は料理店業を営む公益法人等が，その旅館等において行う会議等のために行った席貸しは，旅館業又は飲食店業に含まれる。
> 　国または地方公共団体等に対する席貸し，又はその他特定の席貸しはこの収益事業の席貸業に含まれない。しかし，上記のように収益事業に該当する旅館又は料理店で行った席貸しは，それが収益業に該当しない特定の席貸しであっても，旅館業又は飲食店業の事業活動に含まれるものとして収益事業に該当する。
> ④ 興行業を営む法人がその放送を許諾することは，興行業に含まれる。

(3) 資金の運用収入

　NPO法人や公益法人等が収益事業から生じた所得を預金や有価証券等に運用している場合，その運用から生じた利息や配当金は，収益事業の付随行為として収益事業の収入に含まれます。しかし，収益事業から生じた所得を運用した預金や有価証券であっても，それが収益事業を運営するために通常必要とする範囲の額を超える余裕資金であり，その預金や有価証券を収益以外の資産として区分経理をしている場合には，その区分経理をした預金や有価証券から生じた利息や配当金は収益事業の収入に含めないことができるとなっています（法基通15-1-7）。

(4) 固定資産の処分損益

　NPO法人や公益法人等が収益事業の用に供する固定資産等を処分する行為は，収益事業の付随行為になります。したがって，収益事業の用に供している諸設備を売却して得た利益は所得に加算されますし，売却による損失又は除却による損失は所得から控除されることになります。

　しかし，次のような場合の固定資産の処分損益は，当該資産が収益事業に属するものであっても，収益事業の所得計算に含めないでよいとされています（法基通15-2-10）。

① 相当期間（おおむね10年）にわたり固定資産として保有していた土地・建

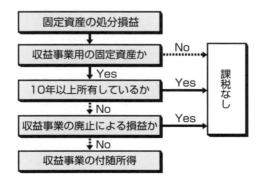

■ 固定資産の処分損益 ■

物又は構築物の譲渡又は除却による損益。

　NPO法人や公益法人等に関する法人税は，法人税法施行令5条1項に列挙された34業種の収益事業から生ずる所得についてだけ課税されるもので，相当期間保有していた不動産を売却して得た利益というのは，保有期間の不動産の値上がりによる利益，キャピタル・ゲインであると考えられ，収益事業の活動から生じた利益ではなく，当該不動産が収益事業に使用されていたものであっても，法人税の課税対象とはなりません。ここにいう相当期間とは，おおむね10年と考えられています。

② 収益事業の全部又は一部を廃止した場合，その廃止した事業に係る固定資産の譲渡又は除却等による損益も，収益事業の所得計算に含めません。

(5) **委託契約等による事業**

　NPO法人や公益法人等が法人税法施行令5条1項に列挙された事業を「継続して事業場を設けて営む」場合には，収益事業となり，その事業から生じた所得について法人税が課されますが，それらの事業は，必ずしも公益法人等が自ら行わなくとも，委託契約，組合契約又は信託契約によって，事業を他の者にさせ，当該事業から生じた収益の配分等を受ける場合は，当該法人が自ら収益事業を営んでいるものとして取り扱うことになります（法基通15-1-2）。

(6) **共済事業**

　NPO法人や公益法人等がいわゆる共済事業として行う事業についても，事業の内容に応じて収益事業かどうかの判定を行うと通達は述べています。共済事業は34業種の中には列挙されていませんが，事業の内容によっては収益事業に該当するものがあるからです。たとえば，会員に対する融資事業は「金銭貸付業」，団体生命保険事業は「請負業」に，会員への斡旋事業は「物品販売業」や「周旋業」に該当する可能性があります。もっとも，保険会社の事業と同じような共済事業は，保険業が34業種に入っていないため収益事業にはなりません。

第2節　収益事業からの除外

　収益事業として課税の対象になる34業種は，法人税法施行令5条で限定列挙されていますが，施行令5条は同時に34業種に該当するものであっても収益事業から除外する事業を明らかにしています。どういうものが除外されているかというと，まずその性質が公共サービスに準ずるものと認められるものが多く挙げられます。そのほか，社会通念上課税になじまないと考えられるものや国，自治体に対するサービスを除外しているものもあります。ここでは，こうした収益事業から除外されているもののうち特徴的なものの内容と沿革を詳しく見ておきましょう。

1　除外の種類

　収益事業から除外されている事業の大半は，「特定の法人」が「特定の法律」に基づいて行う事業，という形で定められています。たとえば，「公益社団法人等」が「児童福祉法第7条第1項に規定する児童福祉施設の児童の給食用の輸入脱脂粉乳の販売業」として行う物品販売業，「日本勤労者住宅協会」が「日本勤労者住宅協会法第23条第1号及び第2号」に掲げる事業として行う不動産貸付業，といった規定の仕方です。これは，その事業を行う法人の性格に着目して非課税とする，いわゆる「人的非課税」と，事業の性質に着目して非課税とする，いわゆる「用途非課税」の混合であるといえます。もっとも，日本赤十字社が行う医療保健業，社会福祉法人が行う医療保健業，学校法人が行う医療保健業のように，法人の性格だけで非課税となっている規定もないわけではありません。しかしその場合でも，全ての事業にわたって除外されているわけでなく，医療保健業なら医療保健業と事業が特定されていることから，やはり「人的非課税」と「用途非課税」の混合であると考えるべきでしょう。いずれにしても，これらは公共サービスに準ずる事業という位置付けでしょう。すなわち，国や地方公共団体によって供給されることが困難な財，サービスを

寄附金等を資金として供給していると考えられているわけです。たとえば「学校法人が行う医療保健業」ですが，これが医師の養成という国家的事業の一端を担っていると考えれば，確かに準公共サービスといえる面もあります。ともかく，これが除外の第1の類型です。

　第2の類型としては，国又は地方公共団体に対するサービスの提供を除外するものです。たとえば，国又は地方公共団体に対して直接貸し付けられる不動産の貸付業が除外されていますが，これは課税が行われることになると賃料が引き上げられることになり，結局ツーペイとなって課税してもメリットがないという理由によるものと思われます。この類型にはほかにも，国又は地方公共団体の用に供する席貸業，国又は地方公共団体に対して行われる無体財産権提供業などがあります。

　第3の類型としては，社会通念上課税になじまないと考えられるものです。典型的な例として，宗教法人又は公益社団・財団法人が行う墳墓地の貸付業があります。社会福祉事業として行われる席貸業の除外や法人の会員に対する会報の配布を出版業から除外しているのも，この類型に該当するでしょう。

　社会福祉事業や保険契約者保護事業として行われる事業も，この類型に該当するでしょう。

　第4の類型としては，対価が低廉，低額なものや実費の範囲を超えないものが挙げられます。たとえば，住宅用土地の貸付けで，地代を固定資産税等の3倍以内に抑えたものがこれに当たりますが，この程度のものは実際にはあまり所得が生じないためわざわざ課税する意味に乏しいとして除外したものと考えられます。

　そのほか，これらの類型の混合したものがあります。たとえば，席貸業のうち会員が実費で利用する場合を除外しているケースですが，これは第3の類型である社会通念上の除外と第4の類型の低廉なものの除外の混合といえるでしょう。

2 特定法人の行う事業

さて、上記の除外の第1類型に含まれるものの中に、「特定法人」という見慣れない概念が登場します。まず、「特定法人の行う不動産販売業」が、不動産販売業から除外されています。それから、「特定法人が行う不動産貸付業」も、不動産貸付業から除外されています。さらには、「特定法人が農業者団体等に対して行う物品貸付業」が物品貸付業から除外され、「特定法人が農業者団体等に対して行う請負業」も請負業から除外されています。

そこで、この「特定法人」とは何かということですが、これは法人税法施行令5条の中で定義され用いられているだけで、他ではこの概念は使われていません。その概念ですが、公益社団・財団法人又は非営利型法人で拠出金額等の2分の1以上が地方公共団体によって直接又は間接に拠出されたもので、業務がその地方公共団体の管理の下に運営されているものとなっています。これは、地方公共団体のいわゆるダミーとして公営住宅などの経営を行う法人を指しています。それぞれの地方公共団体が設けている、いわゆる街づくりセンターや住宅開発公社などの行う「不動産販売業」「不動産貸付業」等を非課税とする趣旨のものです。これは当然、第1の類型に該当します。

3 不動産貸付業における収益事業からの除外

不動産貸付業は、積極的な事業の意思を持たなくても営むことのできる事業です。たとえば所有している土地を、借り受け人の申し出に応じて貸し付けるとそれが不動産貸付業になり、昔から貸し付けていれば特に意識しないまま自動的に不動産貸付業になります。公益法人等の中でも大半を占める宗教法人においては、こうした実態を持つ事業を営んでいる場合が多くあります。もともと所有していた広い所有地を法人自らが活用した結果というよりも、周囲に活用された結果です。財団法人の場合は、貸付不動産を財団にして設立されている場合も多いので、少し宗教法人とは事情が異なるかもしれません。

不動産貸付業における収益事業からの除外には、特定法人が行う不動産貸付業などの第1の類型の他に、国又は地方公共団体に対して直接貸し付けられる

場合の第2の類型，そして宗教法人等の行う墳墓地の貸付けの第3の類型と住宅用地の低廉貸付の第4の類型があります。

不動産貸付業における除外の中で重要なのは，第4の類型の住宅用地の低廉貸付です。なぜ，重要かというと現実にこうした貸付けが多く行われているからです。法人税法施行令5条では「主として住宅の用に供される土地の貸付業で，その貸付けの対価の額が低廉であることその他の財務省令で定める要件を満たすもの」（法令5①五ヘ）を収益事業から除いています。そこで省令の法人税法施行規則4条では「貸付業の貸付けの対価の額のうち，当該事業年度の貸付期間に係る収入金額の合計額が，当該貸付けに係る土地に課される固定資産税額及び都市計画税額で当該貸付期間に係るものの合計額に3を乗じて計算した金額以下であることとする。」（法規4）と規定されています。要するに住宅用の貸地で固定資産税と都市計画税の合計額の3倍以下の地代であれば課税しない趣旨ですが，3倍という基準は多くの借地契約の実態を勘案しつつ所得のあまり生じない範囲を考慮して設定されたものでしょう。3倍の地代から1倍の固定資産税等を控除して，そこから人件費や貸地管理費用を控除すると確かにあまり所得は生じそうにありません。

不動産貸付業は昭和25年の収益事業には挙げられていませんでしたが，昭和32年に収益事業に追加されました。そのときは事務所，店舗等に係る貸付けのみで，住宅に係るものは除外されていました。昭和46年の改正で住宅に係る貸付けも収益事業に含められることになりましたが，運用上の軋轢や混乱が生じたため，昭和49年になって住宅用土地の低廉貸付をきちんと形式基準を設定して除外することになったという経緯があります。

4　出版業における収益事業からの除外

公益法人等の中にいわゆる有資格者の団体があります。行政書士会，司法書士会，社会保険労務士会，税理士会，日本公認会計士協会，弁護士会，司法書士会，弁理士会，建築士会などですが，これらが会員に対して会報や会員名簿などを配布する，あるいは学術等を目的とする財団，社団などが会員に対して，

会報や名簿などの印刷物を出版して配布することは通常よく行われることです。

「特定の資格を有する者を会員とする法人がその会報その他これに準ずる出版物を主として会員に配布するために行うもの及び学術，慈善その他公益を目的とする法人がその目的を達成するため会報をもっぱらその会員に配布するために行うものを除く」として，出版業の収益事業からこれが除外されているのは，会報等の配布が本来の活動に不可欠のものであって，社会通念上課税になじまないからであると考えられます。

昭和25年には出版業の収益事業から除外されているものはありませんでしたが，昭和32年の改正時に特定の資格を有する会員に対する会報等の配布が収益事業から除外され，昭和41年に学術等の公益を目的とする法人の会報等の配布が収益事業から除外されたという経緯があります。

5 請負業における収益事業からの除外

請負業は昭和25年に列挙されたときには除外されているものはありませんでした。昭和38年に「事務処理の委託を受ける業を含む」ことが明文化されましたが，その後の昭和40年には「法令の規定に基づき国又は地方公共団体の事務処理を委託された法人の行うその委託に係るもので，その委託の対価がその事務処理のために必要な費用をこえないことが法令の規定により明らかなことその他の大蔵省令で定める要件を備えるもの」が収益事業から除外されました。

この除外について，大蔵省令で定める要件は次のものです。

---

① その委託の対価がその事務処理のために必要な費用をこえないことが法令の規定により明らかなこと。

② その委託の対価が事務処理のために必要な費用をこえるに至った場合には，法令の規定により，そのこえる金額を委託者又はそれに代わるべき者として主務大臣の指定する者に支出することとされていること。

③ その委託が法令の規定に従って行われていること。

これらは要するに、剰余金が生じない事業を前提として収益事業から除外しているということを示しています。すなわち、所得が生じない範囲の事業であることを前提にしています。

6 席貸業における収益事業からの除外

財団社団等の有する会館のホール、学校法人の講堂や教室、宗教法人の本堂や会館、と法人が本来の活動や事業のために所有しているものを催し物等に貸し出すことも通常よく行われることです。

昭和25年の制度発足のときには、席貸業は「不特定又は多数の者の娯楽、遊興又は慰安の用に供するための席貸しをなすものに限る」と限定されていました。それが、昭和59年の改正で、一部の除外されるものを除いて全て収益事業に含まれることとなりました。

除外されたのは、次のものです。

---
① 国又は地方公共団体の用に供するための席貸業
② 社会福祉事業法第2条第1項の社会福祉事業として行われる席貸業
③ 学校法人等や職業訓練法人が主たる目的とする業務に関連して行う席貸業
④ 法人がその主たる目的とする業務に関連して行う席貸業で、当該法人の会員その他これに準ずる者の用に供するためのもののうちその利用の対価の額が実費の範囲を超えないもの

ここで除外されているもののうち、判断を要するのは④の席貸しですが、このような席貸しは、社会通念上課税になじまないと考えられるだけでなく、実際には所得がほとんど生じないことから除外したものでしょう。

7 技芸教授業からの除外

技芸教授業は昭和25年には収益事業に列挙されていませんでしたが、昭和32年の改正で収益事業に加えられています。そのときは、「洋裁、料理、理容、

美容，茶道，生花，演劇，舞踊，舞踏，音楽，自動車操縦その他これらに類する技芸で大蔵省令で定めるものの教授」とされていました。昭和53年の改正では，これに「着物着付けの教授業」と「小型船舶の操縦の教授業」が付け加わりました。さらに，「公開模擬学力試験（学校の入学者を選抜するための学力試験に備えるため，広く一般に参加者を募集し，当該学力試験にその内容及び方法を擬して行われる試験をいう。）を行う事業」が追加されました。

昭和59年の改正では，これに「絵画，書道，写真，工芸，デザイン（レタリングを含む。）の教授業」と大学，高校等の入学試験に備えるための学力の教授業（予備校，進学塾，学習塾等）の内容が追加されました。

技芸教授業の内容は大きく「技芸の教授」と「学力の教授」及び，「公開模擬学力試験」に分けることができます。学校教育法の「学校」「専修学校」「各種学校」は，授業時間等の一定の要件を満たせば，「技芸の教授」も「学力の教授」も収益事業から除外されます。社会教育法の認定を受けた通信教育による「技芸の教授」ないし「学力の教授」であれば，これも収益事業から除外されます。理容師法，美容師法等による「技芸の教授」，船舶職員法による「技芸の教授」も，収益事業から除外されています。

ところで，ここにいう「技芸」とはなにか。その意味するところですが，広辞苑によると「技芸」は「歌舞，音曲など芸能に関するわざ。遊芸」とあり，大辞林では「美術・工芸などの芸術に関する技術」となっています。政令の用法にはこれらを併せた概念が近いようです。

技芸教授業における洋裁，料理等の技芸の教科は限定列挙ですから，列挙されていない文学や人文科学，自然科学，数学，工学などの一般教養に係る教科や，語学に係る教科，経営や経済・法律に係る教科，コンピュータや情報処理に係る教科，それからサッカー，野球，水泳，柔道，剣道，テニスなどの体育系，スポーツ系のもの，囲碁・将棋などの教授は技芸教授業に該当しません。

どういう趣旨で「技芸の教授」と「学力の教授」だけを収益事業とし，いわゆる「学術の教授」を収益事業から除外しているのか明らかではありませんが，「技芸の教授」や「学力の教授」と比べて，「学術の教授」があまり所得が生じ

そうにないこと，営利法人によって営まれているケースの少ないこと，社会通念上も課税になじまないことなどが，除外の趣旨として考えられます。

8 福祉事業，保険契約者保護事業における収益事業からの除外

NPO法人や公益法人等が収益事業に該当する事業を営むときでも，次の場合には収益事業に含まれないものとされます。

(1) 福 祉 事 業

① その事業に従事する次の者が従事者総数の半数以上を占め，かつその事業がこれらの者の生活の保護に寄与していること

イ 身体障害者福祉法に規定する身体障害者

ロ 生活保護法の規定により生活扶助を受ける者

ハ 児童相談所，精神薄弱者更生相談所，精神保健センター又は精神保健指定医により精神薄弱者として判定された者

ニ 精神保健及び精神障害者福祉に関する法律の規定により精神障害者保健福祉手帳の交付を受けている者

ホ 年齢65歳以上の者

ヘ 母子及び寡婦福祉法に規定する配偶者のない女子であって民法877条（扶養義務者とその範囲）の規定により現に母子及び寡婦福祉法5条2項に規定する児童を扶養している者又は同条3項に規定する寡婦

従業者の要件は比較的容易に満たすことができても，生活の保護に寄与するというのは，その事業の給与がなければ生活できないほどの高い比重を示していることを意味します。

② 母子及び寡婦福祉法に基づく特定の金銭貸付業のほか，母子及び寡婦福祉法の規定による公共的施設内で行われる特定の事業

(2) 保険契約者保護事業

保険契約者保護機構が行う一定の事業

第3節　収益事業の種類と特徴

　NPO法人や公益法人等は収益事業を行っていなければ法人税等の課税を受けることもなく，確定申告の義務も課されません。したがって，法人が営む事業が収益事業に該当するかどうかの判断は，法人にとって重要な経営の分岐点になり，それだけに判断が困難なケースも少なくありません。

　法人税法では，法人税法施行令第5条において収益事業の具体的名称とその事業に含まれるもの及び除かれるものを明らかにしています。また，個別の収益事業の内容については，法人税基本通達に解釈が示されていますので，ここではそれらを中心に見ていくことにしましょう。

1　物品販売業

(1)　農産物，畜産物等の販売（法基通 15-1-9）

　NPO法人や公益法人等が自己の栽培，採取，捕獲，飼育，繁殖，養殖などによって取得した農産物等（畜産物，林産物，水産物等も含む。）の販売は，次のように取り扱われます。

　　① その農産物などを，そのまま又は加工を加えた上で，直接不特定又は多数の者に販売する行為は，物品販売業として収益事業になります。
　　② その農産物などを，そのまま又は出荷のために最小限必要とされる簡易な加工を加えた状態で，特定の集荷業者等に売り渡すだけの行為は，物品販売業に該当せず課税されません。

(2)　動植物，郵便切手等の販売（法基通 15-1-9（注）1）

　物品販売業の対象となるものには，動植物のほか，郵便切手，収入印紙，物品引換券等，通常は物品といわないものも含まれます。ただし，有価証券や手形の売買は含まれません。

(3)　特定の物品の備蓄事業（法基通 15-1-9（注）2）

　一定の時期又は一定の条件の下に販売する目的で，特定の物品を取得し，こ

れを保有するいわゆる備蓄事業に係る業務は物品販売業に含まれます。

(4) **会員等に対する物品の頒布（法基通 15-1-9（注）3）**

会員に対して有償で物品の頒布を行っている場合でも，その行為がその物品の用途，頒布価額などから見て，もっぱら会員等からその事業規模などに応じて会費を徴収する手段として行われているものと認められるときは，その物品の頒布は物品販売業に該当しません。

(5) **学校法人等の物品販売業（法基通 15-1-10）**

学校法人や宗教法人の物品の販売は，次のように取り扱われます。

① 教科書その他これに類する教材の販売

学校法人等が行う教科書その他これに類する教材の販売は，物品販売業に該当しません。教育事業の一貫として行われるものだからです。教育事業は，技芸教授業とも異なり，34業種に掲げられていないため，収益事業課税を受けません。「教科書その他これに類する教材」とは，教科書，参考書，問題集等であって，学校の指定に基づいて授業において教材として用いるために，その学校の学生，生徒等を対象として販売されるものです。

したがって授業において使用しない参考書など，任意に学生，生徒に販売している場合には，ここでいう教科書等に該当せず，課税対象となります。

また，同じ学校法人等であっても，収益事業に該当する「技芸教授業」を行っている場合，その技芸教授に付随して行う教科書その他これに類する教材の販売は，技芸教授業に含めて課税対象となります（法基通15-1-6）。

② 文房具，布地，ミシン等の販売

学校法人等が行うノート，筆記具などの文房具，布地，糸，編糸，食料品などの材料又はミシン，編物機械，厨房用品などの用具の販売は，たとえこれらの物品が学校の指定に基づいて授業に用いられるものであっても，物品販売業として課税対象になります。

③ 制服，制帽等の販売

学校法人等が行う制服，制帽等の販売は，物品販売業に該当します。こ

れに類する通学鞄，靴，ネクタイ，運動着等々も含まれます。なお，文房具，制服等を学校法人等が直接販売せず，外部の業者にそれを製作，販売させ，業者から販売手数料や謝礼金等を受け取るときは，「物品販売業」又は「仲立業」として収益事業に該当します。

④ バザーによる物品販売

学校法人等が行うバザーで年1・2回開催される程度のものは，物品販売業に該当しません。ただし，学校法人等が収益事業に該当する技芸教授業を営み，その技芸教授業に関連して開催したバザーは，当該技芸教授業の付随行為となり課税の対象となります（法基通15-1-6）。

⑤ 宗教法人の物品販売

宗教法人の行う物品販売業については，お守，お札，おみくじ等の販売は利益が生じていても喜捨金と認められる場合は，宗教活動の一環として物品販売業には該当しません。ただし，絵葉書，写真帳，暦，線香，ろうそく，供花等を一般の業者と同様の価格で販売している場合は物品販売業に該当します。

2 不動産販売業

(1) 収益事業にならない不動産販売業

次のものは不動産販売業であっても収益事業には該当しません（法令5①二）。

① 公益社団法人等のうち，出資金等の2分の1以上が地方公共団体からされているなどの特定法人が行う不動産販売業

② 日本勤労者住宅協会，農業者年金基金，中小企業事業団及び民間都市開発推進機構が法律に基づいて行う不動産販売業

(2) 不動産の処分と販売

NPO法人や公益法人等が不動産を譲渡した場合，その譲渡行為が販売行為なのか，又は，不動産の処分行為なのかが常に問題になります。すなわち，販売行為とは，不動産である土地，建物等を不特定又は多数の者に反復して又は継続して譲渡することであって不動産販売業に該当します。一方，不動産の処

分行為とは，公益法人等が固定資産として保有していた土地建物等を，資金繰りその他の都合で譲渡することであって，これは不動産販売業に該当しません。

3 金銭貸付業

(1) 金銭貸付業の範囲

NPO法人や公益法人等が収益事業として行う金銭貸付業は，不特定又は多数の者を対象とした貸付けに限らず，特定の者又は少数の者を対象とした場合にも該当します（法基通15-1-14）。

(2) 収益事業にならない金銭貸付業

金銭貸付業には手形の割引が含まれますが，余資の運用として行う有価証券の現先取引は含まれません。

NPO法人や公益法人等の行う金銭の貸付けは，特定又は少数の者に対する貸付けであっても，収益事業である金銭貸付業に該当しますから，当該法人の組合員又は会員等の構成員（教職員等）だけを対象とした金銭の貸付けである場合も，原則として金銭貸付業に該当します。しかし，法人の構成員が拠出した資金を低利で，その構成員に貸し付けている場合には，あえて課税しなくとも一般営利企業との課税の公平が害されることもありませんので，収益事業の金銭貸付業に該当しません。

すなわち，①組合員，会員等の拠出に係る資金を主たる原資とし，②当該組合員，会員を対象とした金銭の貸付けで，③その貸付金の利率が全て年7.3%以下であるときは，収益事業の金銭貸付業に該当しません（法基通15-1-15）。

4 物品貸付業

(1) 物品貸付業の範囲

物品貸付業は，通常の物品のほか，動物や，植物など通常は物品といわないものの貸付業も含まれます。

物品の貸付けは，他の業種に付随して行われる場合には，物品貸付に対する料金を収受していても物品貸付業には該当せず，たとえば，旅館におけるテレ

ビ，麻雀等の遊具の貸付けは旅館業に該当し，遊園地における貸ボート等は遊技所業に含まれます（法基通15-1-16）。

(2) 収益事業にならない物品貸付業

次のものは収益事業となる物品貸付業から除かれます。

① 土地改良事業団体連合会が会員に対して行う物品貸付業
② 特定法人が農林業を営む者，地方公共団体，農業協同組合，森林組合及びその他の農業者団体に対して行う物品貸付業
③ 小規模企業者等設備導入資金助成法に規定する特定の貸与機関が行う特定の物品貸付業

5 不動産貸付業

(1) 不動産貸付業の状況

不動産貸付業は，NPO法人や公益法人等が所有している建物や土地の貸付けですが，特に公益法人等の中の宗教法人の土地の貸付けが多いのが特徴といえます。これは宗教法人が土地の所有権を手放すことなく，他人に使用収益させて，その対価を得ることで組織として存続してきた歴史的な事情を反映しています。こうして貸し付けている土地の多くは，戦前や戦後の混乱期に口約束で貸し付けられたものです。当時は借地権がいまほど財産権として確立されていなかったため，いまのように権利金の授受をすることなく貸し付けられたものが多かったわけですが，戦後の高度成長期を経て，地価の上昇とともに，借地権が地主の底地権を上回る価値を有する財産として確立されました。

このような公益法人等の土地の貸付けの対価である地代については，収益事業から除外され非課税となっているものがかなりあります。

(2) 課税されない住宅用土地の低廉地代

公益法人等が所有する土地を住宅用地として貸し付けたもので，低廉な地代のものは，収益事業から除外されます（法令5①五へ）。ここに，低廉な地代とは，その土地の貸付けによる年間の収入金額がその土地に課される固定資産税と都市計画税の3倍以下と明確に定義されています（法規4）。

しかし，住宅用地の貸付けといっても，実態は単純でなく，住宅や事務所，店舗などが複雑に入り組んだ建物の敷地であることが多く，広大な駐車場や庭園などの敷地になっている例もあります。一筆の土地に多数の借地人がいて，さらに多数の借家人に貸し付けられ権利関係が入り組んでいるケースも珍しくありません。

　そういう場合に住宅用地の貸付けか否かをどう判断するか。また，低廉地代の判定においても，判定は土地ごとに行うのかそれとも契約ごとに行うのか，借地契約の更新料等の臨時の収入はどうするのか，固定資産税等の減免があった場合はどうするかなどの問題があります。

　法人税基本通達では，これらの取扱いを次のように示しています。

　① 住宅用地の貸付けとは

　　住宅用地の貸付けといっても，土地の全部が住宅用地であることが求められているわけではありません。住宅用地は，「主として住宅の用に供される土地」(法令5①五ヘ) と定められており，これは床面積の2分の1以上が居住の用に供される家屋の敷地として使用されている土地とされています。居住の用は必ずしも借地人自身が居住している必要はなく，貸家住宅として借地人の不動産貸付の対象となっている場合も含まれます。ただし，別荘のようなものに使用している場合や，敷地が建物の床面積の10倍を超える広大なものも除かれることになります (法基通15-1-20)。この住宅用地の判定は，各土地ごとに判定することで足り，各貸付けごと，つまり各借地人ごとに判定することまで求められているわけではありません。

　　したがって，複数の借地人による共同ビルで，店舗や事務所，住居が複合している場合には，それぞれの借地人ごとに判定するのでなく，建物全体の「2分の1以上が居住の用に供される家屋の敷地」であるかどうかを判定することになります。その判定において，居住用のスペースが2分の1未満となると，住宅用の敷地ではないことになり，地代の全てが収益事業として取り扱われることになります。(図1)

2分の1以上が居住の用に供される家屋の敷地

なお、一つの貸付けで土地の上に2階建ての建物があり、1階が店舗又は事務所、2階が住宅になっていれば、おおむね「2分の1以上が居住の用に供される家屋の敷地」として認められているのが実情です。(図2)

2分の1以上が居住の用に供される家屋の敷地

さらに、借地にマンションを建てて駐車場を併置している場合には、敷地が建物の床面積の10倍を超えないかどうか判定することとなります。この判定において10倍を超えていたとすると、全てが住宅用地に該当しないものとして、その地代は収益事業課税を受けることになります。(図3)

図3 主として住宅の用に供される土地

敷地が建物の床面積の10倍以内

しかし、地主にとって借地人の建物の使用状況を把握するのは容易なことではなく、まして借地人が建物を他人に貸し付けていれば、外観からの使用状況の把握はいっそう困難です。最近は借地人の代替わりによって使用状況が変化しているにもかかわらず、地主が過去の使用状況を前提に申告をしていなかったことにより課税当局の指摘を受ける例も見られるので、この点での注意が必要です。

② 貸付けごとに3倍以下を判定

その土地の貸付けによる収入金額の合計額が、その土地に課される固定資産税及び都市計画税の合計額の3倍以下である場合には、低廉地代として課税されないこととなりますが、その判定にあたって年間収入が3倍以下であるかどうかは、それぞれの貸付けごとに判定するとされています(法基通15-1-21(1))。

前記のとおり、住宅用地かどうかの判定は建物の全体で判定するのに対し、低廉の判定は、それぞれの貸付けごとに行うこととなっている点に留意が必要です。

複数の借地人による共同ビルで，建物全体の「2分の1以上が居住の用に供される家屋の敷地」として住宅用地に該当したとしても，年間地代が固定資産税等の3倍以下になるかどうかは各借地人ごとに計算して判定し，3倍を超えた地代を収受している貸付けがあれば，その借地人からの地代は収益事業として計算し課税を受けることとなります。

③ 経常的な地代のみで判定する

住宅用地の低廉地代の適用を受けたいため，固定資産税等の3倍以下に収まるように地代を設定しているところが多いといえます。もちろん3倍を少しでも超えれば収益事業の取扱いとなることから，この計算は正確に行う必要があります。

ここで，3倍以下を判定する場合の収入は，その貸付期間について経常的に収受する地代とされています。すなわち，固定資産税・都市計画税の額に対応する年間地代を指しており，権利金や更新料，承諾料等の臨時的収入は含まれないことになっています（法基通15-1-21(2)）。

固定資産税は，その年度の初日の属する年の1月1日に課税され，それに基づく納税通知書が納税者に送られてきます。平成27年度であれば，平成27年度分の固定資産税として平成27年1月1日に課税された固定資産税の納税通知書が送られてくるのは平成27年5～6月ごろになります。通常は，この時点で通知された納税額に基づいて平成27年4月から平成28年3月までの地代を算定し，借地人に通知をすることになります。この地代算定が誤っていなければ収益事業から除外されます。もっとも，地代は月払いによる入り繰りや，年払いもあるため，未収地代の見越計上や前受地代の繰延処理など，疑義を生じないように明瞭な会計処理をしておくことが必要です。

なお，土地の貸付けに伴って収受される金銭は，地代だけとは限りません。そもそも土地に借地権を設定すれば権利金が発生しますし，借地契約を更新すれば更新料，建物の建替えを承諾すれば建替承諾料が入ります。また，借地権の譲渡を承諾すれば名義変更承諾料が入ります。しかし，低

廉地代を判定する場合の年間収入は経常的な収入だけで，こうした臨時的な承諾料等は含まれないこととなっています。

④　特別な減免の考慮

3倍以下の判定をする場合の基準になる固定資産税及び都市計画税は，特別な減免があるときでも，減免額を考慮しないで計算することとなっています（法基通 15-1-21(3)）。

低廉地代判定の基準となる固定資産税又は都市計画税は，政策的に軽減の対象になったり特別の減免が行われることが少なくありません。このような場合に減免後の金額で3倍以下を判定するかどうかですが，特別の減免については減免額を考慮しないで3倍以下を計算する取扱いになっています。問題は固定資産税や都市計画税の軽減や減免が，ここにいう特別な減免に該当するかどうかです。

ちなみに，東京都では，23区内の小規模住宅用地に対する都市計画税を2分の1に軽減する措置を継続しています。これは人口定住の確保を図る等の理由で実施しているものですが，特別の減免に該当しないと考えられています。

また，東京都では平成14年度から新たに23区内の小規模非住宅用地に係る固定資産税・都市計画税の減免を実施しています。厳しい経済環境下における中小企業者等への支援のため，一定の要件を満たす小規模非住宅用地に対して，固定資産税及び都市計画税の税額を2割減免するものですが，これは特別の減免に該当するものと考えられます。

しかし，平成15年度から固定資産税課税台帳の縦覧制度が改正され，借地人等に対してもその借地について固定資産税の課税内容を明らかにする制度となったことから，こうした特別の減免を，3倍基準どころかそもそも地代に反映させるべきかどうかの判断がより重要になってきたといえるでしょう。

(3)　**国等に対する土地の貸付け**

国又は地方公共団体に対して直接土地を貸し付けたものについては，収益事

業から除外されています（法令5①五ホ）。しかし，たとえば市町村などに対して貸し付けた土地が，市町村の全額出資法人である公益法人などに転貸されている例がよく見受けられます。こうした転貸のケースについては，直接ではないので収益事業になるとされています（法基通15-1-19）。

　これは，転貸によって租税回避を図ろうとする意図を防止する趣旨によるものだといわれます。確かに，地主が承諾した転貸については，収益事業という取扱いがなされても仕方ない面があるでしょう。しかし，転貸の中には地主の承諾を得ずに無断で転貸が行われ，市町村がそのまま管理を継続しているケースもあります。そうなると，市町村の無断転貸のために地主が一方的に不利益をこうむることになりかねません。そこで，地主が租税回避を図ろうという意図がないことが明らかな無断転貸のものについてまで，収益事業とする必要はないと思われます。

(4) 借地権利金の取扱い

　公益法人等が収益事業に属する固定資産の譲渡等の処分をした場合の損益は，原則として収益事業に係る損益となる取扱いになっています（法基通15-2-10）。そうなると，前期の借地権利金や承諾料，更新料などは収益事業の付随収入になるのでしょうか。結論からいえば，借地権利金は収益事業からほぼ除外できますが，承諾料や更新料については除外できないケースもあるので注意が必要です。

　公益法人等が所有している土地について，新たに借地契約を結ぶと，通常は借地権価額に相当する額の権利金が支払われることになります。おおむね更地価額の7割ぐらいが多いといえます。

　これは，公益法人等でなく会社などの普通法人でも通常に行われる取引であり，法人税法では時価の2分の1以上の権利金を収受して行われる借地権の設定は，土地の譲渡に類するものとして処理することが明記されています（法令138①）。

　公益法人等では，相当期間にわたって固定資産として保有していた土地，借地権，建物などの譲渡は収益事業に含めないことができるとなっていることか

ら（法基通15-2-10），この借地権利金は課税を受けないことができるわけですが，この場合の相当期間はおおむね10年と解されているようです。

(5) 承諾料，更新料等の取扱い

借地契約に伴って地主が借地人から臨時的に収受する金銭として，借地契約更新料，建替承諾料，堅固建物条件変更承諾料，名義変更承諾料（譲渡承諾料）などがあります。収益事業に属する借地からこれらの承諾料等を収受した場合，収益事業の付随収入として課税の対象となることは免れません（法基通15-2-11(2)）。

この場合，どのような借地が収益事業に属するかで問題になります。店舗等の敷地として使用されていた借地が譲渡されて，新借地人が同じように店舗等に使用する場合は，どちらも収益事業に属するから，名義変更承諾料等は収益事業の付随収入となります。

しかし住宅用地として使用されていた借地が譲渡されて，新借地人が店舗等に使用する場合は，名義変更承諾料は新借地人が支払ったものとして，収益事

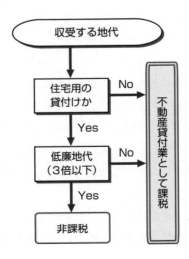

■ 不動産貸付業の認定 ■

業の付随収入という取扱いになるので注意が必要です。

6 製 造 業

　農業，林業又は水産業等は収益事業に該当しませんが，公益法人等が自ら栽培等により取得した農産物等であっても，製造場，作業場等の施設を設けて，出荷に最小限必要とされる簡易な加工の程度を超える加工を加え，又は取得した農産物を原材料として製造して卸売する場合には，収益事業としての製造業に該当します（法基通15-1-22）。

7 通 信 業

　通信業とは，①他人の通信を媒介・介助する事業，②通信設備を他人の通信の用に供する事業，③多数の者によって直接受信される通信の送信を行う事業であるとされており，無線呼出業務や電報・郵便物の集配業務は当然これに含まれます。
　この他に赤電話，青電話，カード電話等を設置する公衆電話サービス業務，共同アンテナの保守・管理を行う共同聴取聴視業務も通信業に含まれます（法基通15-1-24）。

8 運 送 業

　運送業とは，自動車，船舶，航空機等の運輸交通手段を利用して，貨物又は旅客の運搬をすることであり，さらに，貨物の集荷，運送の取次ぎなどを行う運送取扱い業も含まれます（法令5①八）。
　また，運送業には，リフト・ロープウェイ等の索道事業が含まれますが，自動車道事業，運河業及びさん橋業は運送業には含まれません（法基通15-1-25）。索道事業は人又は貨物を直接運搬するのに対し，自動車道事業等は運送に付随する事業ですが，運送のための施設を提供する事業であって，運送業とは区別されます。
　学校法人において最もよく行われる運送事業たるスクールバスの運行につい

ては、それが通園又は通学のための手段としてだけ利用されているならば、収益事業に該当しないものと考えられています（「幼稚園が行う各種事業の収益事業の判定について」（直法2-7）参照）。

なお、運送業は、国土交通大臣の認可を必要とする事業ですが、法人税法上での運送業とは国土交通大臣の認可を受けているかどうかに関係なく、運送業に該当する事業を営んでいるかどうかによって判定します。

9 倉庫業

倉庫業は、物品を倉庫に保管する事業ですが、これには寄託を受けた物品を保管する事業が含まれるとされており、手荷物、自転車などを預かる事業や保護あずかり施設による物品等の預かり業も該当します。ここでいう物品には動植物等も含まれます。物品の保管であっても、自動車の駐車場所の提供は、倉庫業ではなく駐車場業に該当し、貸金庫・貸ロッカーも倉庫業ではなく、物品貸付業に該当します（法基通15-1-26）。

10 請負業

(1) **請負業の課税**

請負とは、建築・土木工事のように仕事を完成まで引き受けることをいいますが、収益事業としての請負業には、事務処理の委託を受ける業が含まれることとされています。すなわち民法の請負契約だけでなく、委任契約や準委任契約に基づく委託を含んだ広い範囲の概念を意味するものと考えられています。したがって、他の者の委託に基づいて行う調査、研究、情報の収集及び提供、手形交換、為替業務、検査、検定等の事業は請負業に該当します（法基通15-1-27）。

これらが国や地方公共団体からの委託に基づくものであっても、それだけで一定の非課税要件を満たさなければ、原則収益事業に該当することに変わりはありません。ただし、農産物等の原産地証明書の交付等、単に知っている事実を証明するだけの行為は請負業には含まれないこととされています。

(2) **収益事業からの除外**

なお次に該当するものについては,請負業であっても収益事業からは除外されます（法令5①十イ〜ニ）。

① 国等からの委託業務で一定のもの

法令の規定に基づき国又は地方公共団体の事務処理を委託された法人の行うその委託に係るものですが,ただし次の三つの要件を満たすことが求められています（法規4の3）。

ⅰ その委託の対価がその事務処理のために必要な費用を超えないことが

■ **国等からの事務処理の委託業務における非課税の要件** ■

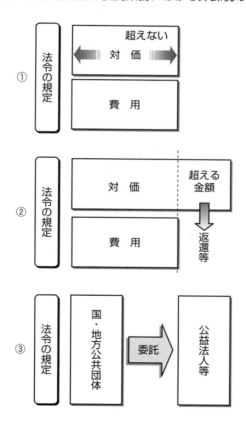

法令の規定により明らかなこと
ii その委託の対価がその事務処理のために必要な費用を超えるに至った場合には，法令の規定により，その超える金額を委託者又はそれに代わるべき者として主務大臣の指定する者に支出することとされていること
iii その委託が法令の規定に従って行われていること
② 土地改良法による請負業
　土地改良事業団体連合会が会員又は国若しくは都道府県に対して土地改良法の規定に基づいて行う請負業とされています。
③ 特定法人が農作業のために行う請負業
　特定法人が農業者団体等に対し農業者団体等の行う農業又は林業の目的に供される土地の造成及び改良並びに耕うん整地その他の農作業のために行う請負業とされています。
④ 私立大学における受託研究
　学校法人がその設置している私立大学（短期大学を含む）に対する他の者の委託を受けて行う研究に係るもので，次の要件を満たすものとされています。
i 受託研究の実施期間が3か月以上であること。
ii 受託研究の結果生じた知的所有権等の研究成果の帰属に関する事項が契約書などに明確に定められていること。
iii 受託研究の研究成果の公表に関する事項が，契約書などに明確に定められていること。

(3) **税務署長等の確認による除外の取扱い**
　次に，公益法人等が事務処理の受託業務を行う場合でも，一定の要件を満たしていることについて，税務署長等の確認を受けることにより，その確認を受けた期間については，その業務は，その委託者の計算に係るものとしてその公益法人等の収益事業としないものとする取扱いがあります。これについては，次のような要件が求められています（法基通15-1-28）。
i 法令の規定，行政官庁の指導又は当該業務に関する規則，規約若しくは

第3章 NPO法人の収益事業 *81*

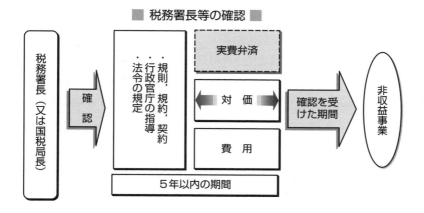

　　契約に基づき，実費弁償により行われるものであること。実費弁償とは，その委託により委託者から受ける金額が当該業務のために必要な費用の額を超えないことをいう。
ⅱ　そのことについて，あらかじめ一定の期間（おおむね5年以内の期間）を限って所轄税務署長の確認を受けたとき。

　この実費弁償は，その事業によって剰余金が生じないような仕組みになっているという趣旨ですから，個々の契約ごとにその都度実費精算が行われるもののほか，ごく短期間に実費精算が行われるものも「実費弁償」に該当するものと考えられます。なお，実費弁償の判断において，何が実費に該当するかですが，直接の経費のほか，その受託業務に供される固定資産の減価償却費，修繕費，租税公課，人件費などの間接経費も実費の範囲に含まれると考えられています。

(4) **他の収益事業との関係**

　請負業は，事業の態様が多様でありその範囲が広いことから他の収益事業との線引きが容易ではありません。たとえば技芸の教授を請け負った場合に，技芸教授業になるのかそれとも請負業になるのかです。これについては，公益法人等の行う事業が請負業としての性質を有するものである場合でも，その事業が請負業以外の収益事業として規定されているもの又はその収益事業と一体不

可分のものとして課税すべきものであると認められるときは，これらの事業は請負業に該当しないものとされています。

すなわち，技芸の教授を請け負った場合には，あくまで技芸教授業の範囲の中で収益事業に当たるかどうかを判断し，技芸教授業に該当しなかったからといって，再び請負業として課税するようなことはないという取扱いを明らかにしています（法基通15-1-29）。

(5) 補助金等の収入

公益法人等が受け取る委託手数料は，非課税要件に該当しない場合には収益事業に該当し，仮に委託手数料でなく，補助金という名目で受け取っていても収益事業として課税の対象になります。そもそも，委託業務が収益事業としての請負業に該当する場合には，その収益事業に係る収入又は経費を補てんするために交付を受ける補助金等の額は収益事業の益金に算入するとされているためです（法基通15-2-12）。

11 印 刷 業

印刷業とは，書籍，雑誌，新聞その他の印刷物の印刷を請け負うことをいいます。これには，謄写印刷業，タイプ孔版印刷業及び複写印刷業などが含まれ（法基通15-1-30），印刷の種類，方法は問われません。なお，学校等において，学生生徒等から各種のコピー料を受け取っている場合には，印刷業を営んでいることになり，収益事業に該当します。

12 出 版 業

(1) 出版業の課税

出版業とは，文書・図画等の出版物を出版元として印刷し，又は印刷させて有料で発売・頒布する事業で，法人税法上の収益事業に挙げられています（法令5①十二）。当然のことながら，出版物を印刷するだけであれば，出版業ではなく「印刷業」に分類されます。また，出版元から出版物を仕入れて販売するだけであれば法人税法上は「物品販売業」に該当することになります。

なお，出版元と書店の間に入って出版物の取次ぎを行う場合は，「問屋業」か「物品販売業」に分類されます（法基通15-1-31（注）2）。それから，他の者が出版する出版物の編集や監修だけを引き受けて行う場合もありますが，これは法人税法上は「請負業」に区別されることになります（法基通15-1-31（注）1）。

出版物の範囲には，書籍，雑誌，小冊子，新聞などのほか，各種の名簿や統計数値，企業財務に関する情報等も含まれますので，これらを印刷物にして販売すれば出版業になります（法基通15-1-31）。

■ 判 定 ■

Q 無料配布の場合は，どのようなものでも出版業になりませんか。

A 無料配布は出版業には当たりませんが，他の名目で代金を徴収していれば出版業に該当することになります。

Q 第三種郵便物の認可を受けるために定価を付している場合は有料配布になりますか。

A 第三種郵便物の認可を受けると新聞雑誌等の定期刊行物を割安料金で郵送できますが，そのためには定価を付すことが求められます。しかし，これが必ずしも有料配布になるわけではありません。

---

(2) 特定資格会員向けの会報

特定の資格を有する者を会員とする法人が，その会報その他これに準ずる出版物を主として会員に配布するために行うものは，収益事業たる出版業から除外されます（法令5①十二）。

① 特定の資格

特定の資格とは，特別に定められた法律上の資格，特定の過去の経歴からする資格その他これらに準ずる資格をいうとされており，単に年齢，性別，姓名が同じであるとか，趣味，嗜好が同じであることやそれに類することで，その会員の資格とするような法人は，特定の資格を有するものを会員とする法人とはならないとされています（法基通15-1-32）。

具体例を挙げると，法律上の資格は医師，弁護士，公認会計士，税理士，司法書士，建築士などが該当します。過去の経歴からする資格は，出身地，出身校，勤務先等の経歴に由来する資格が該当し，県人会，同窓会，職歴団体などが挙げられます。そして，思想，信条又は信教を同じくすることを会員の資格とするものは，このような法人には該当しないと考えられています。

■ 判 定 ■

Q 趣味を同じくする会員の団体であるNPO法人が有料で発行する会報等は，特定資格会員向けの会報として収益事業たる出版業から除外されますか。

A 趣味を同じくすることは特定の資格とは認められないので，特定資格会員向けの会報として収益事業たる出版業から除外されません。しかし，学術，慈善，その他公益を目的とする法人の会報として，もっぱら会員に配布する場合には，収益事業たる出版業から除外されます。

② 会報に準ずる出版物

会報に準ずる出版物とは，会報に代えて，又は会報に準じて出版される出版物で主として会員だけに必要とされる特殊な記事を内容とする出版物をいうとされています。したがって，会員名簿又は会員の消息その他これに準ずるものを記事の内容とするものは，会報に準ずるものに該当しますが，いわゆる単行本，月刊誌のような書店等において通常商品として販売されるものと同様な内容のものは該当しないとされています（法基通15-1-33）。

■ 判 定 ■

Q ○○県人会で50周年記念誌を発行して，会員に有料で配布している場合は出版業に該当しますか。

A 特定の資格を有する者を会員とする法人が，会報に準ずる出版物を発行して会員に配布する場合は，収益事業から除外されますが，50

> 周年記念誌は会報に準ずる出版物と認められます。会員だけに必要とされる特殊な記事を内容とする出版物であって，市販性に乏しいと考えられるからです。よって，出版業には当たりません。しかし，そうした法人でも，会報や会報に準ずるもの以外の出版物を出版して販売する場合は，収益事業に該当することになります。

③ 主として会員に配布

主として会員に配布することとは，会報その他これに準ずる出版物を会員に配布することを目的として出版し，発行部数の大部分（8割程度）を会員に配布していることをいうとされています。

この場合に，会員でない者でその会に特別の関係を有する者に対して対価を受けないで配布した部数は，会員に配布したものとして取り扱うこととされています（法基通15-1-34）。つまり，会の関係者に贈呈したり，入会希望者に無償で配布したりしても，これは会員向け配布に含めることになります。

■ 判 定 ■

Q NPO法人で会報の発行部数の約20％を会員以外に対して販売していますが，出版業になりますか。

A 会員以外の者に対する販売が全部数の2割程度まで許容されているのは，特定の資格を有するものを会員とする法人ですから，これに該当しないNPO法人が行えば収益事業たる出版業になります。

(3) 学術，慈善等の会報

学術，慈善その他公益を目的とする法人が，その目的を達成するため会報をもっぱらその会員に配布するために行うものは，収益事業たる出版業から除外されます（法令5①十二）。

① 学術，慈善その他公益を目的とする法人

学術，慈善その他公益を目的とする法人とは，社会福祉事業，更生保護

事業、学校を設置・運営する事業、慈善を目的とする事業、学術を目的とする事業、その他公益を目的とする事業を行う法人であり、これには宗教を目的とする事業を行う法人は含まれていません。

② もっぱら会員に配布

もっぱら会員に配布することとは、「主として会員に配布すること」とは異なり、会報を会員だけに配布することをいうとされています。したがって、会員以外への有料販売は一切認められません。ただしこの場合にも、会員でないものでその会に特別の関係を有するものに対して対価を受けないで配布した部数は、会員に配布したものとして取り扱うことになります（法基通15-1-35）。

■ 判 定 ■

Q 学術を目的とする法人の会報を一部有料で会員以外に販売していますが、収益事業に該当しますか。

A 学術、慈善その他の公益を目的とする法人が、その会報を一部でも外部に販売した場合には、会報の出版は収益事業に該当することとなります。

(4) 会費と出版物の対価

公益法人等が、出版物を制作して配布しても、無料であれば当然のことですが収益事業にはなりません。しかし形式的には無料であっても、実質的に代金を受け取っていることがあります。その場合にどうなるかですが、収益事業たる出版業において、出版物の代金を会費等の名目で受け取っていると認められるときは、その収益は次のような取扱いとなります（法基通15-1-36）。

① 会員からの収益

会員から出版物の代金を受け取らないで、会費をとっているときは、会費のうち出版物の代金分が出版業の収益となります。

② 会員以外からの収益

会員以外の者に配布した出版物の代金を受け取らないで、会費等をとっ

■ 収益事業の区分 ■

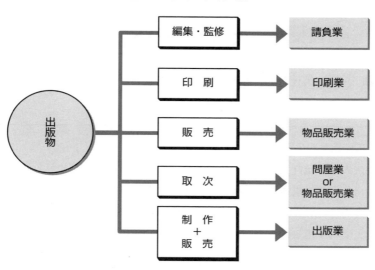

■ 出版業の課税と非課税 ■

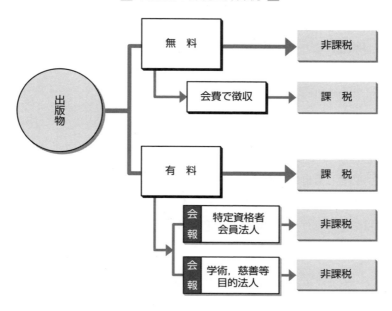

ているときは，その会費等が出版業の収益となります。

――■ 判 定 ■――
Q 無料で PR 誌を配布していますが，企業から広告掲載料を受け取っている場合は収益事業になりますか。
A 出版物の代金を広告掲載料で徴収しているものとして，広告掲載料が出版業の収益となります。

(5) 広告掲載料の取扱い

公益法人等が発行する出版物に，有料で広告を掲載することがあります。出版物の発行が収益事業たる出版業に該当する場合には，その広告掲載料収入は収益事業の付随収入となります。また，出版物に関連して有料で講演会等を開催し，入場料を得ることがありますが，これも出版物が収益事業に該当する場合には，入場料収入は収益事業たる出版業の付随収入となります（法基通15-1-6(1)）。

――■ 判 定 ■――
Q 特定資格の会員向けの会報において広告を有料で掲載していますが，収益事業になりますか。
A 出版物が収益事業に該当しませんので，収益事業には当たりません。

13 写 真 業

写真業とは，一般に，写真機を用いて他の者の写真を撮って対価を得る事業ですが，必ずしも自分で直接写真撮影をする行為だけでなく，他の人が撮影したフィルムの現像，焼付け等を行う行為も含まれます。さらにフィルムの現像や焼付け等を自ら行うのではなく，その取次ぎを行う場合もこの写真業に含まれます（法基通15-1-37）。

14 席貸業

(1) 席貸業の範囲

席貸業には，不特定又は多数の者の娯楽，遊興又は慰安の用に供するための席貸業は当然含まれ，それ以外の席貸業も含まれます（法令5①十四）。したがってNPO法人や公益法人等が，所有する施設を映画，演劇，舞踏，舞踊などの催し物や宴会，パーティーなどの会場として有償で利用させた場合にはもちろんのこと，それ以外の用途によって有償で利用させた場合にも収益事業としての席貸業に該当することになります。

なお，昭和59年までは，不特定又は多数の者の娯楽，遊興，慰安等に利用させた場合のみ課税されることになっていましたが，改正により原則として席貸業の全てが課税されることとなったものです。

ちなみに，公益法人等が興行を目的として集会場，野球場，テニスコート，体育館等を利用する者に対して貸付けを行う場合には，その貸付事業は娯楽・遊興等のための席貸事業として収益事業に該当することになります（法基通15-1-38）。また，NPO法人や公益法人等の保有する集会場等が，展覧会等のために席貸しされる場合にも，「不特定又は多数の者の娯楽，遊興又は慰安」のための席貸しに該当し，課税の対象となります（法基通15-1-38（注））。

(2) 収益事業にならない席貸業

ただし，次のものは席貸業であっても収益事業には該当しません（法令5①十四）。

① 国又は地方公共団体の用に供するための席貸業
② 社会福祉事業として行われる席貸業
③ 学校法人（準学校法人を含む），職業訓練法人がその主たる目的とする業務に関連して行う席貸業
④ 法人がその主たる目的とする業務に関連して行う席貸業で，その法人の会員その他これに準ずる者の用に供するもので，その利用の対価が実費の範囲を超えないもの

15 旅館業

(1) 旅館業の範囲

旅館業とは,「ホテル営業, 旅館営業, 簡易宿所営業及び下宿営業をいう」ものとされます (旅館業法2)。これらの旅館業のほか, 税務上は旅館業法による旅館業の許可を受けないで宿泊させ, 宿泊料を受ける事業が含まれ, 宿泊料については名目のいかんを問わず, 実質が宿泊料であると認められるものを含むとされています。したがって, たとえば宗教法人が宿泊施設を有し, 信者又は参詣人を宿泊させて宿泊料を受けるような行為も, 原則として旅館業に該当することになっています (法基通15-1-39)。

(2) 収益事業にならない旅館業

ただし, 次のものは旅館業であっても収益事業には該当しません。

① 財団法人など公益法人等の経営する学生寮

学生寮などの経営も旅館業に該当することになりますが, 学生又は生徒の就学を援助することを目的とする公益法人等の経営する学生寮については, 固定資産税が非課税とされる寄宿舎の要件を満たしている場合には, 収益事業に該当しないこととなっています (法基通15-1-40)。

② 学校法人等の経営する寄宿舎

学校法人等がもっぱらその学校に在学する者を宿泊させるために行う寄宿舎の経営は, 収益事業には該当しません。ただし, 収益事業たる技芸教授業を営む公益法人等が, その技芸教授業に付随して行う寄宿舎の経営については課税の対象となります (法基通15-1-41)。

③ 低廉な宿泊施設

公益法人等がもっぱら会員の研修その他主たる目的とする事業 (収益事業に該当する事業を除く) を遂行するために必要な施設として設置した宿泊施設で, 以下の全ての要件を満たす場合には, 収益事業には該当しません (法基通15-1-42)。

　i　その宿泊施設の利用が, その法人の主たる目的とする事業の遂行に関連してなされるものであること

ⅱ その宿泊施設が多人数で共用する構造及び設備を主とするものであること

ⅲ 宿泊料の額が全ての利用者につき1泊1,000円（食事を提供するものについては2食付きで1,500円）以下であること

16 料理店業その他の飲食店業
(1) 料理店業その他の飲食店業の範囲

飲食店業は、自ら調理したものを提供するもののほか、他の調理業者などから仕出しを受けて飲食物の提供をするものも含まれており、学校法人における食堂の経営が該当します。

自ら調理しないで他の業者に経営を委せ、売上額の一定割合を徴するような場合には、収益事業の「仲立業」に該当することになります。この飲食店業には、自動販売機による収益も含まれます。

(2) 収益事業にならない料理店業その他の飲食店業

なお、学校法人が、その設置する小学校、中学校、盲学校などにおいて営む、学校給食法等に基づく給食事業は、学校教育の一環としての行為に当たり、収益事業に該当せず課税されません。「学校給食法」には、以上のほか、「夜間課程を置く高等学校における学校給食に関する法律」、「盲学校、聾学校及び養護学校の幼稚部及び高等部における学校給食に関する法律」も含まれます（法基通15-1-43）。

17 周　旋　業
18 代　理　業
19 仲　立　業

周旋業は、他の者のために商行為以外の行為の媒介、代理、取次ぎ等を行う事業をいうとされます。これに対し、代理業とは、他の者のために商行為の代理を行う事業とされています。また、仲立業は、他の者のために商行為の媒介を行う事業をいいます。しかし、実務上はどれが周旋業であるか、それとも代

理業あるいは仲立業であるかを区別するのは極めて難しくなっています。

周旋業は具体例としては，不動産仲介業，債権取立業，職業紹介所，結婚相談所等の事業が該当します（法基通15-1-44）。代理業は，たとえば保険代理店，旅行代理店などの事業が該当します（法基通15-1-45）。仲立業は，たとえば商品売買，用船契約又は手形割引等の金融の仲介や斡旋を行う事業が該当し（法基通15-1-46），学校法人が制服や制帽の販売を業者に委せ，その仲立として手数料を得ているときは仲立業に当たります。

なお，保険会社などと代理店契約を結ばないで，単に事務委託手数料などを得ている場合は，「請負業」に該当することになります。

20 問 屋 業

問屋業は，自己の名をもって他人のために物品の販売又は買い入れをする事業をいいます。これは商法の551条に問屋の意義として定められているものです。たとえば，証券会社の証券の売買仲介，商品取引所の取引員，出版取次業，広告代理店などがこれに当たります。一般的な意味での問屋（とんや）は卸売業に当たり，自己の計算で商品を買い入れ販売していると考えられるので，法律上の問屋営業には当たりません。出版取次業のうち，物品販売業に該当するものは問屋業から除かれます（法基通15-1-47）。

21 鉱 業

鉱業は，請負契約により探鉱，坑道掘削，鉱石の搬出等の作業を行う事業のほか，自らは鉱業権者又は租鉱権者としての登録は受けていないが，鉱業権者又は租鉱権者である者との契約に基づいて鉱業経営に関する費用及び損失を負担し，採掘された鉱物（その鉱物に係る収益を含みます）の配分を受けることとしているため，実質的に鉱業を営んでいると認められる場合を含みます（法基通15-1-48）。

22 土石採取業

土石採取業は，土石の採取を行う事業ですが，鉱業と同様に，実質的に土石採取業を営んでいると認められる場合が含まれます（法基通15-1-48）。

23 浴 場 業

浴場業は，浴場の経営ですが，いわゆるサウナ風呂，砂場等の特殊浴場も含まれます（法基通15-1-49）。

24 理 容 業

理容業とは，理容サービスの提供ですが，理容学校を経営する公益法人等が理容所を設けて不特定又は多数の者に対して理容サービスの提供を行っている場合には，たとえその理容サービスの提供が教育実習の一環として行われるものであり，かつ，その理容学校における技芸の教授が収益事業に該当しないものとされるときであっても，その理容サービスの提供は，理容業に該当します（法基通15-1-50）。

25 美 容 業

美容業とは，マッサージ，パック，美容体操等の方法により全身美容のサービスを提供する事業ですが，このほかにも，犬や猫等の愛玩動物のシャンプー，トリミング等を行う事業も含まれます（法基通15-1-51）。

また，美容学校を経営する公益法人等が美容所を設けて不特定又は多数の者に対して美容サービスの提供を行っている場合には，たとえその美容サービスの提供が教育実習の一環として行われるものであり，かつ，その美容学校における技芸の教授が収益事業に該当しないものとされるときであっても，その美容サービスの提供は，美容業に該当します（法基通15-1-51（注））。

26 興 行 業

興行業とは，催物の興行を行って参加者から対価を受け取る事業をいいます。

たとえば，音楽会等の興行を行う者が受領している入場料は，音楽等を聴かせることの対価であり，席貸業ではなく興行業に該当します。

また，自らは興行主とはならないで，他の興行主等のために映画，演劇，演芸，舞踏，音楽，スポーツ，見せ物等の興行を行う事業及び興行の媒介又は取次ぎを行う事業が含まれます（法基通15-1-52）。

また，興行業を行う公益法人等が放送会社に対しその興行に係る催し物の放送をすることを許諾する行為は，興行業の付随収入となります（法基通15-1-6(4)）。

ただし，次に掲げるものは，興行業には該当しないとされています。

(1) 美術館等の観覧

常設の美術館，博物館，資料館，宝物館等において主としてその所蔵品（保管の委託を受けたものを含みます）を観覧させる行為は，興行業に該当しません（法基通15-1-52（注））。

(2) 慈善興行等

次に掲げる興行（これに準ずるものを含みます）に該当することにつき所轄税務署長の確認を受けたものは，興行業に該当しません。（法基通15-1-53）。

① 催物に係る純益の金額の全額が教育（社会教育を含みます），社会福祉等のために支出されるもので，かつ，催物に参加し又は関係するものが何らの報酬も受けないいわゆる慈善興行

② 学生，生徒，児童その他催物に参加することを業としない者を参加者又は出演者等とする興行

ただし，興行収入の相当部分を企業の広告宣伝のための支出に依存するものについては，これにより剰余金の生じないものに限るものとし，その他の興行については，その興行のために直接要する会場費，人件費その他の経費の額を賄う程度の低廉な入場料によるものに限ります。

27 遊技所業

遊技所業とは，野球場，テニスコート，ゴルフ場，射撃場，釣り堀，碁会所

その他の遊技場を設け，これをその用途に応じて他の者に利用させる事業（貸席業に該当するものを除きます）をいい，いわゆる会員制のものも含まれます（法基通15-1-54）。

　遊技所業に類似した収益事業として，席貸業があります。遊技所業と席貸業の違いは，遊技所業が施設に必要な整備を行い他の者に利用させる目的に従って提供するのに対し，席貸業は，公益法人等が本来の目的を達成するための必要な施設等を他に利用させる行為です。

28　遊覧所業

　遊覧所業とは，展望台，パノラマ，遊園地，庭園，動植物園，海中公園等のように，もっぱら不特定又は多数の者に対し，一定の場所を遊歩し，天然又は人工の物，景観等を観覧させる事業をいいます（法基通15-1-55）。

　美術館や博物館等も美術品等を観覧させるという点では，遊覧所業と類似したものといえます。しかし，遊覧所業は，「一定の場所を遊歩し」とあるように，一定の広がりをもった場所で，天然又は人工の物，景観等観覧するために整備された施設の中を遊歩させることをいい，したがって，美術館や博物館のように，狭い空間の中に陳列した美術品等を観覧させるものとは異なります。なお，常設の美術館，博物館，資料館，宝物館において，主として所蔵品を観覧させることは収益事業に該当しません。

29　医療保健業

(1)　医療保健業の範囲

　医療保健業には，医師又は歯科医師が行う医業の他，療術業，助産師業，看護業，歯科技工業，獣医業等が含まれます（法基通15-1-56）。また，一定の血液事業も含まれます。

(2)　収益事業にならない医療保健業

　次のものは医療保健業であっても，収益事業に該当しません（法令5①二十九）。

| ① 日本赤十字社が行う医療保健業 |
| ② 社会福祉法人が行う医療保健業 |
| ③ 学校法人が行う医療保健業 |
| ④ 健康保険組合等が行う医療保健業 |
| ⑤ 国家公務員共済組合，地方公務員共済組合等が行う医療保健業 |
| ⑥ 日本私立学校振興・共済事業団が行う医療保健業 |
| ⑦ 公益社団法人等で，一定のものが行う医療保健業 |
| ⑧ 農業協同組合連合会が一定の要件の下に行う医療保健業 |
| ⑨ その他一定の要件を備える公益法人等が行う医療保健業 |

なお，NPO法人が介護保険法に基づいて行う介護サービス事業については，次のとおり取り扱われます。

| ① 居宅サービス事業のうち，居宅介護支援事業，施設サービス事業 |
| 　　⇒　医療保健業 |
| ② 福祉用具貸与事業 |
| 　　⇒　物品貸付業 |
| ③ 特定福祉用具販売事業 |
| 　　⇒　物品販売業 |
| ④ 住宅改修事業 |
| 　　⇒　請　負　業 |

30　技芸教授業
(1)　技芸教授業

技芸教授業は，NPO法人や公益法人等が行うセミナー等の開催に関連するものです。技芸教授業の内容は，大きく①技芸の教授，②学力の教授，③公開模擬学力試験の三つに分かれます。このうち技芸の教授は，具体的に22種類の教科が示されています（法令5①三十）。

① 技芸の教授

　公益法人等が洋裁，和裁以下22種類の教科に該当する技芸を教授した場合，すなわちセミナー等を開催したり，教室を開いている場合には収益事業となり，受講者や生徒などから受け取っている受講料，授業料，月謝等に対して法人税等の課税が生じることとなります。ただし，学校教育法上の学校，専修学校，各種学校等が行う一定のものについてはここから除外されます。

② 学力の教授

　学校の入学者を選抜するための学力試験に備えるための学力の教授や学校教育の補習のための学力の教授は技芸教授業に該当します。したがって，公益法人等が予備校，進学塾，学習塾などを開いて受講料・授業料などを得ている場合には，技芸教授業として収益事業になります。なお，通信教育によるものも学力の教授に含まれます。ただし，学校教育法上の学校，専修学校，各種学校等が行う一定のものについてはここから除外されます。

③ 公開模擬学力試験

　学校の入学者を選抜するための学力試験に備えるため広く一般に参加を募集しその学力試験にその内容及び方法を模して行われる試験のことですが，これは技芸教授業として収益事業になります。

(2) **技芸の種類**

　一般に「技芸」の意味は，「歌舞，音曲など芸能に関するわざ」や「美術・工芸などの芸術に関する技術」ですが，法人税の用法は，これらに裁縫や料理，運転などの実用的な技術を加えた広い概念のようです。

　法人税法施行令5条には，「技芸」として次の22教科が列挙されています。

洋裁，和裁，着物着付け，編物，手芸，料理，理容，美容，茶道，生花，演劇，演芸，舞踊，舞踏，音楽，絵画，書道，写真，工芸，デザイン（レタリングを含む。）自動車操縦，小型船舶の操縦（総トン数5トン未満の沿岸小型船に限る。）

ただし、これらの技芸の教授は、教室や会場で直接教授されるものだけにとどまりません。次のものも技芸の教授に含まれますので、留意する必要があります（法基通15-1-66）。

① これらの技芸を通信教育によって教授する場合も技芸の教授に該当する。
② これらの技芸に関する免許の付与やそれに類する行為も技芸の教授に含まれる。たとえば、卒業資格、段位、級、師範、名取り等の一定の資格や称号等を付与する行為も技芸の教授に該当する。
③ これらの技芸に該当しないものについては、たとえばパソコンなどに関して免許の付与等が行われても、技芸の教授には該当しない。
④ しかし、これらの技芸に該当するものについては、技芸の教授や免許の付与等の一環として、あるいはこれらに付随して行われる講習会等は、たとえ一般教養の講習を内容とするものであっても技芸の教授に該当することとなる。

このように技芸の教科は具体的で、かつ限定列挙ですから、ここに列挙されていない教科については収益事業たる技芸に該当しません。したがって公益法人等が列挙されていない教科のセミナーや教室を開いても、法人税等の課税を

■ 技芸教授業の課税・非課税 ■

セミナー 講演会 講習会 教室 …	技芸			収益事業課税
	洋裁、和裁、着物着付け	編物、手芸、料理	理容、美容	
	茶道、生花	演劇、演芸	舞踊、舞踏	
	音楽、絵画、書道	写真、工芸、デザイン（レタリングを含む。）	自動車操縦、小型船舶の操縦（総トン数5トン未満の沿岸小型船に限る。）	

…パソコン、語学、一般教養、高度専門技術、囲碁、将棋、そろばん　　→　非課税

受けることはありません。

たとえば，文学や人文科学，社会科学，自然科学，数学，工学などの一般教養や高度専門知識に係る教科，英語・フランス語・ドイツ語などの語学に係る教科，経営や経済・法律に係る教科，コンピュータや情報処理に係る教科，サッカー，テニス，野球，柔道，剣道，スキー，スケートなどのスポーツ系，体育系の教科などがそうしたもので，囲碁・将棋などの趣味や，そろばん教室なども技芸に該当しません。

(3) **技芸教授業の付随行為**

公益法人等の行う事業が技芸教授業に該当する場合には，受講料が無料で，テキスト代・教材費・資料代等として受け取っている場合にも，技芸教授業の付随行為として，やはり収益事業の収入になります。また，バザーを開催して作品の販売等をしている場合にも，技芸教授業の付随行為として収益事業の収入になります。

NPO法人や公益法人等が開催するセミナー会場などで，協力業者に展示ブースを設営させ，協賛金や寄附等の名目で，展示ブースのスペース料に相当するものを受け取ると，「席貸業」として収益事業に該当する場合があります。

31　駐車場業

駐車場業とは，駐車場所の時間貸しによる不特定又は多数の者に随時駐車させる行為や，月極等により決まった者に対し相当期間にわたって駐車場所を提供する事業はもちろんのこと，駐車場所としての土地の貸付けも含まれます。

そのため，国等に対する土地の貸付けであっても，駐車場所としての土地の貸付けに該当する場合には，非課税とはならず，駐車場業として収益事業課税の対象となります。

32　信用保証業

信用保証業とは債務の保証ですが，信用保証業に該当しても，次のものは収益事業には該当しないとされています（法令5①三十二）。

① 信用保証協会その他の法令の規定に基づき行われる信用保証業。
② 保証料が低額（通常年2％以下）であること（法規8の2）。

保証料の額が年2％以下であることの要件については，保証契約ごとにその保証契約において定められているところに基づいて判定します。この場合，通常徴収する保証料の額は年2％以下であっても，一定の条件に該当するときは年2％を超えて保証料を徴することとしているときは，その保証契約に係る保証料については，低額の要件に該当しないことになります（法基通15-1-69）。

33　無体財産権の提供業

無体財産権とは，工業所有権その他の技術に関する権利又は著作権をいいますが，出版権や著作隣接権なども含まれます。このような無体財産権の譲渡や提供は収益事業になりますが，次のものは無体財産権の提供業であっても収益事業には該当ないものとされています（法令5①三十三，法規8の2の2）。
① 国又は地方公共団体に対して行われる無体財産権の提供等
② 独立行政法人宇宙航空研究開発機構，独立行政法人海洋研究開発機構，独立行政法人日本原子力研究開発機構，独立行政法人中小企業基盤整備機構，独立行政法人科学技術振興機構，独立行政法人新エネルギー・産業技術総合開発機構，独立行政法人農業・食品産業技術総合研究機構，独立行政法人理化学研究所，放送大学学園，商工会等がその業務として行う無体財産権の提供等
③ その主たる目的とする事業に要する経費の相当部分が無体財産権の提供等に係る収益に依存している公益法人等が行う無体財産権の提供等

具体的には，無体財産権の提供等に係る収益の額がその行う事業に要する費用の額の2分の1超である公益法人等とされています。

34　労働者派遣業

労働者の供給を有料で行う事業は，職業安定法で原則として禁止されていま

第3章　NPO法人の収益事業　*101*

すが，労働者派遣事業の適正な運営の確保及び派遣労働者の就業条件の整備等に関する法律において一定の制約の下で労働者派遣事業ができることとなっています。税務上の労働者派遣業は，この労働者派遣事業の適正な運営の確保及び派遣労働者の就業条件の整備等に関する法律上の労働者派遣に限定されることなく，「自己の雇用する者その他の者を，他の者の指揮命令を受けて，当該他の者の行う事業に従事させる事業をいう」と定義されています。

したがって，派遣する労働者は自己の雇用する者だけでなく，自己と雇用関係にない者も含まれます。また，他の者の指揮命令は，他の者との雇用関係に基づく指揮命令に限りませんし，他の者と雇用関係を結ぶことを約して派遣する場合もこれに含まれます。

35　その他

収益事業に該当しない技芸の教授を行う学校法人等が，教育実習の一環として行うものであっても，(1)洋裁学校の行う裁縫加工（製造業），(2)タイピスト学校が行う印書の引受け（請負業又は印刷業），(3)音楽学校が行う慈善興行以外の演奏会等（興行業），(4)写真学校が行う撮影等の引受け（写真業）が，継続して事業場を設けて行われるなど事業と認められる程度のものであるときは収益事業に該当します（法基通15-1-71）。

第4節　公益法人等の所得計算の特例

NPO法人や公益法人等が収益事業を営んでいる場合には，所得計算を行ってそれに基づく納税額を計算し申告納付することが義務付けられています。NPO法人や公益法人等は，所得計算に先だって，収益事業の決算をしなければなりませんが，この決算は一般企業と同じ基準で行うことになります。

すなわち，会計上の収益の額から費用損失を控除して利益（又は損失）を計算する形式の損益計算書を作成します。併せて，これと一対になった貸借対照

表も作成します。その上で一般企業と同様に会計上の利益から誘導的に課税所得を計算し，これに法人税率を乗じて法人税額を計算します。法人税率は原則25.5％，800万円以下の所得については15％が適用されます。

1 収益事業の区分経理
(1) 区分経理の趣旨

　会社などの普通法人は全ての事業から生じる所得について一律に法人税の課税が行われますが，NPO法人や公益法人等では収益事業に該当する事業から生じる所得に対してだけ課税が行われます。そこで，NPO法人や公益法人等は，「収益事業から生ずる所得に関する経理」と「収益事業以外の事業から生ずる所得に関する経理」とを区分して行うことが必要になります（法令6）。

　NPO法人や公益法人等は本来の活動や事業のほかに公益事業や収益事業を営むことができます。これは「特別会計」と呼ばれて，本来の事業の会計，いわゆる「一般会計」と区別して会計を行うべきことがそもそも要請されています。たとえば社会福祉法人では次のような規定が置かれています。

> **社会福祉法**
>
> （公益事業及び収益事業）
>
> 第26条　社会福祉法人は，その経営する社会福祉事業に支障がない限り，公益を目的とする事業（以下「公益事業」という。）又はその収益を社会福祉事業若しくは公益事業の経営に充てることを目的とする事業（以下「収益事業」という。）を行うことができる。
>
> 2　公益事業又は収益事業に関する会計は，それぞれ当該社会福祉法人の行う社会福祉事業に関する会計から区分し，特別の会計として経理しなければならない。

　学校法人や宗教法人もそれぞれの根拠法に同様の規定が置かれています。公益社団・財団法人は，公益目的事業のほかに収益事業を行う場合には，会計区分を公益目的事業会計，収益事業等会計，法人会計の三つに分けることが求め

られています。

　この場合の収益事業はしかし，税務上の収益事業と必ずしも一致するものではありません。本来の事業であっても税務上は収益事業に当たる場合があるし，また逆に公益法人等の方で本来の事業を支援するための収益事業という認識をしていても，税務上の収益事業に当たらないケースもあるからです。

(2) 区分経理の範囲

　「所得に関する経理」とは，単に収益及び費用に関する経理だけでなく，資産及び負債に関する経理を含むとされています（法基通15-2-1）。しかしなぜ，収益と費用に関する経理だけでは足りず，資産と負債に関する経理も区分しなければならないのでしょうか。

　個人の所得税の取扱いに，複数の個人が集まって事業をする「任意組合」と呼ばれるものがあります。この任意組合の場合には一つの所得を組合員が分け合うことになり，これも区分経理の一種といえますが，この区分経理について「所得税基本通達36・37共―20」では次のように計算方法を3種類に分けてそれぞれに異なる取扱いをしています。

---

① 収入と支出だけでなく資産，負債も分けている場合
　所得税の全ての規定の適用がある。
② 収入と必要経費だけを分けている場合
　引当金，準備金等に関する規定の適用はない。
③ 利益だけを分けている場合
　非課税所得，引当金，準備金，配当控除，確定申告による源泉徴収税額の控除等に関する規定の適用はない。

　これは個人の所得税の取扱いですが，法人税でもこういう計算方法が全く考えられないわけではありません。会社の事業部ごとに業績を計算する部門別計算などでは，収益と費用だけを分けて計算することがよく行われます。資産と負債までは分けることをしないのは，計算が事業部の業績評価だけに役立てばいいのであって，分ける意味に乏しいからです。収益事業を公益法人等の事業

部門の一種と考えれば，収益と費用だけを取り出して区分経理する方法の方が簡単です。ところが，通達ではそれは全く想定されていません。資産と負債まで区分することが当然であるとされているわけですが，これはいったいどういう根拠に基づいているのでしょうか。

法人税の計算の仕方に立ち戻って考えてみると，法人税は法人の益金から損金を控除した所得に対して課税されます。この益金や損金は，一般に公正妥当と認められる企業会計の基準に従って計上されている収益や費用に，別段の定めによるものを調整したものです。この計算の仕方はNPO法人や公益法人等でも変わっていません。すなわち，NPO法人や公益法人等といえども，法人税の所得を計算する場合には，「一般に公正妥当と認められる企業会計の基準」に従うことが要求されています。

ここで「一般に公正妥当と認められる企業会計の基準」が指しているものは，当然，複式簿記であり，その記録と集計の結果としての貸借対照表と損益計算書です。そして，認識としての「費用の発生主義」と「収益の実現主義」です。こうした原則は「確定決算主義」の名で呼ばれていますが，公益法人等の収益事業に区分経理を要求するものは，このような法人税の所得計算における確定決算主義の原則であるといえます。

一般に公正妥当と認められる企業会計の基準に基づいて，NPO法人や公益法人等が収益事業の区分経理を行えば，収益と費用だけでなく，当然のこととして資産と負債までが区分されることになります。これが，収益と費用だけでなく，資産と負債まで区分経理を要することの背景にあるといえます。

(3) 区分経理の簡便法

区分経理は原則的には帳簿を別々に作ることで会計単位を分けることですが，現実には同じ帳簿から決算時に収益事業に係るものだけを抽出して区分する，簡便的な区分経理が行われていることが少なくありません。しかし，簡便法といえども収益・費用だけでなく，資産・負債も取り出すことで，通達で当然だとしている区分経理の要件を立派に満たすことになります。

2 固定資産の区分経理と資本

　非収益事業の用に供していた固定資産を収益事業の用に供する場合，その価額は供するときの帳簿価額で引き継がれることになります（法基通15-2-2）。非収益事業では減価償却をするとは限りませんが，その如何にかかわらず帳簿価額のままということです。この取扱いですと非収益事業で減価償却がなされていたかどうかによって所得計算が異なることになりますが，それよりも引継価額の客観性を重視したものであろうと思われます。

　複式簿記による企業会計のシステムは，営利企業の資本の増殖過程を記録し表現するための優れたシステムです。NPO法人や公益法人等といえども営利企業と競合する収益事業だけに限ってみれば，企業会計のシステムに倣うことは確かに合理的でしょう。NPO法人や公益法人等では，収益事業を開始するときに，収益事業に係るものとして区分経理された資産の総額から負債の総額を控除した残額を「元入金」として，経理するのが通常です。このことによって，「資産＝負債＋元入金」という貸借対照表等式が整い，財産目録とは性質の異なる貸借対照表が成立します。ただし，この元入金は，法人税法上の資本金等の額及び利益積立金額のいずれにも該当しないとされています（法基通15-2-3）。

3 費用・損失の区分経理

(1) 個別費の賦課と共通費の配賦

　収益事業の損益計算書を作成するには，その事業年度の収益に対応する費用・損失を計上しなければなりません。全ての費用・損失のうち，収益事業だけに直接要したものをまず計上します。原価計算ならば，さしずめ部門別計算の「部門個別費」の賦課といったところです。次に，収益事業と非収益事業に共通して要した費用・損失を，なんらかの合理的な基準で収益事業と非収益事業に按分して計上します。これも原価計算でいえば，「部門共通費」の配賦です。何を収益事業の個別費とし，何を共通費とするかに，まず判断を要します。

　物品販売業であれば，収益事業に該当する物品の売上高に対応する売上原価

や店舗の減価償却費，固定資産税，店員給与，販売付帯費などを「個別費」として賦課し，それ以外の人件費などの費用を「共通費」として配賦することになります。また，不動産貸付業であれば，たとえば受取地代に対応する「個別費」はせいぜい土地の固定資産税・都市計画税くらいで，それ以外の費用は「共通費」として配賦するほかありません。

その場合の「共通費」の配賦基準ですが，資産の使用割合や従業員の従事割合，資産の帳簿価額の比，収入金額の比などのうち，その費用・損失の性質に応じて合理的と思われるものを適用することになります。この配賦基準の選択適用の判断も重要です。

(2) **内部費用の取扱い**

収益事業で必要な資金を非収益事業会計から借入をする。よくあることですが，こうした借入について利息を支払ったからといって費用に計上することは認められていません。不動産を賃借して賃借料を支払った場合でも同様です。一つの法人の中にあたかも複数の法人があるように区分経理をしますが，計算の便宜のためであって，内部取引までを損金として認める趣旨のものでないことは明らかです。

しかし，こうした内部取引の中で唯一損金として処理することを認められたものがあります。それが次の4項に述べる「みなし寄附金」です。

(3) **専属借入金の支払利子**

NPO法人や公益法人等が収益事業のために外部から借入をして利息を支払っても，この利息は「個別費」として賦課できず，「共通費」として配賦することが原則とされ，一定の場合に限って例外的に収益事業に賦課することができるとされています（法基通15-2-6）。

一定の場合とは，「法令の規定，主務官庁の指導等により収益事業以外の事業に係る資金の運用方法等が規制されているため，収益事業の遂行上必要な資金の全部又は一部を外部からの借入金等により賄うこととしている場合」に限定されています。

余裕資金があってもそれは預金にして非課税の利息を受け取り，一方で借入

をして支払利息をまるまる損金として計上することの課税上の弊害を防ぐ趣旨によるものでしょう。しかし，収益事業の専属的な借入金であることが明らかな支払利息まで，共通費として配賦の対象とするのは問題がありそうに思えます。

4 みなし寄附金
(1) 寄附金の損金算入限度額

NPO法人が支出した寄附金は次の四つに区分して，税務上の処理を行うことになります（法法37）。

[法人の寄附金損金算入限度額]
① 国等に対する寄附金＝全額損金算入
② 指定寄附金＝全額損金算入
③ 一般の寄附金
　　各事業年度の所得金額×1.25％＝損金算入限度額
④ 特定公益増進法人と認定NPO法人に対する寄附金
　ⅰ．特定公益増進法人と認定NPO法人に対する寄附金の合計額
　ⅱ．各事業年度の所得金額×6.25％
　ⅰとⅱのいずれか少ない額＝損金算入限度額
　ⅰがⅱを超える場合には，その超える部分の金額は③の一般の寄附金と合わせて，一般の寄附金に係る損金算入限度額の範囲内で損金算入が認められます。

　NPO法人が特定公益増進法人に寄附をした場合，その特定公益増進法人の主たる目的である業務に関連する寄附金であれば，一般の寄附金の損金算入限度額とは別に，その損金算入限度額の範囲内で損金算入が認められます（法法37）。ただし，限度額の計算は，認定NPO法人に対する寄附金と併せて行うことになります（措法66の11の2）。

なお，認定NPO法人や公益法人等が他に寄附をした場合の寄附金の損金算入限度額は，普通法人よりも格段に優遇されています。公益社団・財団法人は所得の50％の損金算入が原則ですが，特例として所得の50％を超える損金算入も認められています。認定NPO法人と学校法人，社会福祉法人，更生保護法人は所得の50％か200万円のいずれか高い額を限度として損金算入が認められていますし，宗教法人は所得の20％を限度として認められています。

　これは認定NPO法人や公益法人等が寄附をした場合の取扱いであって，寄附を受けた場合の取扱いではありません。NPO法人や公益法人等は寄附を受ける方が多いことからすれば，この取扱いは奇異な感じを受けますが，「収益事業」から「非収益事業」への支出を寄附金として取り扱う趣旨ですのでそうなるのです。

　すなわち本来の事業を支援するための公益法人等の収益事業のあり方を，寄附金税制の中にうまく組み込んで，控除できる損金を大きくして公益法人等に特典を与える制度になっています。この制度は認定NPO法人や一定の公益法人等にのみ適用があり，一般のNPO法人や人格なき社団等はこのような優遇はなされていません。

　収益事業会計から非収益事業会計への寄附金の支出は，これに相当する金銭その他の資産を収益事業から非収益事業に付け替える区分経理をするだけでも認められることになりますが，これをまた元に戻す形で同じくらいの金額を資本の元入れがあったように会計処理するなどして，実質的に寄附金の支出がなかったと認められるときは，みなし寄附金の適用はないとされていますので留意する必要があります（法基通15-2-4）。

(2) 資産の低廉譲渡

　法人が資産を時価よりも低い価額で他に譲渡したり，経済的利益の供与をした場合に，実質的に贈与と認められる部分の金額は，寄附金とみなして損金算入限度額の計算をすることになっています（法法37⑧）。

　しかし，NPO法人や公益法人等の場合は，それが本来の目的である事業の範囲内で行われるものであれば，このような規定の適用はない取扱いになって

います（法基通15-2-9）。人格のない社団等についても同様です。

第5節　収益事業の申告手続

1　確定申告の手続

　収益事業を営んでいるNPO法人や公益法人等は，各事業年度終了後2か月以内に，税務署長に対し，法人税の確定申告書を提出することになっていますが，この確定申告書には，収益事業に係る貸借対照表と損益計算書を添付しなければなりません（法法74③，法規35）。さらにこの添付書類には，収益事業の書類だけでなく，収益事業以外の事業に係る貸借対照表などの書類も含まれることとされています（法基通15-2-14）。

2　申告期限の延長の申請

　法人税の確定申告書は，会計監査人の監査などにより事業年度終了後2月以内に決算が確定しないため，法人税の確定申告書を提出期限までに提出できないときは，納税地の所轄税務署長に対して申告期限の延長の申請を行って，その提出期限を延長することができることになっています（法法75の2）。

　NPO法人でも，提出期限までに確定申告書を提出できない常況にある場合には，この申請により，確定申告書の提出期限を原則として1月延長することができます。延長の申請は，最初に適用を受けようとする事業年度終了の日までに「申告期限の延長申請書」を1部（調査課所管法人は2部）作成し，納税地の所轄税務署長に提出します。税務署長が申告期限の延長の申請について延長又は却下の処分をするときは，書面によりその旨を通知しますが，事業年度終了の日の翌日から15日以内に，延長又は却下の通知がないときは，その申請した期間において承認があったものとみなされます。なお，延長された期間については利子税が課されます。

第6節　収益事業申告の具体的な計算例

[収益事業申告の具体的な計算例]

Ⅰ　計算手順
1. 活動計算書から，税務上の収益事業と非収益事業に区分する。
2. 収益事業の決算書（損益計算書，貸借対照表）を作成する。
3. 税務上の収益事業について，税額計算を行う。

Ⅱ　事　　例

　特定非営利活動法人○△サポート会は，東京都新宿区に事務所を設置し，介護サービス及び介護に関する書籍の出版などの特定非営利活動に係る事業を行っている。

　事業年度は4月1日から翌3月31日である。

　収支計算書の決算額を収益事業に係るものと，非収益事業に係るものに区分する場合における共通して要した費用・損失の配賦基準は，収入按分率により行っている。

　平成×7年4月1日から平成×8年3月31日までの特定非営利活動に係る事業会計収支計算書及び平成×8年3月31日現在の貸借対照表は，次のとおりである。

平成×7年度　特定非営利活動に係る事業会計活動計算書

平成×7年4月1日から平成×8年3月31日まで

特定非営利活動法人　○△サポート会

(単位：円)

科　　目	金　　額		
Ⅰ　経営収益			
1　受取会費			
正会員受取会費		2,400,000	
2　受取寄付金			
受取寄附金		1,000,000	
3　事業収益			
介護サービス事業収益	32,702,000		
研修会事業収益	5,185,000		
出版事業収益	6,634,000	44,521,000	
4　その他収益			
受取利息	5,000		
雑収益	42,000	47,000	
経常収益計			47,968,000
Ⅱ　経常費用			
1　事業費			
(1)　人件費			
給料手当	13,000,000		
通勤費	1,900,000		
福利厚生費	1,920,000		
人件費計	16,820,000		
(2)　その他経費			
会議費	1,500,000		
旅費交通費	1,000,000		
研修費	5,989,126		
印刷製本費	2,200,000		
その他経費計	10,689,126		
事業費計		27,509,126	
2　管理費			
(1)　人件費			
役員報酬	2,800,000		
給料手当	2,700,000		
通勤費	240,000		
福利厚生費	200,000		
人件費計	5,940,000		

(2) その他経費			
旅費交通費	102,580		
通信費	890,230		
交際費	120,000		
賃借料	1,800,000		
水道光熱費	458,610		
消耗品費	277,340		
支払手数料	578,900		
租税公課	10,300		
その他経費計	4,237,960		
管理費計		10,177,960	
経常費用計			37,687,086
当期経常増減額			10,280,914
Ⅲ　経常外収益			
経常外収益計			0
Ⅳ　経常外費用			
経常外費用計			0
税引前当期正味財産増減額			10,280,914
法人税,住民税及び事業税			70,000
当期正味財産増減額			10,210,914
前期繰越正味財産額			17,189,469
次期繰越正味財産額			27,400,383

平成×7年度　特定非営利活動に係る事業会計貸借対照表

平成×8年3月31日現在
特定非営利活動法人　○△サポート会
(単位：円)

科　　目	金　　額		
Ⅰ 資産の部			
1 流動資産			
現金預金	24,048,383		
未収金	3,528,000		
流動資産合計		27,576,383	
2 固定資産			
(1)無形固定資産			
電話加入権	74,000		
無形固定資産計	74,000		
(2)投資その他の資産			
敷金	800,000		
投資その他の資産計	800,000		
固定資産合計		874,000	
資産合計			28,450,383
Ⅱ 負債の部			
1 流動負債			
未払金	750,000		
預り金	300,000		
流動負債合計		1,050,000	
2 固定負債			
固定負債合計		0	
負債合計			1,050,000
Ⅲ 正味財産の部			
前期繰越正味財産		17,189,469	
当期正味財産増減額		10,210,914	
正味財産合計			27,400,383
負債及び正味財産合計			28,450,383

平成×7年度　財産目録

平成×8年3月31日現在
特定非営利活動法人　○△サポート会
（単位：円）

科　　目	金　　額		
Ⅰ 資産の部			
1 流動資産			
現金預金			
手元現金	300,000		
○○銀行	23,748,383		
未収金			
研修会事業未収金	528,000		
出版事業未収金	3,000,000		
流動資産合計		27,576,383	
2 固定資産			
(1)無形固定資産			
電話加入権	74,000		
無形固定資産計	74,000		
(2)投資その他の資産			
敷金	800,000		
投資その他の資産計	800,000		
固定資産合計		874,000	
資産合計			28,450,383
Ⅱ 負債の部			
1 流動負債			
未払金			
出版事業経費未払い金	750,000		
預り金	300,000		
流動負債合計		1,050,000	
負債合計			1,050,000
正味財産合計			27,400,383

1 税務上の収益事業と非収益事業に区分

上記の計算書類から，税務上の収益事業と非収益事業との区分を行う。按分計算書を使って，直接区分できるものはその金額を記載し，管理費など共通のものは収入按分率により配賦をする。

$$収入按分率 = \frac{36,336,000（収益事業収入）}{47,968,000（収入合計）} = 75.75\%$$

■ 按 分 計 算 書 ■

科　目	決算額	収益以外	収　益	
〔経常収益の部〕				
正会員受取会費	2,400,000	2,400,000	0	
受取寄付金	1,000,000	1,000,000	0	
介護サービス事業収益	32,702,000	0	32,702,000	
研修会事業収益	5,185,000	5,185,000	0	
出版事業収益	6,634,000	3,000,000	3,634,000	
受取利息	5,000	5,000	0	
雑収入	42,000	42,000	0	
経常収益計	47,968,000	11,632,000	36,336,000	
〔経常費用の部〕				
事業費				
給料手当	13,000,000	1,030,000	11,970,000	
通勤費	1,900,000	475,000	1,425,000	
福利厚生費	1,920,000	835,000	1,085,000	
会議費	1,500,000	187,500	1,312,500	
旅費交通費	1,000,000	370,000	630,000	
研修費	5,989,126	659,280	5,329,846	
印刷製本費	2,200,000	1,700,000	500,000	
事業費計	27,509,126	5,256,780	22,252,346	
管理費				
役員報酬	2,800,000	679,000	2,121,000	配賦
給料手当	2,700,000	654,750	2,045,250	配賦
通勤費	240,000	58,200	181,800	配賦
福利厚生費	200,000	48,500	151,500	配賦
旅費交通費	102,580	24,876	77,704	配賦
通信費	890,230	215,881	674,349	配賦
交際費	120,000	29,100	90,900	配賦
賃借料	1,800,000	436,500	1,363,500	配賦
水道光熱費	458,610	111,213	347,397	配賦
消耗品費	277,340	67,255	210,085	配賦
支払手数料	578,900	140,383	438,517	配賦
租税公課	10,300	10,300	0	直接
法人税等	70,000	0	70,000	直接
管理費計	10,247,960	2,475,958	7,772,002	
経常費用計	37,757,086	7,732,738	30,024,348	
当期経常増減額	10,210,914	3,899,262	6,311,652	

2 収益事業分の決算書の作成

収益事業と非収益事業との区分処理が終わったら，収益事業の貸借対照表及び損益計算書を作成する。これを基に税務計算を行っていくことになる。

特定非営利活動法人
〇△サポート会

貸 借 対 照 表
平成×8年3月31日現在

(単位：円)

Ⅰ	資産の部		
	流動資産		
	現金預金	1,895,582	
	未 収 金	3,528,000	
	流動資産合計	5,423,582	
資　産　合　計			5,423,582
Ⅱ	負債の部		
	流動負債		
	未 払 金	450,000	
	流動負債合計	450,000	
負　債　合　計			450,000
Ⅲ	純資産の部		
	元 入 金		4,973,582
	（うち当期利益）		(6,311,652)
負債及び資本合計			5,423,582

特定非営利活動法人
○△サポート会

損 益 計 算 書

自 平成×7年4月1日
至 平成×8年3月31日

(単位：円)

Ⅰ	収益の部		
	介護サービス事業収益	32,702,000	
	出版事業収益	3,634,000	
	合計		36,336,000
Ⅱ	費用及び損失の部		
	事業費		
	給料手当	11,970,000	
	通勤費	1,425,000	
	福利厚生費	1,085,000	
	会議費	1,312,500	
	旅費交通費	630,000	
	研修費	5,329,846	
	印刷製本費	500,000	22,252,346
	管理費		
	役員報酬	2,121,000	
	給料手当	2,045,250	
	通勤費	181,800	
	福利厚生費	151,500	
	旅費交通費	77,704	
	通信費	674,349	
	交際費	90,900	
	賃借料	1,363,500	
	水道光熱費	347,397	
	消耗品費	210,085	
	支払手数料	438,517	7,702,002
	税引前当期利益		6,381,652
	法人税,住民税及び事業税		70,000
	当期純利益		6,311,652

3 税額の計算　(単位：円)

(1) 法人税の計算

① 課税利益の計算

当 期 利 益	6,311,652	
損金計上都民税	70,000	
交際費の損金不算入額	0	（注）
欠損金の当期控除額	△951,600	
所 得 金 額	5,430,052	

（注）交際費の損金不算入額
　　　支出交際費 90,900＜800万円　全額損金算入

＊　限度額の算定

　　接待飲食費の50％相当額　　　　定額控除限度額800万円まで
　　の損金算入額　　　　　　　≦　の損金算入額

② 税額計算

　5,430,000×15％＝814,500

(2) 事業税の計算

① 4,000,000×3.4％＝136,000

② (5,430,000－4,000,000)×5.1％＝72,930　→　72,900

③ 合計　208,900

(3) 都民税の計算

① 法人税割額

　814,000×12.9％＝105,006　→　105,000

② 均等割額

　70,000×12/12＝70,000

　NPO法人は，都民税均等割の税額表の区分では，「公共法人，公益法人等など」に該当する。

③ 合計　175,000

事業年度分の確定申告書（法人税）

納税地：東京都新宿区○○町×-×-×
法人名：特定非営利活動法人 ○△サポート会
事業種目：介護サービス事業

事業年度：平成×7年4月1日 ～ 平成×8年3月31日

項目	金額（円）
1 所得金額又は欠損金額	5,430,052
2 法人税額	814,500
4 差引法人税額	814,500
6 課税土地譲渡利益金額	000
7 同上に対する税額	
8 課税留保金額	
9 同上に対する税額	
10 法人税額計	814,500
13 差引所得に対する法人税額	814,500
15 差引確定法人税額	814,500
30 所得金額	5,430,000
32 所得金額(1)	5,430,000
26 所得税額等の還付金額	951,600
34 (30)の15%相当額	814,500
36 法人税額	814,500

第3章 NPO法人の収益事業

所得の金額の計算に関する明細書

事業年度：平成×7.4.1～平成×8.3.31
法人名：特定非営利活動法人 ○△サポート会

別表四 平二六・四・一以後終了事業年度分

区分		総額①	処分	
			留保②	社外流出③
当期利益又は当期欠損の額	1	6,311,652 円	6,311,652 円	配当 / その他
加算	損金経理をした法人税及び復興特別法人税（附帯税を除く。）	2			
	損金経理をした道府県民税（利子割額を除く。）及び市町村民税	3	70,000	70,000	
	損金経理をした道府県民税利子割額	4			
	損金経理をした納税充当金	5			
	損金経理をした附帯税（利子税を除く。）、加算金、延滞金（延納分を除く。）及び過怠税	6			その他
	減価償却の償却超過額	7			
	役員給与の損金不算入額	8			その他
	交際費等の損金不算入額	9			その他
		10			
	小計	11	70,000	70,000	
減算	減価償却超過額の当期認容額	12			
	納税充当金から支出した事業税等の金額	13			
	受取配当等の益金不算入額（別表八（一）「15」又は「21」）	14			※
	外国子会社から受ける剰余金の配当等の益金不算入額（別表八（二）「13」）	15			※
	受贈益の益金不算入額	16			※
	適格現物分配に係る益金不算入額	17			※
	法人税等の中間納付額及び過誤納に係る還付金額	18			
	所得税額等及び欠損金の繰戻しによる還付金額等	19			※
		20			
	小計	21			外※
仮計 (1)+(11)-(21)		22	6,381,652	6,381,652	外※
関連者等に係る支払利子等の損金不算入額（別表十七（二の二）「25」）		23			その他
超過利子額の損金算入額（別表十七（二の三）「10」）		24	△		※△
仮計 ((22)から(24)までの計)		25	6,381,652	6,381,652	外※
寄附金の損金不算入額（別表十四（二）「24」又は「40」）		26			その他
沖縄の認定法人の所得の特別控除額（別表十（一）「9」、「12」又は「16」）		27			※
国家戦略特別区域における指定事業法人の所得の金額の損金算入又は益金算入額（別表十（二）「7」又は「9」）		28			※
認定研究開発事業法人等の所得の金額の損金算入又は益金算入額（別表十（三）「7」又は「9」）		29			※
法人税額から控除される所得税額及び復興特別所得税額（別表六（一）「6の③」）		30			その他
税額控除の対象となる外国法人税の額（別表六（二の二）「7」）		31			その他
組合等損失額の損金不算入額又は組合等損失超過合計額の損金算入額（別表九（二）「10」）		32			
対外船舶運航事業者の日本船舶による収入金額に係る所得の金額の損金算入額又は益金算入額（別表十（三）「20」、「21」又は「23」）		33			※
合計 (25)+(26)+(27)+(28)+(29)+(30)+(31)+(32)+(33)		34	6,381,652	6,381,652	外※
契約者配当の益金算入額（別表九（一）「13」）		35			
特定目的会社等の支払配当又は特定投資信託の収益の分配の損金算入額（別表八（二）、「5」、別表九（六）「9」）		36		△	
非適格合併又は残余財産の全部分配等による移転資産等の譲渡利益額又は譲渡損失額		37			
差引計 ((34)から(37)までの計)		38	6,381,652	6,381,652	外※
欠損金又は災害損失金等の当期控除額（別表七（一）「4の計」＋別表七（二）「9」若しくは「21」又は別表七（三）「10」）		39	△951,600		※△951,600
総計 (38)+(39)		40	5,430,052	6,381,652	外※ △951,600
新鉱床探鉱費又は海外新鉱床探鉱費の特別控除額（別表十（四）「40」）		41	△		※
農業経営基盤強化準備金積立額の損金算入額（別表十二（十五）「10」）		42	△	△	
農用地等を取得した場合の圧縮額の損金算入額（別表十二（十五）「43の計」）		43	△	△	
関西国際空港用地整備準備金積立額の損金算入額（別表十二（十五）「15」）		44	△	△	
中部国際空港整備準備金積立額の損金算入額（別表十二（十三）「10」）		45	△	△	
再投資等準備金積立額の損金算入額（別表十二（十六）「12」）		46	△	△	
残余財産の確定の日の属する事業年度に係る事業税の損金算入額		47	△	△	
所得金額又は欠損金額		48	5,430,052	6,381,652	外※ △951,600

利益積立金額及び資本金等の額の計算に関する明細書

| 事業年度 | 平成×7.4.1
平成×8.3.31 | 法人名 | 特定非営利活動法人 ○△サポート会 |

I 利益積立金額の計算に関する明細書

区分		期首現在利益積立金額 ①	当期の増減 減 ②	当期の増減 増 ③	差引翌期首現在利益積立金額 ①-②+③ ④
利益準備金	1	円	円	円	円
積立金	2				
	3				
	4				
	5				
	6				
	7				
	8				
	9				
	10				
	11				
	12				
	13				
	14				
	15				
	16				
	17				
	18				
	19				
	20				
	21				
	22				
	23				
	24				
	25				
繰越損益金(損は△)	26	△1,338,070	△1,338,070	4,973,582	4,973,582
納税充当金	27				
未納法人税等	未納法人税及び未納復興特別法人税(附帯税を除く。) 28	△	△	中間 △ 確定 △ 814,500	△ 814,500
	未納道府県民税(均等割額及び利子割額を含む。) 29	△ 70,000	70,000	中間 △ 確定 △ 175,000	△ 175,000
	未納市町村民税(均等割額を含む。) 30	△	△	中間 △ 確定 △	△
差引合計額	31	△1,408,070	△1,408,070	3,984,082	3,984,082

II 資本金等の額の計算に関する明細書

区分		期首現在資本金等の額 ①	当期の増減 減 ②	当期の増減 増 ③	差引翌期首現在資本金等の額 ①-②+③ ④
資本金又は出資金	32	円	円	円	円
資本準備金	33				
	34				
	35				
差引合計額	36				

第3章 NPO法人の収益事業

租税公課の納付状況等に関する明細書

事業年度：平成×7.4.1〜平成×8.3.31
法人名：特定非営利活動法人 ○△サポート会

別表五(二) 平二六・四・一以後終了事業年度分

税目及び事業年度				期首現在未納税額 ①	当期発生税額 ②	当期中の納付税額 充当金取崩しによる納付 ③	仮払経理による納付 ④	損金経理による納付 ⑤	期末現在未納税額 ①+②-③-④-⑤ ⑥
法人税及び復興特別法人税	・・・		1						
	・・・		2						
	当期分	中間	3						
		確定	4		814,500				814,500
	計		5		814,500				814,500
道府県民税	平成×7.4.1〜平成×8.3.31		6	70,000				70,000	0
	・・・		7						
	当期分	利子割	8						
		中間	9						
		確定	10		175,000				175,000
	計		11	70,000	175,000			70,000	175,000
市町村民税	・・・		12	0					0
	・・・		13						
	当期分	中間	14						
		確定	15						
	計		16	0					0
事業税	・・・		17						
	・・・		18						
	当期中間分		19						
	計		20						
その他 損金算入のもの	利子税		21						
	延滞金(延納に係るもの)		22						
			23						
			24						
損金不算入のもの	加算税及び加算金		25						
	延滞税		26						
	延滞金(延納分を除く)		27						
	過怠税		28						
			29						
			30						

納税充当金の計算

期首納税充当金	31		その他	損金算入のもの	37	
繰入額 損金経理をした納税充当金	32			損金不算入のもの	38	
	33				39	
計 (32)+(33)	34			仮払税金消却	40	
取崩額 法人税額等(5の③)+(11の③)+(16の③)	35			計 (35)+(36)+(37)+(38)+(39)+(40)	41	
事業税(20の③)	36		期末納税充当金 (31)+(34)-(41)		42	

⑤ 欠損金又は災害損失金の損金算入に関する明細書

事業年度	平成 ×7. 4. 1 ～ 平成 ×8. 3. 31	法人名	特定非営利活動法人 ○△サポート会

別表七(一) 平二六・四・十四以後提出期限到来分

控除前所得金額 (別表四「38の①」－(別表七(二)「9」又は「21」))	1	6,381,652 円	所得金額控除限度額 $(1) \times \frac{80又は100}{100}$	2	6,381,652 円

事業年度	区分	控除未済欠損金額 3	当期控除額 当該事業年度の(3)と((2)-当該事業年度前の(4)の合計額)のうち少ない金額 4	翌期繰越額 ((3)-(4))又は別表七(三)「15」 5
・ ・	青色欠損・連結みなし欠損・災害損失	円		円
・ ・	青色欠損・連結みなし欠損・災害損失			
・ ・	青色欠損・連結みなし欠損・災害損失			
・ ・	青色欠損・連結みなし欠損・災害損失			
・ ・	青色欠損・連結みなし欠損・災害損失			
・ ・	青色欠損・連結みなし欠損・災害損失			
・ ・	青色欠損・連結みなし欠損・災害損失			
・ ・	青色欠損・連結みなし欠損・災害損失			
・ ・	青色欠損・連結みなし欠損・災害損失			
平成 ×7. 4. 1 平成 ×8. 3. 31	**青色欠損**・連結みなし欠損・災害損失	951,600	951,600	0
計		951,600	951,600	0

当期分	欠損金額 (別表四「48の①」)		欠損金の繰戻し額	
	同上のうち	災害損失金 (13)		
		青色欠損金		
合計				0

災害により生じた損失の額の計算

災害の種類		災害のやんだ日又はやむを得ない事情のやんだ日	・ ・

災害を受けた資産の別	棚卸資産 ①	固定資産 (固定資産に準ずる繰延資産を含む。) ②	計 ①＋② ③
当期の欠損金額 (別表四「48の①」) 6			円
災害に損失の額	資産の滅失等により生じた損失の額 7	円	円
	被害資産の原状回復のための費用等に係る損失の額 8		
	被害の拡大又は発生の防止のための費用に係る損失の額 9		
計 (7)＋(8)＋(9) 10			
保険金又は損害賠償金等の額 11			
差引災害により生じた損失の額 (10)-(11) 12			
繰越控除の対象となる損失の額 ((6の③)と(12の③)のうち少ない金額) 13			

第3章 NPO法人の収益事業

様式第一

平成　年　月　日　税務署長殿　収受印	自平成 ×7 年 4 月 1 日　　事業年度分の適用額明細書 至平成 ×8 年 3 月 31 日　　（当初提出分・再提出分）

納税地	東京都新宿区○○町×-×-×	整理番号	
	電話（　）　－	提出枚数	1 枚　うち 1 枚目
（フリガナ）	トクテイヒエイリカツドウホウジン マルサンカクサポートカイ		
法人名	特定非営利活動法人　○△サポート会	事業種目	介護サービス事業　業種番号
期末現在の資本金の額又は出資金の額		※税務署処理欄　提出年月日	平成　年　月　日
所得金額又は欠損金額	5 4 3 0 0 5 2		

左側縦書き：
当該適用額明細書を再提出する場合には、訂正箇所のみ記載するのでなく、すべての租税特別措置について記載してください。

租税特別措置法の条項	区分番号	適用額（十億　百万　千　円）
第 42 条の3の2 第 1 項第 1 号	0 0 3 8 0	5 4 3 0 0 0 0
第　条　第　項第　号		
第　条　第　項第　号		
第　条　第　項第　号		
第　条　第　項第　号		
第　条　第　項第　号		
第　条　第　項第　号		
第　条　第　項第　号		
第　条　第　項第　号		
第　条　第　項第　号		
第　条　第　項第　号		
第　条　第　項第　号		
第　条　第　項第　号		
第　条　第　項第　号		
第　条　第　項第　号		
第　条　第　項第　号		
第　条　第　項第　号		

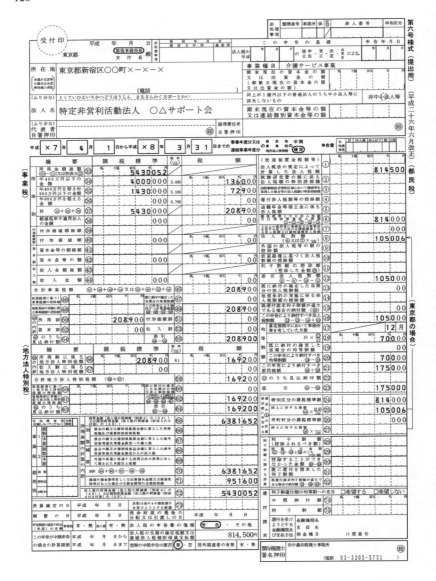

第3章 NPO法人の収益事業

均等割額の計算に関する明細書

| 事業年度又は連結事業年度 | 平成×7年 4月 1日から
平成×8年 3月31日まで | 法人名 | 特定非営利活動法人 ○△サポート会 |

第六号様式別表四の三（提出用）

事務所、事業所又は寮等（事務所等）の従業者数の明細

東京都内における主たる事務所等の所在地	事務所等を有していた月数	従業者数の合計数
東京都新宿区○○町×－×－×	12月	8人

特別区内における従たる事務所等

	所在地	名称（外箇所）	月数	従業者数の合計数
1	千代田区			人
2	中央区			
3	港区			
4	新宿区			
5	文京区			
6	台東区			
7	墨田区			
8	江東区			
9	品川区			
10	目黒区			
11	大田区			
12	世田谷区			
13	渋谷区			
14	中野区			
15	杉並区			
16	豊島区			
17	北区			
18	荒川区			
19	板橋区			
20	練馬区			
21	足立区			
22	葛飾区			
23	江戸川区			
	合計（主たる事務所等の従業者数の合計数を含む。）			8

市町村の存する区域内における従たる事務所等

名称（外箇所）	所在地

当該事業年度又は連結事業年度（算定期間）中の主たる事務所等の設置・廃止及び主たる事務所等の異動

異動区分	異動の年月日	名称	所在地
設置	年月日		
廃止	年月日		
旧の主たる事務所等	年月日		

均等割額の計算

区分		税率（年額）(ｱ) 円	月数(ｲ) 月	区数(ｳ)	税額計算 (ｱ)×(ｲ)/12×(ｳ) 円
特別区のみに事務所等を有する場合	主たる事務所等所在の特別区	事務所等の従業者数50人超 ①				0,0
		事務所等の従業者数50人以下 ②	7,0,0,0,0	1,2		7,0,0,0,0
	従たる事務所等所在の特別区	事務所等の従業者数50人超 ③				0,0
		事務所等の従業者数50人以下 ④				0,0
特別区と市町村に事務所等を有する場合	道府県分 ⑤					0,0
	特別区（市町村分）	事務所等の従業者数50人超 ⑥				0,0
		事務所等の従業者数50人以下 ⑦				0,0
納付すべき均等割額 ①+②+③+④ 又は ⑤+⑥+⑦ ⑧						7,0,0,0,0

備考

第六号様式別表九（提出用）

欠損金額等及び災害損失金の控除明細書

事業年度	平成×7年 4月 1日から 平成×8年 3月31日まで	法人名	特定非営利活動法人 ○△サポート会

控除前所得金額 第6号様式⑺-（別表10⑨）又は㉑）	①	6,381,652 円	所得金額控除限度額 ①×80又は100/100	②	6,381,652 円

事業年度	区分	控除未済欠損金額等又は控除未済災害損失金 ③	当期控除額 ④ (当該事業年度の③と②-当該事業年度前の④の合計額）のうち少ない金額)	翌期繰越額 ⑤ ((③-④)又は別表11⑰)
年 月 日から 年 月 日まで	欠損金額等・災害損失金	円	円	円
年 月 日から 年 月 日まで	欠損金額等・災害損失金			
年 月 日から 年 月 日まで	欠損金額等・災害損失金			
年 月 日から 年 月 日まで	欠損金額等・災害損失金			
年 月 日から 年 月 日まで	欠損金額等・災害損失金			
年 月 日から 年 月 日まで	欠損金額等・災害損失金			
年 月 日から 年 月 日まで	欠損金額等・災害損失金			
年 月 日から 年 月 日まで	欠損金額等・災害損失金			
平成×7年 4月 1日から 平成×8年 3月31日まで	欠損金額等・災害損失金	951,600	951,600	0
	計	951,600	951,600	0
当期同上のうち分	欠損金額等・災害損失金		欠損金の繰戻し額	
	災害損失金			円
	青色欠損金			
	合計			0

災害により生じた損失の額の計算

災害の種類		災害のやんだ日又はやむを得ない事情のやんだ日	年 月 日
当期の欠損金額 ⑥	円	差引災害により生じた損失の額（⑦-⑧）⑨	円
災害により生じた損失の額 ⑦		繰越控除の対象となる損失の額（⑥と⑨のうち少ない金額）⑩	
保険金又は損害賠償金等の額 ⑧			

第 4 章

NPO法人の組織再編に伴う課税

　社会環境，経済環境が不断に変化していく中で，事業の選択と集中を進めていかなければならないのはNPO法人にあっても同様です。市場競争の激化は，企業社会のみならず非営利の分野にも影響を及ぼしています。それに加えて，非営利組織のわが国社会全般にわたる情報公開等の進展によって，非営利組織の事業や組織のあり方に対する国民の視線も厳しさを増す一方です。その中でNPO法人といえども，事業の非効率の改善を図るとともに，より一層適正な組織の運営に努めなければならなくなっています。

　この章では，NPO法人がそうした目的で組織再編を行う場合の課税関係について整理してみましょう。

第1節　NPO法人の組織再編の態様

1　NPO法人の合併

　合併とは2個以上の法人が法律に定めた一定の手続に従って，1個の法人となることです。これには，合併の当事法人のうち1個の法人が存続して存続法人となり，他の当事法人が存続法人に吸収されて解散・消滅する吸収合併の方式と，合併の当事法人の全てが解散・消滅すると同時に合体して新設法人となる新設合併の方式があります。

　合併という手続をとった場合には，資産・負債（権利・義務）の移転が，個別の移転行為を必要とせず，一定の手続を完了することにより法律上当然の効果として生じることとなります。これを包括承継と呼びますが，合併の利点は，存続法人がこのような包括承継をすることが可能になり，存続しない法人が清算の手続をとらなくても消滅する点にあるといえます。

　NPO法人は根拠法の中に合併に関する規定（NPO法33～39）が定められていますので，合併手続を行うことは制度的に可能となっています。

2　NPO法人の分割

　分割とは，ある法人の事業の一部又は全部をその法人から分離して，新設する法人又は既存の法人に承継させる制度です。2個以上の法人が合体する合併に対して，1個の法人を2個以上に分離する，厳密にいえば，法人の一部の事業を分離して新設法人又は既設法人に移転させるのが分割ということになります。

　事業の全部又は一部をある法人から他の法人へ移転するのに，通常は個別の移転行為を必要としますが，分割が制度化されている場合には，定められた分割手続の完了によって合併の場合と同じように包括承継が可能となります。合併と異なるのは，そのまま消滅する法人がないことです。もっとも，分割法人が分割後解散して消滅する場合もないわけではありませんが，その場合でも

いったんは存続する点が合併と異なります。

　ただし，このような事業の包括承継を可能とする分割制度は会社法定められているに過ぎず，NPO法人法では制度化されてはいません。したがって，実質的に法人の事業を分割しようとする場合には，移転する事業に属する資産・負債（権利・義務）を個別の譲渡・譲受けの契約に基づいて移転することとなります。

3　NPO法人の現物出資

　現物出資とは，金銭以外の財産をもって行う出資です。NPO法人であっても，この現物出資を行うことによって株式会社や有限会社などの営利法人を設立したり，増資したりすることは十分に可能です。それならば，NPO法人が現物出資を行うことによって同じNPO法人を設立することができるかどうかですが，NPO法人のようにそもそも出資の概念がない組織においては，現物出資などあり得るはずがありません。

　なお，会社における現物出資の変態行為として規定されている財産引受けや事後設立などの制度は，NPO法人にはもちろん設けられてはいません。

4　NPO法人の解散及び清算

　法人格の消滅を来すべき原因となる法律事実を解散といい，解散に続いて法律関係の後始末をするための手続を清算といいます。法人格は，合併の場合のほかは，解散によってただちに消滅するということはなく，法人は清算の手続を行い，清算手続の結了によって消滅することとなります。清算の目的は法人の一切の権利・義務を処理して，残余財産を帰属すべきものに帰属させることにあります。したがって，解散した法人が事業を続行することはできず，清算の目的の範囲内に法人の権利能力は制限されることになります。

　NPO法人の解散及び清算については，根拠法の中に解散及び清算の規定が置かれています（NPO法31, 32）。

5　NPO法人の営利転換

　NPO法人は特定非営利活動に係る事業を主として行うことが求められていますが，その他事業の中の収益事業が拡大して主従の逆転が起きることが想定されます。そうした場合に，NPO法人から営利法人への転換を図ることが余儀なくされることが考えられます。

　NPO法人から営利法人への転換の方法としては，次の5通りの方法があります。これらは「公益法人の営利転換の方法」として考えられたものですが，NPO法人にも十分に当てはまります。

> ①　NPO法人が解散した後，その事業を株式会社に譲渡する方法
> ②　NPO法人がその事業を株式会社に譲渡した後，解散する方法
> ③　NPO法人がその事業を株式会社に現物出資した後，解散する方法
> ④　NPO法人が目的（事業）を変更して，従来行ってきた事業を株式会社に譲渡し，残存する又は追加された事業を継続することとしてNPO法人が存続する方法
> ⑤　NPO法人が目的（事業）を変更して，従来行ってきた事業を株式会社に現物出資し，残存する又は追加された目的に従って事業を継続することとしてNPO法人が存続する方法

第2節　NPO法人の組織再編に伴う課税

　法人税法では，内国法人が合併等の組織再編成により資産等の移転をしたときは，原則として時価で譲渡したものとして譲渡損益を計上し，一定の要件を満たす適格組織再編成については譲渡損益を繰り延べることとされています。適格組織再編成には，大きく2通りあって，一つは出資を通じて経営を支配しているグループ内の組織再編成に係るものです。もう一つは出資の継続保有が求められる共同事業に係る組織再編成です。いずれにしても，適格組織再編成

の要件は出資と不可分の関係にあります。

　そこで，NPO法人が合併・解散等の組織再編により資産等の移転をした場合にどういう取扱いになるのかという問題ですが，NPO法人にはそもそも出資という概念がありませんから，グループ内の組織再編成は最初から不可能です。しかし，共同事業に係る組織再編成については，出資の継続保有の要件を除外して，適格合併の判定を行う制度が設けられています。

　つまり，NPO法人が合併を行う場合，合併法人と被合併法人が，事業の関連性，事業規模の割合又は特定の役員の引継ぎ，従業者の引継ぎ，主要な事業の継続について要件を満たせば，適格合併として譲渡損益を繰り延べることが認められます（法令4の3④）。

　それでは，NPO法人の組織再編には，原則の時価譲渡が適用されることになるのかどうかですが，NPO法人の課税関係は，まず収益事業課税の原則に照らして，その移転行為が収益事業に該当するかどうかの判定をすることが先決となります。よって，資産等の移転が物品販売業，不動産販売業等に該当することになれば収益事業として課税されますが，それ以外の課税は考えにくいといえます。

　しかし，NPO法人が収益事業に属する固定資産について譲渡，除却その他の処分をした場合，その譲渡等による損益は，原則として収益事業に係る損益となるとされています（法基通15-2-10）。

　したがって，収益事業を営むNPO法人が，合併・解散等の組織変更によって，収益事業に属する資産等の移転を行った場合には，一応課税の可能性を検討してみる必要が出てくるでしょう。

　ただし，収益事業に属する固定資産であっても，相当期間にわたって固定資産として保有していた土地，借地権，建物，構築物について譲渡，除却その他の処分をした場合には，その処分による損益は収益事業に係る損益には含めないことができることとなっています。この場合の相当期間とはおおむね10年以上と解されているようです。

　また，収益事業の全部又は一部を廃止して，その廃止に係る事業に属する固

定資産について譲渡，除却その他の処分をした場合には，その処分による損益は収益事業に係る損益には含めないことができることとなっています。

第3節　NPO法人の出資による会社の設立

1　出資についての制約

　NPO法人が直接収益事業を行うのでなく，株式会社の株式保有を通じて行うことについては問題はないでしょうか。もちろん株式を保有すること自体が収益事業に該当するとは考えにくいですが，かといって子会社を設立して収益事業を行うことが全くの自由であるとも判断しにくいのです。

　なお，NPO法人がこのようにして設立した会社の保有株式等から生じた配当金の税務上の取扱いについては，区分経理をすることによって収益事業の収入に含めないことができることとなっています。

2　収益事業との関係

　ところで，NPO法人が法人税法施行令5条1項に列挙された事業を「継続して事業場を設けて営む」場合には，収益事業となり，その事業から生じた所得について法人税が課されますが，それらの事業は，必ずしも公益法人等が自ら行わなくとも，委託契約，組合契約又は信託契約によって，事業を他の者にさせ，当該事業から生じた収益の配分等を受ける場合は，当該法人が自ら収益事業を営んでいるものとして取り扱うことになっています（法基通15-1-2）。

　NPO法人が収益事業を株式会社の株式保有を通じて行う場合，これに該当しないかという点ですが，そもそも委託契約等によって他のものに行わせている事業を収益事業として取り扱うのは，課税上の弊害があるからです。すなわち，委託による事業を収益事業としないとすると，その事業から生じた収益の配分額が課税を受けないままになってしまいます。これに対して，株式会社の配当は，事業から生じた収益への課税が行われた後の課税後の利益の分配です。

したがって，NPO法人が株式会社の株式保有を通じて収益事業を行うことには，こうした課税上の弊害はなく，NPO法人が自ら収益事業を営んでいるものと取り扱われるおそれはないといえるでしょう。

第 5 章

損益計算書等の提出制度

　NPO法人や公益法人等は収益事業を行っていなくても税務当局に損益や収支を報告しなければならない場合があります。それが損益計算書等の提出制度です。この章では，損益計算書等の提出制度について詳しく見ていきます。

第1節　税務署への提出制度

1　活動計算書・収支計算書の提出

　NPO法人や公益法人等は，収益事業を行っていることにより確定申告書を提出する場合を除き，損益計算書や収支計算書をその主たる事務所の所轄税務署長に提出することとされています。活動計算書を作成しているNPO法人は活動計算書になります。ただし，年間の収入金額が8,000万円以下の法人については適用除外とされています（措法68の6）。

　活動計算書や収支計算書の提出期限は，原則として，各事業年度の終了の日の翌日から4か月以内と定められています。NPO法人や公益法人等の多くは，会計年度終了後3か月以内に所轄庁や行政庁に報告しなければなりませんから，そうした期限が考慮されています。

　なお，公益法人等の中で企業年金連合会，国民年金基金，国民年金基金連合会については，決算の特殊な事情に考慮して，提出期限が6月以内と延長されています。

　なお，人格なき社団等にはこの制度の適用がありません。また，それぞれの設立根拠法で公益法人等にみなされている，いわゆる「みなし公益法人」の中でNPO法人以外の下記の法人も，この制度の適用対象から除かれています。

① 　地方自治法により法人格を得た認可地縁団体
② 　建物の区分所有に関する法律により法人格を得た管理組合法人及び団地管理組合法人
③ 　政党交付金の交付を受ける政党等に対する法人格の付与に関する法律により法人格を取得した政党等
④ 　密集市街地における防災街区の整備の促進に関する法律により法人格を得た防災街区整備事業組合
⑤ 　マンションの建替え等の円滑化に関する法律により法人格を得たマ

ンション建替組合及びマンション敷地売却組合

2 税務署への提出制度の沿革

　収益事業を営んでいない公益法人等については，確定申告書の提出はむろん不要であり，収益事業以外の事業に係る書類の提出もかつては全く要求されていませんでした。ところが平成8年度の税制改正において，収益事業を営んでいない公益法人等に対しても，所轄税務署長に収支計算書を提出することが義務付けられることとなったのです（措法68の6）。収益事業を行っていながら法人税の申告をしていない法人も見受けられるとして，公益法人等に対する収益事業課税の適正化を図る観点から設けられたものです。

　この収支計算書の提出制度の適用は平成9年1月1日以後開始事業年度から行われました。ただし，収入金額が一定額以下の小規模の法人については，事務負担に配慮して提出義務が免除されました。基準額は制度が新設された平成8年度の改正で年間収入5,000万円以下と定められましたが，平成9年度の改正では，年間収入8,000万円以下に引き上げられました（措令39の37）。公益法人等の8割を占める宗教法人の所轄庁への収支計算書の提出義務が収入額8,000万円以下の小規模法人には免除されていますので，これと足並みをそろえるために行われた引き上げでした。なお，平成20年度からは，一般社団・財団法人制度がスタートしましたので，一般社団・財団法人の計算書類である損益計算書に合わせて，損益計算書等の提出制度に改められました。

第2節　活動計算書・収支計算書の作成・提出

1　収入額の判定基準

　8,000万円以下の年間収入であれば活動計算書・収支計算書の提出が免除されますが，その場合の収入は，どのようにして判定するのでしょうか。これに

は，たとえば前述した借入による収入を含むのかどうか。また，前期からの繰越金も収支計算では収入に該当するが，これも含むのかなどの問題があります。

これについて，租税特別措置法施行令39条の37に，資産の売却による収入で臨時的なものを除くとありますので，土地，建物などの資産の売却収入を除外することは明らかです。また，それ以外のたとえば，前期から繰り越された剰余金の収入，各勘定間の振替による収入，借入による収入，各種引当金，準備金，積立金の取崩しによる収入，各種特定預金の取崩しによる収入などは，8,000万円を判定する場合の収入には含まれないとされています。

したがって，この場合の収入額は，一事業年度における資産の運用益，会費収入，寄附金収入，事業収入などの経常的な収入金額の合計額で判定することになります。

2 損益計算書等の記載内容

法人税法では，NPO法人や公益法人等が提出する活動計算書・収支計算書の記載内容については，活動の内容に応じておおむね措置法規則別表第10に示された科目に従って作成するとされています。8,000万円の収入額を判定する際には除外された借入金収入や繰越金収入も，収支計算書には表示されます。また，対価を得て行う事業に係る収入（事業収入）については，事業の種類ごとに，その事業内容を示す適当な名称を付した科目に従って作成することとされています。

租税特別措置法施行規則別表第10
　　公益法人等の損益計算書等に記載する科目
(1) 損益計算書に記載する科目
（収益の部）
　　基本財産運用益，特定資産運用益，受取入会金，受取会費，事業収益，受取補助金等，受取負担金，受取寄附金，雑収益，基本財産評価益・売却益，特定資産評価益・売却益，投資有価証券評価益・売却益，固定資産売却益，固定資産受贈益，当期欠損金等

(費用の部)

役員報酬，給料手当，退職給付費用，福利厚生費，会議費，旅費交通費，通信運搬費，減価償却費，消耗じゆう器備品費，消耗品費，修繕費，印刷製本費，光熱水料費，賃借料，保険料，諸謝金，租税公課，支払負担金，支払寄附金，支払利息，有価証券運用損，雑費，基本財産評価損・売却損，特定資産評価損・売却損，投資有価証券評価損・売却損，固定資産売却損，固定資産減損損失，災害損失，当期利益金等

(2) 収支計算書に記載する科目

(収入の部)

基本財産運用収入，入会金収入，会費収入，組合費収入，事業収入，補助金等収入，負担金収入，寄附金収入，雑収入，基本財産収入，固定資産売却収入，敷金・保証金戻り収入，借入金収入，前期繰越収支差額等

(支出の部)

役員報酬，給料手当，退職金，福利厚生費，会議費，旅費交通費，通信運搬費，消耗什器備品費，消耗品費，修繕費，印刷製本費，光熱水料費，賃借料，保険料，諸謝金，租税公課，負担金支出，寄附金支出，支払利息，雑費，固定資産取得支出，敷金・保証金支出，借入金返済支出，当期収支差額，次期繰越収支差額等

これらの科目は，「公益法人会計基準」の別表の科目を基に例示されています。各公益法人は，これらの科目に倣って，それぞれの活動の内容に相応しい科目を用いることになります。

なお，公益法人等が主務官庁に提出するため，それぞれの根拠法に基づいて作成している損益計算書等がある場合には，それを代用して提出することができるとされています（措規22の22）。ただし，事業収入について事業の種類ごとに区分されているもの又は明細書の添付がされているものに限られます。

また，以上の活動計算書・収支計算書には，基本的事項として次の事項を記載しなければなりません。

> イ．NPO法人や公益法人等の名称及び主たる事務所の所在地
> ロ．代表者の氏名
> ハ．事業年度の開始及び終了の日
> ニ．その他参考となるべき事項

3 提出書類記載上の留意点

収支計算書の記載内容について，留意すべき点としてはおよそ次のようなことが考えられます。

(1) 事業収入

対価を得て行う事業に係る収入については，事業の種類ごとにその事業内容を示す適当な名称を付した科目に従って作成するとされています。この「対価を得て行う事業」が，何を意味するかですが，この言い回しは，税制改正の議論の中に見ることができます。まず，政府税制調査会の平成8年11月法人課税小委員会報告に「対価を得て行う事業については，原則として課税対象とし，一定の要件に該当する事業は課税しないこととするといった見直しを行うことも考えられる」とあります。また自民党税制調査会も平成10年度の税制改正大綱で「対価を得て行う事業を原則的に収益事業とする方向で検討する等その課税のあり方について，さらに検討する」と述べています。

これらの文脈からすると，「対価を得て行う事業」とは，収益事業として法人税法施行令に掲げられている34業種の収益事業には該当しないが，本来的に収益事業としての性格を有する事業を意味していると考えられます。そしてこのような「対価を得て行う事業」を内容がわかるように表示させる趣旨は，現行の法制のまま収益事業に認定する可能性を判断するためか，それとも特掲事業を見直し追加するための資料として必要としているのか，ともかく，損益計算書等の提出を求める目的が有償事業の実態を把握することにあることは間違いないところです。

それでは，事業収入としてここに表示される事業の種類としてはどのような

ものがあるか。具体的な例としては次のものが考えられます。
　①　住宅用低廉地代収入
　　低廉な住宅用土地の貸付けで収益事業に該当しないものの地代収入。低廉の要件は，その土地の固定資産税と都市計画税の合計額の3倍以内である。収益事業として掲げられている「不動産貸付業」には該当しない。
　②　会報配布収入
　　特定の資格を有する会員に対して行う会報を配布するために行うもの及び学術，慈善等を目的とする法人が目的達成のため会員に対して行う会報配布による収入。収益事業たる「出版業」には該当しない。
　③　美術館，博物館事業収入
　　常設の美術館，博物館等において主としてその所蔵品を観覧させることによる収入。収益事業たる「興行業」「遊技所業」「遊覧所業」には該当しない。
　④　共済貸付金収入
　　組合員，会員等の拠出を原資として，組合員，会員等に対して行う低利の貸付金利息収入。収益事業たる「金銭貸付業」には該当しない。
　⑤　施設利用収入
　　法人の主たる目的の業務に関連して行われる会員等の利用に係る実費を超えない範囲の施設利用料。収益事業たる「席貸業」には該当しない。

(2)　収入支出の認識基準

　活動計算書・収支計算書の作成において収益費用や収入支出の認識を現金主義で行うか，それとも発生主義によるのかは，法令等に明らかでないためいずれも許されると考えられますが，いずれであっても継続して適用することは必要でしょう。ちなみに，公益法人会計基準では原則として発生主義をとっています。

公益法人等の損益計算書等の提出書

		※税務署処理欄	一連番号	
平成　年　月　日			整理番号	
			提出年月日	年　　月　　日
	税務署長殿		通信日付印	確認印

租税特別措置法第68条の6（公益法人等の損益計算書等の提出）の規定に基づき、別添のとおり ｛損益計算書／収支計算書｝ を提出します。

事 業 年 度	自 平成　年　月　日 至 平成　年　月　日
（フリガナ） 法　人　名	
主たる事務所の所在地	〒 電話（　　）　－
（フリガナ） 代 表 者 氏 名	

損益計算書又は収支計算書上、対価を得て行う事業に係る収入について、事業の種類ごとに区分して記載していない場合には、下の欄に記載してください（雑収入に含めている場合にも、忘れずに記載してください。）。

なお、事業の科目欄には、その事業内容を示す適当な名称を記載してください。

また、下の欄に記載しきれない場合には、適宜の用紙に記載して添付してください。

事 業 の 科 目	収 入 金 額	事 業 の 科 目	収 入 金 額
	円		円

（規格A4）

21.06 改正

第 6 章

NPO法人の消費税

　わが国でも消費税の比重がだんだん高くなってきました。消費税は，法人の種類によらず，どんな法人でもかかってくる税金です。ただし，基準期間という前々事業年度の課税売上高が1,000万円未満の法人には，消費税の納税義務が免除されています。

　事業規模のあまり大きくないNPO法人や設立されて間もないNPO法人は，消費税の申告をする必要はないのですが，気付かない間に基準期間の課税売上高が1,000万円を超えていたり，消費税がかからないと思っていた収入がかかっていたりということがありますので，消費税にいつも注意をしておくことは必要です。

第1節　消費税の基本と特徴

1　消費税の基本

(1)　消費税は取引に係る税

　消費税は取引にかかる税であって，法人税や所得税のように獲得した利益にかかる税ではありません。消費税は最終的に一般消費者が負担し，それを預かった事業者が国等に納める仕組みになっています。

　消費税は取引を課税対象とする税で，「事業者が対価を得て行う資産の譲渡等」という取引に係る税であると定められています（消法2①八，4）。事業者は，資産の譲渡を行うたびにその資産の対価とそれに係る消費税を受け取ります。しかし，事業者はその譲渡に先だって，その資産を仕入れています。仕入れに際して，事業者は仕入れの対価とそれに係る消費税を支払っています。そこで，事業者は受け取った消費税から支払った消費税を引いて残りを国に納付するというのが消費税の基本的な仕組みです。

　つまり課税対象となる取引が事業者によって行われると，そこに必ず消費税の受取や支払が生じる仕組みができています。これが消費税の制度です。

(2)　事業者とは

　事業者は，消費税を受け取ったり，消費税を支払ったりしますが，最終的にその受取額と支払額の差額を精算する形で，事業者は消費税を国に納めますが，その限りにおいては事業者が消費税を負担することはありません。このような事業者は，個人事業者と全ての法人ということになります。個人事業者は，事業を行う個人のことであり，法人は種類にかかわりなく全ての法人が含まれることになります（消法2①四）。

(3)　消費税を負担する者

　事業者が消費税を負担しないとなると，消費税を負担するのはいったい誰なのか。それは一般消費者です。一般消費者は，消費税を受け取ることはなく，消費税を支払うことだけが求められており，現実に消費税を負担しているのは

一般消費者であるにもかかわらず，消費税法には一般消費者のことは一切登場せず，事業者のことだけが消費税法には書かれています。これは一般消費者が事業者から請求された消費税を支払うだけで何もしなくていいのに対し，事業者は受け取った消費税を預かって国に納付しなければならないという納税義務があるからです（消法5）。

(4) 消費税がかかる取引

消費税がかかる取引は，「国内において事業者が行った資産の譲渡等」とされています（消法4）。つまり，取引は国内で行われたものであって，国外で行われたものはまず除かれるということです。次に，取引は事業者が行ったものであって，一般消費者が行ったものは除かれるということです。そして，取引は事業として対価を得て行われるものであって，対価性のないものは除外されるということです。

また，このような取引に該当しても消費税は非課税とすると定められている取引もあります。さらに，外国への輸出として行われる取引は免税となっています。

(5) 消費税の対象となる法人

消費税は取引に係る税ですので，課税取引を行う法人には全て課税され，法人の種類による課税非課税の区別はありません。つまり，消費税の世界では，公益法人や社会福祉法人だからといって優遇されたりすることは一切ありません。

消費税は，事業者が対価を得て行う取引に係る税として，事業者が誰であるかにかかわらず，その取引には課税されます。課税された消費税を預かって国に納付するのが，事業者としての法人の役割ということになります。この法人の役割は，法人の種類によって違いがあるということはありません（消法2①四，4①）。

ただし，小規模事業者については，消費税を預って国に納付する納税義務が免除されていますので，事業者の規模による違いは設けられているといっていいでしょう（消法9）。

(6) 消費税の計算の基本

消費税は，まず税抜きの課税売上げに消費税率の 6.3％ を掛けて，消費税額を計算します。ここから，課税仕入れに係る消費税額，値引き・返品・割り戻し等に係る消費税額，貸倒れに係る消費税額などを税額控除し，さらに中間納付税額を控除して，納付すべき消費税額を計算します。次に，納付すべき消費税額に 63 分の 17 を掛けて地方消費税額を算定し，ここからさらに中間納付額を控除して，納付すべき地方消費税額を算定します。

法人税の計算は，益金の額から損金の額を控除して課税所得の金額を計算し，これを課税標準として税率を掛けて，法人税額を計算する方法になっています。したがって，基本的には税額ベースの計算ではなく，損益ベースで控除する計算を基本としています。

これに対して，消費税は課税売上，課税仕入れのベースで計算するのでなく，それらを税額に還元してから控除する計算を基本としています。

法人税が課税所得の金額を課税標準とするのに対して，消費税が課税売上の金額を課税標準とするところにも，それぞれの計算方法の違いが表れているといえます。

2 NPO 法人などの非営利法人における消費税の特徴

(1) 非営利法人の消費税

NPO 法人などの非営利法人の消費税の特徴の一つとして，消費税の課税対象とならない会費や寄付金などの対価性のない収入が多い点が挙げられます。また，学校法人や社会福祉法人などにおいて非課税収入が多い点も特徴として挙げられます。

消費税法では，国，地方公共団体，別表第 3 に掲げる法人，別表第 3 に掲げる法人とみなす法人，人格のない社団等について，一般の事業者と同じように消費税の納税義務を課していますが，特殊な面があることを考慮していくつかの特例を適用しています（消法 60・別表 3）。

これらのうち，国，地方公共団体を除くものを，ここでは「非営利法人」と

総称することにします。

なお,消費税基本通達では,別表第3に掲げる法人及び別表第3に掲げる法人とみなす法人並びに人格のない社団等を公共法人等と呼ぶことがあります。

非営利法人はもともと会費や寄附金,補助金などを資金源として事業・活動を行い,事業・活動の対象である不特定多数の者からは対価を受け取らないというのが基本的な姿です。したがって,非営利法人では恒常的に,会費,寄附金,補助金などの対価性のない収入が生じることとなります。

この非営利法人に恒常的に生じる会費,寄附金,補助金などの収入は,消費税においては資産の譲渡等に該当しない不課税収入となります。このような不課税収入が恒常的に生じるのが,なによりも消費税における非営利法人の特徴です。

それから,非営利法人の中で学校法人が行う教育に関する役務の提供は,消費税は非課税と定められています。また,NPO法人や社会福祉法人が行う社会福祉事業も消費税は非課税となっています。つまり,非営利法人の中には主たる事業が消費税の非課税取引となっている法人があるということも,特徴の一つとして挙げられるということです。

(2) 寄附金や補助金と消費税の計算

寄附金や補助金などの対価性のない収入は不課税収入として消費税はかかりませんが,それと合わせて,対価性のない収入に対応する仕入れ消費税額は控除できない計算となります。

消費税は事業者が預かった消費税から支払った消費税を引いて差額を納付する仕組みですが,対価性のない収入には預かった消費税がなく,支払った消費税だけになって還付を受けることになります。それでは弊害が多いというので,寄附金や補助金などの収入にもそれを充当して仕入れを行う場合の消費税相当分が含まれているとみて,それに対応する支払消費税は,実際の受取消費税から控除できない仕組みとなっています。

(3) 別表第3の法人の特徴

NPO法人をはじめ,公益法人,一般社団・財団法人,宗教法人,社会福祉

法人，学校法人などの，いわゆる非営利法人は，消費税法別表第3の法人に属しますが，このような法人は，会費や寄附金，補助金などの対価性のない収入が恒常的に生ずる法人と考えられています。

対価性のない収入が恒常的に生ずる法人では，一般の営利法人などと同じような取扱いをすると，受取消費税よりも支払消費税が多くなり，国からの消費税の還付が恒常的に生じます。しかし，会費や寄附金，補助金などにも，支払消費税に充てられる分が含まれていると考えられるので，これらに対応する支払消費税額は実際の受取消費税から控除できないようにするという特例を設けています（消法60・別表3）。

このような特例の対象となるのが，国や地方公共団体，別表第3に掲げる法人又は人格のない社団等として定められています。

(4) 税込方式が多い理由

消費税の会計処理には，消費税額を課税売上げ及び課税仕入れのそれぞれの科目の中に含めて処理する税込方式と，消費税額を課税売上げ及び課税仕入れのそれぞれの本体価格と区分して仮受消費税と仮払消費税として処理する税抜き方式の二つがあります。

処理としては税込方式の方が簡単で負担がかかりませんが，納付すべき消費税額が最後の最後までわからないという欠点があります。それに対して，税抜き方式は仮受消費税と仮払消費税の差額が納付すべき税額の目安になるというメリットがあります。

しかし，NPO法人などの非営利法人の場合には，税抜き方式で処理をしたとしても，特定収入が多いと仮受消費税と仮払消費税の差額が納付すべき税額の目安となりません。そうなると，税抜き方式は処理が面倒なだけで，あまり役に立たないということになってしまいます。そこで，非営利法人は税込方式を採用する法人が多くなるわけです。

第2節　消費税の課税対象と課税範囲

1　消費税の課税対象

　消費税において，取引はまず「課税対象」となるか「課税対象外」となるかで区分され，次に課税対象となるものの中で，「免税取引」となるものや「非課税取引」となるものが区分されます。

　消費税の課税対象には，2種類の取引があります。一つは，日本国内で事業者が行う対価性のある取引であり，正確には「国内において事業者が行う資産の譲渡等」とされています。二つ目は，輸入取引です。

(1)　国内取引

　国内において事業者が行う資産の譲渡等とは，国内において事業者が事業として対価を得て行う資産の譲渡のほかに，資産の貸付けや，役務の提供が含まれます（消法4①）。ただし，資産の譲渡等であっても，非課税取引や輸出取引等に該当するものは消費税が課税されません（消法6）。

(2)　輸入取引

　保税地域から引き取られる外国貨物が消費税の課税対象となります。ただし，輸入取引であっても，次に掲げる外国貨物は非課税取引に該当するものとして消費税が課税されません（消法6・別表2）。

① 　有価証券等
② 　郵便切手等
③ 　印紙
④ 　証紙
⑤ 　物品切手等
⑥ 　身体障害者用物品
⑦ 　教科用図書

2　資産の譲渡等

　資産の譲渡等は，資産の譲渡，資産の貸付け，役務の提供から成っていますが，このうち資産の譲渡は資産を他人に移転させることをいいますが，資産の交換や債務保証を履行するための譲渡も，資産の譲渡に当たります。

(1)　資産の譲渡

　資産の譲渡とは，資産の同一性を保持しながら，他人に移転させることをいうとされています（消法2①八，消基通5-2-1）。したがって，商品，製品等の棚卸資産の譲渡，土地，建物，機械装置，什器備品等の有形固定資産の譲渡，ソフトウェア，工業所有権等の無形固定資産の譲渡，有価証券の譲渡などが，資産の譲渡に該当します。

　ただし，次のようなものも資産の譲渡になります。

①　資産の交換等（消法2①八，消令45②四）

　資産の交換は，資産の譲渡に該当します。

　また，資産の譲渡は原因を問わないので，他の者の債務保証の履行のために行う資産の譲渡や，強制換価手続により換価された場合の資産の譲渡も，事業として対価を得て行われる資産の譲渡に該当します。

②　みなし譲渡（消法4④）

　個人事業者が，棚卸資産やそれ以外の資産で事業の用に供していたものを家事のために消費し，又は使用した場合のその消費や使用は，資産の譲渡とみなされます。

　また，法人がその資産を役員に贈与した場合のその贈与も，資産の譲渡とみなされます。

③　資産の譲渡等に該当しないもの

　資産の譲渡等に該当するのは対価性のある取引ですので，保険金や損害賠償金の受取などのように対価性のない取引は資産の譲渡等に該当しません。

　次のものは，対価性がありませんので，資産の譲渡等に該当しないとされています（消令2①）。

イ　会報，機関紙（誌）の発行（消基通5-2-3）
ロ　保険金や共済金等（消基通5-2-4）
ハ　損害賠償金（消基通5-2-5）
ニ　容器保証金（消基通5-2-6）
ホ　建物賃貸借契約の解除等に伴う立退料（消基通5-2-7）
ヘ　剰余金若しくは利益の配当等（消基通5-2-8）
ト　自己株式（消基通5-2-9）
チ　対価補償金等（消基通5-2-10）
リ　譲渡担保等（消基通5-2-11）
ヌ　自社使用等（消基通5-2-12）
ル　資産の廃棄，盗難，滅失（消基通5-2-13）
ヲ　寄附金，祝金，見舞金等（消基通5-2-14）
ワ　補助金，奨励金，助成金等（消基通5-2-15）
カ　下請け先に対する原材料等の支給（消基通5-2-16）

(2) **資産の貸付け**

　資産の貸付けは，他の者に資産を使用させる一切の行為をいいますが，これには特許権や著作権など資産に係る権利の設定を含むことになっています。

　資産の貸付けや権利の設定は次のものが該当しますが，ただしこれらのものであっても非課税取引に該当するものや輸出免税取引に該当するものは，消費税が課税されません（消法2②）。

① 資産の貸付け

　資産の貸付けには，不動産の貸付け，機械設備等の貸付け，物品の貸付け，金銭の貸付け等の他，次のものも該当します（消基通5-4-2）。

　i　工業所有権等（特許権等の工業所有権並びにこれらの権利に係る出願権及び実施権をいう）の使用，提供又は伝授

　ii　著作物の複製，上演，放送，展示，上映，翻訳，編曲，脚色，映画化その他著作物を利用させる行為

　iii　工業所有権等の目的になっていないが，生産その他業務に関し繰り返

し使用し得るまでに形成された創作（特別の原料，処方，機械，器具，工程によるなど独自の考案又は方法についての方式，これに準ずる秘けつ，秘伝その他特別に技術的価値を有する知識及び意匠等をいう）の使用，提供又は伝授

② 権利の設定

資産に係る権利の設定とは，土地に係る地上権若しくは地役権，特許権等の工業所有権に係る実施権若しくは使用権又は著作物に係る出版権の設定をいいます（消基通5-4-1）。

③無償貸付け

事業者が資産の貸付けを行った場合において，対価を収受しないこととしているときは，事業者の家族や役員であっても，消費税の課税対象には該当しません（消基通5-4-5）。

(3) 役務の提供

役務の提供は，対価を得てサービスを提供しているものは，全てこれに該当します。

① 役務の提供

役務の提供とは，たとえば，土木工事，修繕，運送，保管，印刷，広告，仲介，興行，宿泊，飲食，技術援助，情報の提供，便益，出演，著述その他のサービス提供することをいい，弁護士，公認会計士，税理士，作家，スポーツ選手，映画監督，棋士等によるその専門的知識，技能等に基づく役務の提供もこれに含まれるとされています（消基通5-5-1）。

② 解約手数料，払戻手数料

キャンセル料，解約損害金等などの損害賠償金は，資産の譲渡等の対価に該当しませんが，解約手数料，取消手数料，払戻手数料など，解約等の請求に応じて行われる役務の提供は資産の譲渡等に該当します（消基通5-5-2）。

③ 会費，組合費等

同業者団体，組合等が受け取る会費，組合費等は，その同業者団体，組合等がその構成員に対して行う役務の提供との間に明白な対価関係がある

かどうかによって判定しますが，判定が困難な会費，組合費等について，同業者団体，組合等が不課税とし，会費を支払う事業者が課税仕入れに該当しないものとしている場合には，認められます。ただし，同業者団体，組合等はその旨を構成員に通知するものとされています。

　同業者団体，組合等が受け取る会費，組合費等のうち通常会費は，資産の譲渡等に該当しません。名目が会費等であっても，実質が購読料，入場料，受講料，利用料等と認められるときは，資産の譲渡等の対価に該当します（消基通5-5-3）。

④　入会金

　同業者団体，組合等が受け取る入会金は，その同業者団体，組合等がその構成員に対して行う役務の提供との間に明白な対価関係があるかどうかによって判定しますが，判定が困難な入会金について，同業者団体，組合等が不課税とし，会費を支払う事業者が課税仕入れに該当しないものとしている場合には，認められます。ただし，同業者団体，組合等はその旨を構成員に通知するものとされています（消基通5-5-4）。

⑤　ゴルフクラブ等の入会金

　ゴルフクラブ，宿泊施設その他レジャー施設の利用又は一定の割引率で商品等を販売するなど会員に対する役務の提供を目的とする事業者が会員等の資格を付与することと引き換えに収受する入会金は，資産の譲渡等の対価に該当するとしています（消基通5-5-5）。

⑥　公共施設の負担金等

　特定の事業を実施する者がその事業への参加者又はその事業に係る受益者から受ける負担金，賦課金等については，その事業の実施に伴う役務の提供との間に明白な対価関係があるかどうかによって資産の譲渡等の対価であるかどうかを判定しますが，たとえば，その判定が困難な国若しくは地方公共団体の有する公共的施設又は同業者団体等の有する共同的施設の設置又は改良のための負担金について，国，地方公共団体又は同業者団体等が資産の譲渡等の対価に該当しないものとし，かつ，その負担金を支払

う事業者がその支払を課税仕入れに該当しないものとしている場合には認めることとされています。その場合には，国，地方公共団体又は同業者団体等は，その旨をその構成員に通知するものとされています。

公共的施設の負担金等であっても，たとえば，専用側線利用権，電気ガス供給施設利用権，水道施設利用権，電気通信施設利用権等の権利の設定に係る対価と認められる場合は，資産の譲渡等の対価に該当します（消基通5-5-6）。

⑦　共同行事に係る負担金等

同業者団体等の構成員が共同して行う宣伝，販売促進，会議等の共同行事に要した費用を賄うために主宰者が参加者から収受する負担金，賦課金等については，主宰者において資産の譲渡等の対価に該当します（消基通5-5-7）。

ただし，その費用の全額について参加者ごとの負担割合があらかじめ定められている場合で，各参加者ごとに共同行事を実施したものとして，負担金等につき仮勘定として経理したときは，これを認めることとされています。その中に課税仕入れに該当するものがあるときは，各参加者が課税仕入れとして処理するものとされています。

⑧　賞金等等

他の者から賞金等（賞金又は賞品）を受けた場合，その賞金等が課税対象となるかどうかは，その賞金等と対象になった行為等との関連性の程度により個々に判定することとされていますが，次のいずれかの場合は課税対象となります（消基通5-5-8）。

ⅰ　受賞者が，受賞の対象となる行為を業とするものであること

ⅱ　賞金等が出ることになっている催物に参加して，受賞したものであること

ⅲ　給与負担金

出向先事業者が出向元事業者に給与負担金を支出したときは，出向者に値する給与として取り扱われます。これは，給与負担金を経営指導料等の

名義で支出する場合にも適用されます（消基通5-5-10）。
　⑨　労働者派遣料
　　労働者の派遣を行った事業者が，他の者から収受する派遣料等は課税対象となります。なお，労働者の派遣とは，自己の雇用する労働者を，その雇用関係の下に，他の者の指揮命令を受けて，その他の者のために労働に従事させるもので，その他のものとその労働者との間に雇用関係のない場合をいうとされています（消基通5-5-11）。

3　事業者が行う取引

　消費税が課税されるのは事業者が行った取引とされていますが，消費税法では，事業者は個人事業者及び法人をいうとされ，個人事業者は事業を行う個人をいうとされています。

　消費税法において，事業者とは自己の計算において独立して事業を行うものをいいます（消法2①四，消基通1-1-1）。個人が雇用契約やこれに準ずる契約に基づいて他の者に従属し，かつ，その他の者の計算により行われる事業に役務を提供する場合は，事業に該当しないとされています。

　ですから，出来高払いの給与を対価とする役務の提供は事業に該当しませんが，請負による報酬を対価とする役務の提供は事業に該当します。支払を受けた役務の提供の対価が出来高払いの給与であるか，請負による報酬であるかの区分は，雇用契約又はこれに準ずる契約に基づく対価であるかどうかによります。

　この場合に区分が明らかでないときは，たとえば次の三つのことを総合勘案して判定するものとされています。
　①　その契約に係る役務の提供の内容が他人の代替を容れるかどうか
　②　役務の提供に当たり事業者の指揮監督を受けるかどうか
　③　まだ引渡しをしていない完成品が不可抗力のために滅失した場合等においても，当該個人が権利として既に提供した役務に係る報酬の請求をなすことができるかどうか

④　役務の提供に係る材料又は用具等と供与されているかどうか

4　国内取引

　消費税の課税対象となる国内取引に該当するかどうかは，資産の譲渡・貸付けについては，原則として，譲渡・貸付けが行われたときに資産が所在していた場所を基準として判定を行うこととされています。また，役務の提供については，原則として，役務の提供が行われた場所を基準として判定することとされています。

　資産の譲渡又は貸付けについては，譲渡又は貸付けが行われたときにその資産が所在していた場所が国内かどうかで判定しますが，船舶・航空機・無体財産権等，一定の資産については，資産の譲渡又は貸付けが行われたときその登録機関等が所在していた場所が国内かどうかで判定することとされています（消法4③一，消令6①）。

　また，役務の提供については，役務の提供が行われた場所が国内かどうかで判定しますが，役務の提供が運輸・通信等，国内及び国外にわたって行われるものである場合には，出発地・発送地又は到着地（国債運輸の場合），差出地又は配達地（国際郵便の場合）等の場所が国内かどうかで判定することとされています（消法4③二，消令6②）。

第3節　消費税の非課税

1　消費税の非課税

　消費税の非課税取引は，課税対象外取引と異なり，課税対象取引の中で特に非課税として定められたものです。

　国内取引に係る非課税として定められているものは，大きく次の2種類に分かれています（消法6①，別表1）。

(1) **消費税の性格から課税取引とすることになじまないもの**
① 土地の譲渡及び貸付け
② 有価証券，支払手段等の譲渡
③ 貸付金や預金の利子，保険料等
④ 郵便切手類，印紙，証紙の譲渡
⑤ 国，地方公共団体等が法令に基づき徴収する手数料等に係る役務の提供
⑥ 国際郵便為替，国際郵便振替及び外国為替業務に係る役務の提供

(2) **社会政策的な配慮に基づき非課税とされているもの**
① 公的な医療保険制度に基づいて行われる医療の給付等
② 介護保険法の規定に基づく居宅介護サービス費の支給に係る居宅介護サービス及び施設介護サービス費の支給に係る施設介護サービス
③ 社会福祉事業及び更生保護事業として行われる資産の譲渡等
④ 助産に係る資産の譲渡等
⑤ 埋葬・火葬に係る役務の提供
⑥ 身体障害者用物品の譲渡，貸付け等
⑦ 学校教育法に規定する学校，専修学校，各種学校等の授業料や入学金等
⑧ 教科用図書の譲渡
⑨ 住宅の貸付け

なお，輸入される貨物についても，上記の国内取引に係る非課税に準じて，有価証券等，郵便切手類，印紙，証紙，物品切手等，身体障害者用物品，教科用図書が非課税とされています。

2 消費税の非課税に係る課税関係

消費税の非課税取引は，資産の譲渡等をした側で課税売上にならず，相手側では課税仕入れになりません。また，仕入控除税額を算定する場合の課税売上割合の計算に影響します。

課税仕入れとは，「事業者が，事業として他の者から資産を譲り受け，若しくは借り受け，又は役務の提供（給与等を対価とする役務の提供を除く）を受ける

ことをいう」(消法2①十二) とされていますから,消費税の非課税取引は相手側にとっては課税仕入れとなりません。

また,消費税の非課税取引は,課税売上高が5億円を超えるとき,又は課税売上割合が95％未満の場合には,それに対応する課税仕入れに係る消費税は仕入れ税額控除の対象とならず,事業者が最終消費者として自ら負担しなければならない消費税となります(消法30①)。

消費税の不課税取引も,課税売上にならず,相手側でも課税仕入れにならない点は,非課税取引を行った場合と同じですが,会社などの一般の法人では,これに対応する課税仕入れに係る消費税が仕入れ税額控除の対象とならないことはありません。

ただし,NPO法人などの非営利法人においては不課税取引の中で特定収入の割合が5％以上ある場合には,それに対応する課税仕入れに係る消費税は仕入れ税額控除の対象とならず,事業者が最終消費者として自ら負担しなければならない消費税となります。

第4節　消費税の課税期間と課税標準

1　消費税の課税期間

消費税の計算を行う場合の計算の基礎となる期間の区切りを課税期間といいますが,その法人の事業年度の期間が,消費税の課税期間となります。消費税の課税期間に関して,非営利法人に特有の取扱いといったものはなく,どのような法人であっても同じ取扱いになります。

(1)　法人の課税期間

課税期間とは,国税に関する法律の規定により国税の課税標準の計算の基礎となる期間をいうとされています(通則法2九)。つまり,消費税を計算する場合の区切りとなる期間です。法人の課税期間は,その法人の事業年度とされています(消法19①二)。この場合の事業年度は,法人税法に規定する事業年度を

いうことになっていますので，法人税のみなし事業年度も消費税の課税期間となります（消法2①十三）。

(2) 新たに設立された法人の課税期間

新たに設立された法人の最初の課税期間の開始の日は，法人の設立の日とされ，この場合の設立の日とは，①設立の登記により設立する法人にあっては設立登記をした日，②行政官庁の認可又は許可により成立する法人にあっては，その認可又は許可の日，とされています（消基通3-2-1）。

(3) 組織変更があった場合の課税期間

法人が会社法その他の法令の規定によりその組織又は種類の変更をして，他の組織又は種類の法人となった場合には，組織変更等前の法人の解散の登記，組織変更等後の法人の設立の登記にかかわらず，その法人の課税期間は，その組織変更等によって区分されずに継続するとされています（消基通3-2-2）。

(4) 人格のない社団等

人格のない社団等が課税期間の中途においてその事業を行わないこととしてその有する財産の全部を分配した場合には，その人格のない社団等については，その分配をした日に解散し，残余財産の確定があったものとし，分配をした日がその分配をした日を含む課税期間の末日とするとされています（消基通3-2-6）。

2 課税期間の短縮

事業年度を1年とする公益社団法人において，法人が届出をすることにより消費税の課税期間を短縮することができます。

(1) 課税期間の特例

課税期間については，所轄税務署長に対して，「消費税課税期間特例選択・変更届出書」を提出することにより，短縮することができる特例が設けられています（消法19①四，四の二）。

　① 3か月の特例

　　その事業年度をその開始の日以後3か月ごとに区分した各期間を課税期

間とすることができる。
② 1か月の特例
　その事業年度をその開始の日以後1か月ごとに区分した各期間を課税期間とすることができる。
(2) **届出の効力**
　この課税期間特例の届出の効力は，その届出書の提出があった日の属する課税期間の翌課税期間の初日以後に生ずることになるので，届出は短縮を望む課税期間の開始の日の前日までに所轄税務署長に提出する必要があるが，この届出書を提出した事業者は，事業を廃止した場合を除いて，提出日以後2年間は原則的課税期間に戻ることはできないことに注意しなければなりません（消法19⑤）。

3　資産の譲渡等の時期

　消費税は取引に対してかかる税ですから，その取引が行われたときに消費税の課税，すなわち消費税の納税義務が成立したことになります。
(1) **資産の譲渡等の時期の原則**
　消費税の納税義務の成立時期は，国内取引については課税資産の譲渡等を行った時期であり，輸入取引については保税地域からの外国貨物の引取りのときとなります（通則法15②）。
　この「資産の譲渡等を行った時期」は，原則として，次のようになっています。
　① 　資産の譲渡，については引渡しのあった日
　② 　資産の貸付けについては，使用料等の支払を受けるべき日
　③ 　役務の提供については，目的物の全部を完成して引渡した日又は役務の提供の全部を完了した日
(2) **資産の譲渡等の時期の特例**
　資産の譲渡等の時期の特例が設けられているのは，次の場合です。
　① 　長期割賦販売等に係る資産の譲渡等の時期の特例

② 長期大規模工事の請負に係る資産の譲渡等の時期の特例
③ 長期大規模工事以外の工事の請負に係る資産の譲渡等の時期の特例

(3) 譲渡等の時期に関する非営利法人の特例

　国又は地方公共団体は資産の譲渡等，課税仕入れ等を会計年度末日に行われたものとすることができますが（消法60②，消令73），非営利法人（消費税法別表第3に掲げる法人）のうち，所轄税務署長の承認を受けたものについても，同じ取扱いを受けることができることになっています（消法60③，消令74①，②）。

　非営利法人（消費税法別表第3に掲げる法人）のうち，法令又は定款等（定款，寄附行為，規則，規約）に定める会計処理の方法が，国又は地方公共団体の会計の処理の方法に準ずるもので，この特例の適用を受けることにつき所轄税務署長の承認を受けたものについては，国又は地方公共団体の場合と同様，資産の譲渡等の時期について特例が適用されます。

　すなわち，資産の譲渡等の時期について所轄税務署長の承認を受けた法人が行った資産の譲渡等，課税仕入れ及び課税貨物の保税地域からの引取りについては，その法人の会計の処理に関する法令又は定款等の定めるところにより，その課税資産の譲渡等の対価を収受すべき課税期間並びに課税仕入れ及び課税貨物の保税地域からの引取りの費用の支払をすべき課税期間の末日において行われたものとすることができます（消法60③，消令74①，②）。

　なお，この特例の適用を受けようとする法人は，その法令又は定款の定める会計の処理の方法その他所定の事項を記載した申請書（様式通第29号様式）を所轄税務署長に提出する必要があります（消令74③，消規28①）。

第5節　消費税の税額控除等

1　消費税の納税義務者

(1)　納税義務者

　消費税の納税義務者は，国内取引についての納税義務者と輸入取引について

の納税義務者が定められています。国内取引についての納税義務者は，国内において課税資産の譲渡等を行った者です（消法5①）。輸入取引についての納税義務者は，課税貨物を保税地域から引き取った者となります（消法5②）。

なお，国，地方公共団体，公共法人，公益法人，人格のない社団等のほか，非居住者及び外国法人であっても，国内における課税資産の譲渡や課税貨物の引取りを行う限り，消費税の納税義務者になります。

(2) 小規模事業者の免税点制度

設立したばかりのNPO法人のように，その課税期間の基準期間における課税売上高が1,000万円以下の事業者は，その課税期間に国内で行った課税資産の譲渡等について納税義務が免除されることになっています。

① 免除の判定基準

納税義務が免除されるかどうかの判定基準は，「基準期間における課税売上高」が1,000万円以下かどうかであって，その課税期間の売上高が1,000万円以下かどうかではないという点に注意する必要があります。

したがって，その課税期間の課税売上高が1,000万円を超えていても，基準期間の課税売上高が1,000万円以下であれば納税義務が免除される一方で，その課税期間の課税売上高がいくら1,000万円以下であっても，基準期間の課税売上高が1,000万円を超えていれば，免除にはならないということです。

もっとも，基準期間の課税売上高が1,000万円を超えているために納税義務が免除にならない場合でも，その課税期間において，国内での課税資産の譲渡等がなく，かつ，納付すべき税額もないときは，確定申告書を提出する必要もないとされています（消法45①ただし書）。

② 基準期間

納税義務免除の判定の基となる基準期間は，個人事業者についてはその年の前々年であり，法人についてはその事業年度の前々事業年度となります。その前々事業年度が1年未満である法人については，その事業年度開始の日の2年前の日の前日から同日以後1年を経過する日までの間に開始

した各事業年度を合わせた期間となります（消法2①十四）。

③ 基準期間における課税売上高

基準期間における課税売上高は，基準期間中に国内において行った課税資産の譲渡等の対価の額（税抜き）の合計額から売上に係る対価の返還等の額（税抜き）の合計額を控除した残額となります（消法9②一，28①）。

売上に係る対価の返還等の額とは，売り上げた商品の返品を受けたり，売上の値引きをしたり，割り戻しをしたりして，実質的に売上を減らした額のことをいいます。

結局，基準期間における課税売上高は，税抜きの純売上高のことになります。

なお，基準期間が1年である法人は，基準期間における税抜きの純売上高となりますが，基準期間が1年でない法人の場合は，12か月分に換算して判定する必要が出てきます。すなわち，次のような計算をして算出します。

　　（基準期間の税抜きの純売上高）×12÷（基準期間に含まれる事業年度の月数）

④ 免税点制度の特例

基準期間の課税売上高が1,000万円以下であっても，法人のその事業年度の前事業年度の上半期の課税売上高又は給与等支払総額が1,000万円を超える場合には，この免税点制度は適用されないことになっています（消法9の2）。すなわち，納税義務を負うこととなります。

この基準となる期間を特定期間と呼び，その事業年度の前事業年度がある法人のその前事業年度開始の日以後6月の期間とされています。特定期間が，7月以下の短期事業年度の場合には，その事業年度の前々事業年度開始の日以後6月の期間となります。

なお，課税売上高又は給与等支払総額となっているのは，特定期間中に支払った所得税法に規定する支払明細書に記載すべき給与等の金額に相当するものの合計額をもって，特定期間における課税売上高とすることがで

きるとされているためです。

2 税額控除等

(1) 消費税の税額控除等

　消費税は，その課税期間の課税売上高である課税標準に係る消費税額をまず計算し，そこから税額控除の対象となる消費税額を控除して納付税額を計算します。

　控除の対象となる消費税額は，①課税仕入れに係る消費税額，②売上に係る対価の返還等をした場合の消費税額，③貸倒れに係る消費税額の三つのものから成っています。

　消費税の税額控除は，課税仕入れについては課税仕入れをした課税期間に控除し，売上に係る対価の返還等をした場合はその対価の返還等をした課税期間に控除し，さらに貸倒れに係る消費税額については貸倒れが生じて領収できなくなった課税期間に控除することとされています。

(2) 仕入税額控除

　消費税の計算は，その課税期間の税抜きの課税売上高に6.3％を掛けた消費税額から，その課税期間の課税仕入れに係る消費税額を控除して行います。このように控除することを，仕入税額控除といっています。

　① 仕入税額控除の意義

　　課税事業者が，国内において課税仕入れを行った場合又は保税地域から課税貨物を引き取った場合には，その課税仕入れを行った日又は課税貨物を引き取った日の属する課税期間の課税標準額に対する消費税額から，その課税期間中に行った課税仕入れに係る消費税額及び引き取った課税貨物につき課された又は課されるべき消費税額の合計額を控除することとされています（消法30①，消令46）。

　　なお，国内において行った課税仕入れに対する消費税額は，具体的にはその課税仕入れに係る対価の額に108分の6.3を乗じて算出した金額となります。

② 仕入税額控除の対象

仕入税額控除の対象は，その課税期間中に国内において行った課税仕入れに係る消費税額及びその課税期間における保税地域からの引取りに係る課税貨物につき課された又は課されるべき消費税額の合計額になります（消法30①）。

なお，国外において行う資産の譲渡等のための課税仕入れがある場合は，その課税仕入れ等についても仕入税額控除の対象となります（消基通11-2-13）。

③ 仕入税額控除の対象にならない仕入税額の負担

消費税がかかっている仕入れの中に，仕入税額控除の対象にならない消費税額があるとすると，その分の消費税額は支払った法人が負担することとなります。

(3) **課税仕入れ**

消費税は，事業者が受取消費税と支払消費税の差額を納付したり，還付を受けたりする仕組みになっていますが，この場合の受取消費税の基になる売上を課税売上というのに対して，支払消費税の基になる仕入れを課税仕入れといっています。

① 課税仕入れの意義

課税仕入れとは，事業者が，事業として他の者から資産を譲り受け，若しくは借り受け，又は役務の提供を受けることをいう，と定められています。これは，事業の相手方が事業としてその資産を譲り渡し，若しくは貸し付け，又は役務の提供をしたとした場合に，課税資産の譲渡等に該当することになるもので，輸出免税等の規定により消費税が免除されるもの以外のものに限られます（消法2十二）。

事業者が代金を支払って提供を受ける商品や役務などの全てが消費税の課税対象となるわけではありません。その中で，消費税の課税対象となるものを消費税法では課税仕入れと呼んでいます。つまり，消費税がかかる仕入れということです。

しかし，給与等の人件費を支払って提供を受ける従業員や役員などの労力の提供を受けることは，この課税仕入れから除かれています。また，取引の相手方で課税取引とならない不課税取引や非課税取引，免税取引になるものは，課税仕入れとはなりません。

② 課税仕入れの相手方の範囲

課税仕入れの相手方である「他の者」には，課税事業者及び免税事業者のほか消費者が含まれます（消基通11-1-3）。つまり，課税仕入れの相手方は課税事業者だけではありません。

(4) 課税仕入れにならないもの

給与等の支払の対象になるもの，国内取引にならないもの，対価性のないもの，非課税取引となるもの，輸出免税の適用を受けるものなどが，課税仕入れになりません。

事業者が，事業として他の者から譲り受ける資産，若しくは借り受ける資産，又は提供を受ける役務であっても，課税仕入れにならないものがあります。

まず，提供を受ける役務のうち，給与等の支払の対象となるものは，課税仕入れになりません。つまり，給与，賃金や賞与，退職金，年金などは課税仕入れにならないということです。

なぜでしょうか。これには消費税制度の最大のカギが隠されています。もし給与等を課税仕入れとすると，事業者は受取消費税から支払消費税をほとんど控除できることになり，消費税の納付はほとんどなくなります。そうなると，国は代わりに給与所得者から消費税を徴収しなければならなくなります。それは莫大な徴税コストがかかることになりますから，国は給与等を課税仕入れにしないことによって，事業者に納税させる仕組みを作っているということなのです。

したがって，従業員の給料，賃金，賞与，退職金，年金，役員報酬，法定福利費などの人件費は課税仕入れになりません。

次に，課税仕入れとならないのは，対価性のない取引です。取引の相手方が不課税取引とするようなものは課税仕入れとなりません。たとえば，慶弔費，

寄附金，支払配当，租税公課などは課税仕入れになりません。

それから，取引の相手方が非課税取引とするようなものも課税仕入れとなりません。たとえば，土地や有価証券の購入費，支払地代，支払利息，割引料，支払保険料，商品券，ビール券，プリペイドカードなどの購入費などは課税仕入れとなりません。

また，海外出張費の支払も，国外取引又は免税取引として課税仕入れとなりません。

3　仕入税額控除の計算
(1)　仕入税額控除の計算

仕入税額控除の計算は，全額が控除できる場合と，全額が控除できない場合の二とおりに分かれます。

①　全額が控除できる場合

　全額が控除できるのは，ⅰ課税資産の譲渡等のみを行っている事業者，ⅱその課税期間の課税売上高が5億円未満で，かつ，課税売上割合が95％以上の事業者となります（消法30）。

②　全額が控除できない場合

　全額が控除できないのは，ⅰその課税期間の課税売上高が5億円以上の事業者，ⅱ課税売上割合が95％未満の事業者となります（消法30）。

　全額が控除できない場合は，個別対応方式と一括比例配分方式のいずれかの方法によって，仕入控除税額の計算をすることになります。

(2)　課税売上割合

課税売上割合は次の算式によって計算します。

$$課税売上割合 = \frac{課税売上高（税抜き）＋免税売上高}{課税売上高（税抜き）＋免税売上高＋非課税売上高}$$

課税売上割合とは，事業者その課税期間中に国内において行った資産の譲渡等の対価の額の合計額のうちにその事業者がその課税期間中の国内において行

った課税資産の譲渡等の対価の額の占める割合をいいます。

　この場合，資産の譲渡等の対価の額及び課税資産の譲渡等の対価の額は，いずれも消費税額及び地方消費税額に相当する額を含まない金額であり，また，それぞれに売上に係る対価の返還等の金額（輸出取引に係る対価の返還等の金額を含みます）を控除した金額によります（消法30⑥，消令48①，消基通11-5-5）。非課税売上高は，有価証券を譲渡した場合は，有価証券の譲渡対価に5％を乗じた金額となります。

　課税売上割合については，原則として，端数処理は行いませんが，事業者がその生じた端数を切り捨てているときは，認められることになっています（消基通11-5-6）。

　分母の「資産の譲渡等の対価の額」及び分子の「課税資産の譲渡等の対価の額」とは，いずれも国内において行う取引に係る資産の譲渡等の対価の額をいうのであって，輸出取引に係る対価の額は含まれますが，国外において行う取引に係る対価の額は含まれません（消基通11-5-4）。

　また，課税資産の譲渡等に係る輸出取引とみなされる非課税資産の輸出を行った場合又は国外における資産の譲渡等若しくは自己の使用のため，資産を輸出した場合には，課税売上割合の計算上，資産の譲渡等の対価の額及び課税資産の譲渡等の対価の額には，これらの輸出額に相当する額も含みます（消法31，消令51②③）。

　なお，課税売上割合の計算にあたって，その課税期間中に課税資産の輸出取引に係る対価の返還等を行った場合には，その対価の返還等の金額は，課税売上割合の計算上，「資産の譲渡等の対価の額の合計額」及び「課税資産の譲渡等の対価の額の合計額」から控除することになります（消基通11-5-5）。

　免税事業者であった課税期間において行った課税資産の譲渡等につき課税事業者となった課税期間において売上に係る対価の返還等を行った場合であっても，当該売上に係る対価の返還等の金額については，課税売上割合の計算上，「資産の譲渡等の対価の額」及び「課税資産の譲渡等の対価の額」から控除することになります。

なお，その売上に係る対価の返還等の金額には，消費税額等はないことからその対価の返還等の金額の全額を控除することとなります（消基通11-5-2）。

4　簡易課税制度

基準期間における課税売上高が5,000万円以下で，その課税期間について簡易課税制度の適用を受ける旨の消費税簡易課税制度選択届出書を提出していれば適用されます。

消費税の計算は，課税売上に対する消費税額から，課税仕入れに係る消費税額を控除して行います。この控除の対象となる仕入控除税額は，実際の課税仕入れ等の税額によるのが原則ですが，基準期間の課税売上高が5,000万円以下の中小事業者については，選択によって，課税仕入れ等の税額を実額によることなく，みなし仕入れ率によって計算する簡易課税制度の適用を認めています（消法37①）。これは，中小事業者の事務負担を軽減する目的によるものです。

仕入控除税額＝（課税標準額に対する消費税額－売上げに係る対価の返還等の金額に係る消費税額）×みなし仕入れ率

簡易課税制度のみなし仕入れ率は，第1種事業の90％から第5種事業の50％まで五つの区分があります。

みなし仕入れ率は，平成27年4月1日以後に開始する事業年度から，次の6区分とされています（消令57）。

事業区分	みなし仕入れ率	事業	事業の概要
第1種事業	90％	卸売業	他の者から購入した商品をその性質及び形状を変更しないで他の事業者に対して販売する事業（商品の購入は事業者からの購入に限りません）
第2種事業	80％	小売業	他の者から購入した商品をその性質及び形状を変更しないで販売する事業で第1種事業以外のもの（製造小売業を除きます）

第3種事業	70%	農業，林業，漁業，鉱業，建設業，製造業（製造小売業を含みます），電気業，ガス業，熱供給業及び水道業	第1種事業又は第2種事業に該当するもの及び加工賃その他これに類する料金を対価とする役務の提供を行う事業を除きます。また，第3種事業の判定はおおむね日本標準産業分類（総務省）の大分類に掲げる分類を基礎として行います。
第4種事業	60%	第1種から第3種事業及び第5種事業並びに第6業種以外の事業	たとえば，飲食サービス業等に該当することになります。なお，第3種から除かれる加工賃その他これに類する料金を対価とする役務の提供を行う事業も第4種事業に該当します。
第5種事業	50%	運輸通信業，金融業及び保険業，サービス業（飲食店業に該当するものを除きます）	第1種事業，第2種事業又は第3種事業に該当するものを除きます。また，第5種事業の判定はおおむね日本標準産業分類（総務省）の大分類に掲げる分類を基礎として行います。この場合において，運輸通信業，金融業及び保険業，サービス業とは，日本標準産業分類の大分類に掲げる情報通信業，運輸業，郵便業，金融業及び保険業，物品賃貸業，学術研究，専門・技術サービス業，宿泊業，飲食サービス業（飲食サービス業に該当するものを除きます），生活関連サービス業，娯楽業，教育・学習支援業，医療・福祉，複合サービス事業及びサービス業をいいます。
第6種事業	40%	不動産業	前各号に掲げる事業に該当するものを除きます。

5 売上に係る対価の返還等をした場合の税額控除

　NPO法人において，商品の返品を受け，又は値引き若しくは割戻しをした場合は課税売上に対する消費税額から，返品等の金額に係る消費税額を控除します。

　課税事業者が課税資産の譲渡等につき，返品を受け，又は値引き若しくは割戻しをしたことにより，その課税資産の譲渡等の税込対価の額の全部若しくは

一部の返還又は売掛金その他の債権の額の全部も若しくは一部の減額（売上に係る対価の返還等といいます）をした場合には，その返還等をした日の属する課税期間の課税標準額に対する消費税額から返還等の金額に係る消費税額の合計額を控除します（消法38①）。

なお，この適用を受けるためには，売上に係る対価の返還等をした金額の明細を記録した帳簿を保存しなければなりません（消法38②⑤，消令58）。

6 貸倒れに係る税額控除

NPO法人において売掛金の回収ができなくなったときの消費税の取扱いは，課税売上に対する消費税額から，貸倒れに係る消費税額を控除します。

課税事業者が課税資産の譲渡等を行った場合において，その相手先に対する売掛金その他の債権につき会社更生法の規定による更生計画認可の決定により債権の切り捨てがあったこと等のため，売掛金の全部又は一部の領収をすることができなくなったときは，その貸倒れのあった日の属する課税期間の課税標準額に対する消費税額からその貸倒れに係る消費税額を控除することができます（消法39①，消令59）。

この適用を受けるためには，貸倒れのあった事実を証する書類を保存しなければなりません（消法39②）。

なお，貸倒れ処理した金額を後日回収したときは，回収した日の属する課税期間においてその金額に係る消費税額を課税資産の譲渡等に係る消費税額とみなして課税標準額に対する消費税額に加算します（消法39③）。

第6節　非営利法人の消費税の特例

1　仕入税額控除の特例

(1)　仕入税額控除の特例の概要

NPO法人などの非営利法人（別表第3の法人）には，「仕入税額控除の特例」

が適用され，別表第3の法人が会費，寄附金，補助金などの対価性のない収入を得ている場合には，原則的な仕入控除税額からこれらの収入に係る課税仕入れ等の税額を差し引いた残額を仕入税額控除として控除することになっています（消法60④）。

① 特例の意義

NPO法人などの非営利法人，すなわち別表第3の法人は，会費，寄附金，補助金，助成金などの，いわゆる対価性のない収入を恒常的に受け取って事業や活動を行っている法人です。このような収入によって賄われる課税仕入れ等がある場合，それは別表第3の法人にとっては最終消費的な性格を持つものであって，その課税仕入れ等に係る税額は法人が自己負担すべきものと考えられます。つまり，その分は仕入控除税額の中に含めるべきでないということです。

なお，このような特例の対象になる対価性のない収入を「特定収入」と呼んでいます。

② 特例の計算

そこで，別表第3の法人の仕入税額控除については，課税仕入れ等の税額のうち対価性のない収入（特定収入）に対応する金額を計算し，これを仕入控除税額から除外する計算を行います。このような特例による消費税の計算を算式で示すと次のような形になります。

【算式】

　　　納付すべき消費税額＝課税標準額に対する消費税額－（通常の計算により算出した課税仕入れ等の税額の合計額－特定収入に係る課税仕入れ等の税額）

ただし，「通常の計算により算出した課税仕入れ等の税額の合計額」から「特定収入に係る課税仕入れ等の税額」を控除して，控除しきれない金額がある場合には，その控除しきれない金額を，課税資産の譲渡等に係る消費税額とみなして，その課税期間の課税標準額に対する消費税額に加算

します（消令75⑤）。

> 納付すべき消費税額＝課税標準額に対する消費税額＋（特定収入に係る課税仕入れ等の税額－通常の計算により算出した課税仕入れ等の税額の合計額）

このような仕入税額控除の特例が適用されるのは別表第3の法人だけではなく，国，地方公共団体，人格のない社団等に対しても適用されます。

(2) 特例の対象

非営利法人（別表第3の法人）が，「仕入税額控除の特例」の対象になるのは，簡易課税制度の適用を受けておらず，特定収入割合が5％を超える場合です。

仕入税額控除の特例が適用される場合とは，資産の譲渡等の対価の合計額に特定収入の合計額を加算した金額のうちに特定収入の合計額の占める割合（特定収入割合）が5％を超える場合です（消令75③）。

ただし，この特例は課税仕入れに係る実際の税額を基に計算する方式ですので，その法人が簡易課税制度の適用を受ける場合には，この特例の適用はありません。

(3) 特定収入の内容

NPO法人などの非営利法人の仕入税額控除の特例に出てくる「特定収入」とは，対価性のない会費，寄附金，補助金，助成金などの収入のことです。

特定収入とは，資産の譲渡等の対価に該当しない収入のうち，仕入に係る消費税を賄うべき収入と考えられているものをいいます。たとえば次の収入が特定収入に該当するとされています（消基通16-2-1）。

① 補助金
② 交付金
③ 寄附金
④ 出資に対する配当金
⑤ 保険金
⑥ 損害補償金

⑦　対価性のない負担金

⑧　対価性のない会費等

⑨　対価性のない喜捨金等

なお，他に特定収入の例として「租税」や「対価性のない他会計からの繰入金」が挙げられますが，これらは国や地方公共団体の場合のみ適用される特定収入です。

(4) **特定収入に該当しない収入**

資産の譲渡等の対価に該当しない，いわゆる対価性のない収入であって，特定収入に該当しない収入には，借入金収入や貸付金回収収入，預り金収入などはがあります。

資産の譲渡等の対価以外の収入であって，特定収入から除外されるべき収入として次のものが挙げられています（消法60④，消令75①）。

①　借入金収入や債券発行収入

②　出資金を受けた場合の収入

③　預金，貯金，及び預り金を受けた場合の収入

④　貸付金回収金を受けた場合の収入

⑤　返還金，還付金を受けた場合の収入

⑥　特定支出のためにのみ使用する収入

(5) **特　定　支　出**

特定支出のためにのみ使用する収入は特定収入に該当しないとされていますが，たとえば，人件費補助金，利子補給金，土地購入のための補助金，特殊な借入金等の返済のための負担金などが，特定支出のためにのみ使用する収入に該当します。

資産の譲渡等の対価以外の収入のうち特定収入に該当しないとされる収入の一つに，特定支出のためにのみ使用する収入があります。特定支出は，次のような課税仕入れに該当しないものに対する支出をいいますので，これらに充てられる収入ということになります。

①　人件費

② 法定福利費
③ 保険料
④ 公租公課
⑤ 地代
⑥ 住宅家賃
⑦ 支払利息
⑧ 土地取得費
⑨ 有価証券取得費
　など

(6) **特定収入割合**

　特定収入割合とは，特定収入の合計額が，資産の譲渡等の対価の額の合計額にその特定収入の合計額を加算した金額に占める割合をいいます。

　この場合の資産の譲渡等の対価の額は，課税売上高（税抜き），非課税売上高，免税売上高の合計額に，国外において資産の譲渡等があった場合には国外における資産の譲渡等を加算した額になります。また，非課税売上高は有価証券や登録社債等（現先取引を除く）の譲渡も5％相当でなく総額となり，支払手段や売掛債権の譲渡等も含むことになります。

【算式】

$$特定収入割合 = \frac{特定収入の合計額}{資産の譲渡等の対価の合計額 + 特定収入の合計額}$$

※資産の譲渡等の対価の額＝課税売上高（税抜き）＋非課税売上高＋免税売上高＋国外における資産の譲渡等の対価の額

(7) **特定収入の区分**

　特定収入は「課税仕入れ等に係る特定収入」と「使途不特定の特定収入」に区分されますが，課税仕入れ等に係る特定収入は，法令又は交付要綱等により課税仕入れ等に充当されることが明らかな特定収入をいいます。これに対して，使途不特定の特定収入は，法令又は交付要綱等によっても，課税仕入れ等に充

当されるのかどうか使途が判別しない特定収入をいいます。

　課税仕入れ等に係る特定収入は，法令又は交付要綱等により課税仕入れ等に充当されることが明らかな特定収入をいいます。これに対して，使途不特定の特定収入は，法令又は交付要綱等によっても，課税仕入れ等に充当されるのかどうか使途が判別しない特定収入をいいます（消令75④）。

　① 課税仕入れ等に係る特定収入

　課税仕入れ等に係る特定収入は，課税仕入れ等にのみ使用されるもので，そのことが法令や交付要綱等により明らかにされている特定収入をいいます。これは結果として課税仕入れ等に充当されたことが明らかなものではなく，あらかじめ，法令や交付要綱等で課税仕入れ等に充当する旨の指定があるものをいうとされています。

　② 使途不特定の特定収入

　使途不特定の特定収入は，課税仕入れ等に充当するという指定のない特定収入です。対価性のない会費や使途に指定のない寄附金，補助金のうち法令や交付要綱等で課税仕入れ等に充当する旨の指定があるもの以外の補助金などをいいます。

　③ 課税仕入れ等に係る税額の対応

　課税資産の譲渡等のみを行っている事業者か，課税売上高が5億円未満で，かつ，課税売上割合が95％以上であって，課税仕入れに係る税額を全額控除できるケースだとすると，課税仕入れ等に係る税額は，次の四つの収入に対応することになります。

　　① 課税仕入れ等に係る特定収入
　　② 使途不特定の特定収入
　　③ 免税売上高
　　④ 非課税売上高
　　⑤ 課税売上高（税抜き）

　このうち①に対応する額は，①課税仕入れ等に係る特定収入の108分の6.3となります。課税仕入れ等に係る税額からこの①の108分の6.3の税

額を控除した残額が，②〜⑤までの金額に比例して対応することになります。すなわち，②に対応する税額の場合は，②＋③＋④＋⑤を分母とし，②を分子として計算した割合に，残額を乗じた額となります。なお，この割合を調整割合と呼んでいます。

そして，①に対応する税額と，②に対応する税額が，法人が最終消費的に負担すべき税額となりますから，これらを仕入控除税額から除外する計算をすることになります。

(8) **使途の特定**

補助金等の使途は，法令又は交付要綱等によって明らかにされるものと規定されていますが，それ以外に使途を特定する方法として，「国又は地方公共団体の特別会計が受け入れる補助金等の使途の特定方法」を示した消費税基本通達16-2-2を準用しても差し支えないとされています。

① 国又は地方公共団体の特別会計が受け入れる補助金等の使途の特定方法

この場合の使途の特定の方法は，次によるとされています（消基通16-2-2）。

ⅰ 法令又は交付要綱等により補助金等の使途が明らかにされている場合

その法令又は交付要綱等で明らかにされているところにより使途を特定するとされています。この場合の交付要綱等には，補助金等を交付する者が作成した補助金等交付要綱，補助金等交付決定書のほか，これらの附属書類である補助金等の積算内訳書，実績報告書を含むものとされています。

ⅱ 国又は地方公共団体が合理的な方法により補助金等の使途を明らかにした文書において使途を特定する方法

② 税務署長への提出

交付要綱等により使途が特定されている補助金等以外の収入の場合には，国又は地方公共団体が合理的な方法により使途を明らかにした文書を税務署長に提出する必要があるとされています（消基通16-2-2）。

(9) 調整割合

調整割合とは,使途不特定の特定収入に対応する課税仕入れ等の税額を算定するための割合をいいます。

調整割合は,その課税期間における資産の譲渡等の対価の額の合計額にその課税期間における課税仕入れ等に係る特定収入以外の特定収入の合計額を加算した金額のうちにその課税仕入れ等に係る特定収入以外の特定収入の合計額の占める割合をいうとされています(消令75④一ロ)。

これを算式で示すと,次のようになります。

【算式】

$$調整割合 = \frac{使途不特定の特定収入}{資産の譲渡等の対価の額 + 使途不特定の特定収入}$$

※資産の譲渡等の対価の額=課税売上高(税抜き)+非課税売上高+免税売上高+国外における資産の譲渡等の対価の額

なお,非課税売上高は有価証券や登録社債等(現先取引を除く)の譲渡も5%相当でなく総額となり,支払手段や売掛債権の譲渡等も含むことになります。

(10) 仕入税額控除の特例の具体的計算

特定収入割合が5%超の場合の仕入税額控除の特例の具体的計算は,(1)全額控除できる場合と(2)全額控除できない場合に大きく分けられます。さらに(2)は,(イ)個別対応方式による場合と(ロ)一括比例配分方式による場合に分けられます。

仕入税額控除の特例の具体的計算は次のようになります。

I 全額控除できる場合

【$Z \geqq A$ のとき】

① 調整前の仕入控除税額

$$課税仕入れ等に係る支払対価の額 \times \frac{6.3}{108} = Z$$

② 課税仕入れ等の特定収入に係る税額の算定

$$課税仕入れ等の特定収入 \times \frac{6.3}{108} = A$$

③ 使途不特定の特定収入に係る税額の算定

$(Z-A) \times 調整割合 = B$

④ 特定収入に係る課税仕入れ等の税額

$A + B$

⑤ 仕入控除税額の計算

$Z - (A + B)$

【Z≦Aのとき】

①，②は同じ

③ 使途不特定の特定収入に係る税額の算定

$(A-Z) \times 調整割合 = b$

④ 使途不特定の特定収入に係る税額の算定

$A - b$

⑤ 仕入控除税額の計算

$Z - (A - b)$

Ⅱ　全額控除できない場合

　イ　個別対応方式を適用

【P≧(A＋B)のとき】

① 調整前の仕入控除税額

　ⅰ　課税売上対応の課税仕入れ $\times \dfrac{6.3}{108} = M$

　ⅱ　課税非課税共通対応の課税仕入れ $\times \dfrac{6.3}{108} \times 課税売上割合 = N$

　ⅲ　$M + N = P$

② 課税仕入れのみの特定収入に係る税額の算定

$$課税仕入れ等の特定収入 \times \frac{6.3}{108} = A$$

③ 課税仕入れ非課税仕入れ共通の特定収入に係る税額の算定

$$共通の特定収入 \times \frac{6.3}{108} \times 課税売上割合 = B$$

④ 使途不特定の特定収入に係る税額の算定

$$(P-(A+B)) \times 調整割合 = C$$

⑤ 特定収入に係る課税仕入れ等の税額

$$A+B+C$$

⑥ 仕入控除税額

$$P-(A+B+C)$$

【P≦(A+B)のとき】

①,②,③は同じ

④ 使途不特定の特定収入に係る税額の算定

$$((A+B)-P) \times 調整割合 = c$$

⑤ 特定収入に係る課税仕入れ等の税額

$$A+B-c$$

⑥ 仕入控除税額

$$P-(A+B-c)$$

ロ 一括比例配分方式

【R≧Aのとき】

① 調整前の仕入控除税額

$$課税仕入れ等に係る支払対価の額 \times \frac{6.3}{108} \times 課税売上割合 = R$$

② 課税仕入れ等の特定収入に係る税額の算定

$$課税仕入れ等の特定収入 \times \frac{6.3}{108} \times 課税売上割合 = A$$

③ 使途不特定の特定収入に係る税額の算定
　　（R－A）×調整割合＝B
④ 特定収入に係る課税仕入れ等の税額
　　A＋B
⑤ 仕入控除税額
　　R－（A＋B）

【R≦Aのとき】
① ，②は同じ
③ 使途不特定の特定収入に係る税額の算定
　　（A－R）×調整割合＝b
④ 特定収入に係る課税仕入れ等の税額
　　A－b
⑤ 仕入控除税額
　　R－（A－b）

(11) 調整割合の著しい変動

　調整割合が著しく変動した場合には，課税仕入れ等の税額の調整を行う必要が生じます。

① 通算調整割合

　その課税期間における調整割合と通算調整割合との差が20％以上である場合には，調整割合による税額と通算調整割合による税額との差額について，減額又は加算を行う調整が必要になってきます（消令75⑤⑥）。

　なお，その課税期間の過去2年間の各課税期間においてこの調整を行っている場合は，その課税期間においてこの調整をする必要はありません（消令75⑤かっこ書）。

　通算調整割合とは，通算課税期間における使途不特定の特定収入の合計額が，通算課税期間における資産の譲渡等の合計額に使途不特定の特定収入の合計額を加算した金額のうちに占める割合をいいます（消令75⑥）。

【算式】

$$通算調整割合 = \frac{通算課税期間における使途不特定の特定収入の合計額}{通算課税期間における資産の譲渡等の対価の合計額＋通算課税期間における使途不特定の特定収入の合計額}$$

② 通算課税期間

　通算課税期間とは，その課税期間の初日の2年前の日の前日の属する課税期間からその課税期間までの各課税期間，すなわちその課税期間を含む過去3年間の各課税期間をいいます（消令75⑤一ロ）。

③ 税額の調整

　調整割合が著しく変動した場合の税額の調整は次のようになります。

【A≧Bのとき】

① 通算調整割合の計算

$$通算調整割合 = \frac{使途不特定の特定収入の合計額（前々課税期間，前課税期間，当課税期間の合計額）}{資産所譲渡等の対価の額の合計額（前々課税期間，前課税期間，当課税期間）＋使途不特定の特定収入の合計額（前々課税期間，前課税期間，当課税期間の合計額）}$$

② 調整割合の変動率

　当課税期間の調整割合 − 通算調整割合 ≧ ±20％

③ 原則計算による課税仕入れ等の税額

　その課税期間につき原則計算により算出した特定収入に係る課税仕入れ等の税額＋過去2年間の各課税期間における特定収入に係る課税仕入れ等の税額の合計額＝A

④ 通算調整割合による課税仕入れ等の税額

　通算課税期間につき原則計算の各調整割合に代えて，通算調整割合を用いて計算した特定収入に係る課税仕入れ等の税額の合計額＝B

⑤ 特定収入に係る課税仕入れ等の税額

その課税期間につき原則計算により算出した特定収入に係る課税仕入れ等の税額 − (A − B)

【A＜Bのとき】

① , ② , ③ , ④は同じ。

⑤ 特定収入に係る課税仕入れ等の税額

その課税期間につき原則計算により算出した特定収入に係る課税仕入れ等の税額 + (B − A)

【⑤特定収入に係る課税仕入れ等の税額がマイナスとなる場合】

そのマイナスとなる額を，その課税期間における課税仕入れ等の税額の合計額に加算します（消令75⑦）。

2 その他の特例

(1) 資産の譲渡等の時期の特例

別表第3の法人に対する資産の譲渡等の時期の特例とは，消費税法別表第3に掲げる法人が，税務署長の承認を受けて，資産の譲渡等の時期を国，地方公共団体と同様に会計年度の末日に行われたものとすることができる特例です。

消費税法別表第3に掲げる法人のうち法令又は定款等に定める会計の処理の方法が国又は地方公共団体の会計の処理の方法に準ずるものとして税務署長の承認を受けた法人が行った資産の譲渡等，課税仕入れ及び課税貨物の保税地域からの引取りについては，その法人の会計の処理の方法に関する法令又は定款等の定めるところによりその資産の譲渡等の対価を収納すべき課税期間並びにその課税仕入れ及び課税貨物の保税地域からの引取りの費用の支払をすべき課税期間の末日に行われたものとすることができるとされています（消法60③，消令74）。

(2) 申告期限の特例

別表第3の法人に対する申告期限の特例とは，課税期間終了後2カ月とされている消費税の申告書の提出期限を延長する特例です。

消費税法別表第3に掲げる法人のうち，法令によりその決算を完結する日が

会計年度の末日の翌日以後2月以上経過した日と定められていることその他特別な事情があるもので，申告書の提出期限の特例を受けることについて，税務署長の承認を受けたものは，「課税期間の末日の翌日から2月以内」となっている申告期限を「6月以内で税務署長が承認する期間内」とすることになっています（消法60⑧，消令76）。

(3) 記帳義務の特例

別表第3の法人の記帳義務は，一般の事業者の記帳義務の項目に加えて，特定収入等に関する事項が定められています（消令77）。

特定収入等に関する事項は次のとおりです（消規31）。

① 特定収入等に係る相手方の氏名又は名称（相手方が不特定多数のときは省略することができます）
② 特定収入等を受けた年月日
③ 特定収入等の内容
④ 特定収入等の金額
⑤ 特定収入等の使途

第7節 消費税の申告・納付

1 消費税の確定申告

(1) 消費税の確定申告

消費税は，事業年度終了後2か月以内に確定申告しなければなりません。消費税については法人税のように申告期限の延長の制度がなく，申告期限までに申告書を提出しないで期限後申告した場合は無申告加算税が課されることになりますので注意が必要です。

① 確定申告とは

消費税はその課税期間に係る消費税額を計算して申告・納付しますが，その途中で中間申告として予定的な納付をすることになっています。その

中間申告分は，最終的に確定申告の段階で精算され，確定税額を超過する分があれば還付され，不足する分があれば納付することとなります。確定申告とは，このように最終的な数字を確定し予定分を精算するための確定申告書を提出することをいいます。

② 確定申告の期限

　課税事業者は，課税期間の末日の翌日から2か月以内に確定申告書を提出し，その申告に係る税額を納付しなければなりません。消費税の課税期間は，法人税法に規定する事業年度のことです（消法19①）。

　課税事業者であっても，国内における課税資産の譲渡等（免税取引を除きます）がなく，かつ納付すべき消費税額がない課税期間については申告義務はありません。

　免税事業者は，ここにいう課税事業者に当たりませんから，もちろん確定申告の必要はありません。

(2) 消費税の還付

　事業者が，仕入れ税額控除の不足額又は中間納付税額の控除不足額があり還付を受けることができる場合には，還付のための申告書を提出して，還付を受けることができます。課税事業者であっても，その課税期間において，国内における課税資産の譲渡等（免税取引を除きます）がなく，かつ納付すべき消費税額がないときは申告義務はありませんが，この場合でも，仕入れに係る消費税額があって還付金が発生する場合には，還付申告書を提出して還付を受けることができます（消法46，52）。

2　消費税の中間申告

(1) 消費税の中間申告

　NPO法人などの公益法人等について法人税の中間申告制度はありませんが，消費税の中間申告制度は公益法人等にも適用されます。

　法人税の中間申告制度は，法人が事業年度の違いによって税負担に差が生じるのを防止するためとされていますが，公益法人等の場合は事業年度が1年に

統一されており，その違いが生じないため，中間申告の制度は設けられていません。

消費税の中間申告制度は，事業者が消費者から預かっている消費税を運用して利益を図る，いわゆる，「益税」をなるべく排除する目的です。これについては事業者であれば法人の種類に関わりなく適用されます。

(2) 中間申告の回数

中間申告の回数は，直前の課税期間の確定消費税額がいくらになるかによって決まります。

① 直前の課税期間の年間確定消費税額が4,800万円を超える場合

直前の課税期間の1か月分に相当する税額が400万円を超える場合，すなわち年税額で4,800万円を超える場合には，1月ごとに中間申告をしなければなりません。

その場合の納付税額は，直前の課税期間の1か月分に相当する税額，すなわち年間確定消費税額の12分の1となります。

中間申告書の提出期限は，その課税期間開始の日以後1か月ごとに区分した各期間（以下「1月中間申告対象期間」といいます）の末日の翌日（その1月中間申告対象期間がその課税期間の最初の期間である場合には，その課税期間開始の日から2か月を経過した日）から2か月以内とされています（消法42①）。

なお，各1月中間申告対象期間について仮決算を行い，それにより算出された消費税額によって中間申告をすることもできます（消法43①）。

② 直前の課税期間の年間確定消費税額が400万円を超え，4,800万円以下である場合

直前の課税期間の3か月分に相当する税額が100万円を超える場合，すなわち年税額で400万円を超え，4,800万円以下である場合には，3か月ごとの申告をしなければなりません。

その場合の納付税額は，直前の課税期間の3か月分に相当する税額，すなわち年間確定消費税額の4分の1となります。

中間申告書の提出期限は，その課税期間開始の日以後3か月ごとに区分

した各期間(以下「3月中間申告対象期間」といいます)の末日の翌日から2か月以内となっています。

なお,各3月中間申告対象期間について仮決算を行い,それにより算出された消費税額によって中間申告をすることもできます(消法43①)。

③ 直前の課税期間の年間確定消費税額が48万円を超え,400万円以下である場合

直前の課税期間の6か月分に相当する税額が24万円を超える場合,すなわち年税額で48万円を超え,400万円以下である場合には,6か月ごとの申告をしなければなりません。

その場合の納付税額は,直前の課税期間の6か月分に相当する税額,すなわち前課税期間の年税額の2分の1となります。

中間申告書の提出期限は,その課税期間開始の日以後6月の期間(以下「6月中間申告対象期間」といいます)の末日の翌日から2か月以内となっています。

なお,6月中間申告対象期間について仮決算を行い,それにより算出された消費税額によって中間申告をすることもできます(消法43①)。

④ 直前の課税期間の年間確定消費税額が48万円以下である場合

中間申告書を提出する必要はありません。

直前の課税期間の確定消費税額	48万円以下	48万円超～400万円以下	400万円超～4,800万円以下	4,800万円超
中間申告回数	不要	年1回	年3回	年11回
中間納付期限	—	2か月以内	2か月以内	2か月以内
中間納付税額	—	直前の課税期間の確定消費税額の1/2	直前の課税期間の確定消費税額の1/4	直前の課税期間の確定消費税額の1/12
1年の合計申告回数	確定申告1回	確定申告1回 中間申告1回	確定申告1回 中間申告3回	確定申告1回 中間申告11回

3 地方消費税の計算と申告

地方消費税は国税である消費税額を課税標準として税率63分の17で計算します。つまり、消費税率に換算すると1.7％となり、消費税率の6.3％と合計で8％となります。

地方消費税は、都道府県が課税する地方税ですが、国が消費税と合わせて執行することとなっていることから、その申告・納付は消費税と合わせて一枚の申告書・納付書によって税務署で行うこととされています。

第8節　消費税の届出等

1 届出・承認申請等

消費税には多くの届出書、申請書があります。消費税の計算・申告の方法については、いくつかの局面で事業者が方法を選択して計算・申告する仕組みになっており、事業者が選択したことや選択をやめたことなどを届け出るための届出書が準備されています。その他に事業者が特例の適用を受けるための承認申請書があります。

非営利法人（消費税法別表第3に掲げる法人）においても、届出や申請の必要があるだけでなく、非営利法人に特有の申請書・届出書も準備されています。

事業者が何を選択したかを届け出るための消費税の届出書、申請書には次のものがあります。

① 消費税の新設法人に該当する旨の届出書
② 消費税課税事業者選択届出書
③ 消費税課税事業者選択不適用届出書
④ 消費税課税事業者選択（不適用）届出に係る特例承認申請書
⑤ 消費税課税事業者届出書
⑥ 消費税の納税義務者でなくなった旨の届出書
⑦ 消費税簡易課税制度選択届出書

⑧ 消費税簡易課税制度選択不適用届出書
⑨ 消費税簡易課税制度選択（不適用）届出に係る特例承認申請書
⑩ 消費税課税期間特例選択・変更届出書
⑪ 消費税課税期間特例選択不適用届出書
⑫ 消費税課税売上割合に準ずる割合の適用承認申請書
⑬ 消費税課税売上割合に準ずる割合の不適用届出書
⑭ 消費税別表第3に掲げる法人に係る資産の譲渡等の時期の特例の承認申請書
⑮ 消費税別表第3に掲げる法人に係る資産の譲渡等の時期の特例の不適用届出書
⑯ 消費税別表第3に掲げる法人に係る申告期限の特例の承認申請書
⑰ 消費税別表第3に掲げる法人に係る申告書の提出期限の特例の不適用届出書
⑱ 災害等による消費税簡易課税制度選択（不適用）届出に係る特例承認申請書

(1) 新設法人の届出

　NPO法人を設立した場合，法人税法に基づく「法人設立届出書」を提出するときに，消費税の新設法人に該当する旨を記載したときは，「消費税の新設法人に該当する旨の届出書」を別に提出する必要はありません。

　新たに設立された法人について，設立当初の2年間は基準期間がないことになり納税義務が免除されますが，その事業年度開始の日における資本金の額又は出資の金額が1,000万円以上である法人には，その基準期間のない事業年度の納税義務は免除されませんので，消費税を計算して申告・納付しなければなりません。このような法人を，新設法人といっています。

　資本金の額や出資の金額がないNPO法人などの非営利法人の場合は，新設法人は該当しません。

(2) 法人区分の変更

　NPO法人においては該当しませんが，公益社団・財団法人，一般社団・財

団法人、非営利型法人などにおいて、別の法人区分に移行する場合には、届出をすることになっています。ただし、このようないわゆる「法人区分の変更」は、消費税には関係ありませんので、特に消費税の届出を出す必要はなく、法人税等の「異動届出書」を提出することになります。

(3) 消費税の還付を受ける場合

設立したばかりで納税義務が免除されているNPO法人が、支払った消費税の還付を受けたいときには、還付を受けようとする課税期間の前課税期間の末日までに「消費税課税事業者選択届出書」を提出する必要があります。

(4) 課税事業者となるとき

NPO法人が初めて課税事業者となるときは、「消費税課税事業者届出書」の提出が必要となります。その上で、簡易課税制度を選択するときは、「消費税簡易課税制度選択届出書」を提出することが必要です。

(5) 免税事業者となるとき

NPO法人の基準期間における課税売上高が1,000万円以下となったときは、「消費税の納税義務者でなくなった旨の届出書」を速やかに提出することが必要です。

(6) 課税事業者をやめるとき

課税事業者を選択していたNPO法人が選択をやめようとするときは、免税事業者になろうとする課税期間の前課税期間の末日までに、「消費税課税事業者選択不適用届出書」を提出する必要があります。ただし、「消費税課税事業者選択届出書」を提出して課税事業者となった法人は、事業を廃止する場合を除き、2年間は免税事業者となることはできません。

(7) 災害等により課税事業者選択の提出が遅れたとき

災害その他やむを得ない事情によって、「消費税課税事業者選択届出書」をその適用を受けようとする課税期間の前課税期間の末日までに提出できなかった場合、又は「消費税課税事業者選択不適用届出書」をその適用をやめようとする課税期間の前課税期間の末日までに提出することができなかった場合であっても、税務署長の承認を受けたときは、その課税期間の前課税期間の末日に

提出したものとみなされます。

　税務署長の承認を受けようとする事業者は，その提出できなかった事情がやんだ日から2か月以内に，「消費税課税事業者選択届出書選択（不適用）届出に係る特例承認申請書」を提出する必要があります。

　なお，やむを得ない事情とは，次のような事情をいいます。

① 震災，風水害，雪害，凍害，落雷，がけ崩れ，地滑り，火山の噴火等の天災又は火災その他の人的災害で自己の責任によらないものに起因する災害が発生したことにより届出書の提出ができない状態になったと認められる場合

② ①に規定する災害に準ずるような状況又は事業者の責めに帰することができない状態にあることにより，届出書の提出ができない状態になったと認められる場合

③ ①，②に準ずる事情がある場合で，税務署長がやむを得ないと認めた場合

(8) 簡易課税を受けるとき

　納税義務者となったNPO法人が簡易課税制度の適用を受けるときは，その適用を受けようとする課税期間の前課税期間の末日までに，「消費税簡易課税制度選択届出書」を提出する必要があります。

　事業を開始した課税期間からこの制度の適用を受けようとするときは，その課税期間の末日までに，この届出書を提出する必要があります。

　簡易課税制度の適用を選択した事業者は，課税仕入れ等の実額により仕入控除税額を計算すれば還付となる場合であっても，還付を受けることはできません。

　簡易課税制度の適用を選択している事業者が，免税事業者となった場合でも「消費税簡易課税制度選択届出書」は引き続き効力を有しているので，再び課税事業者となったとき簡易課税制度を適用しないこととする場合には，「消費税簡易課税制度選択不適用届出書」を提出しておく必要があります。

　基準期間における課税売上高が5,000万円を超える課税期間については，

「消費税簡易課税制度選択届出書」を提出している場合であっても，簡易課税制度を適用して申告することはできません。

(9) **簡易課税をやめるとき**

NPO法人が簡易課税制度の適用をやめるときは，適用をやめようとしている課税期間の前課税期間の末日までに「消費税簡易課税制度選択不適用届出書」を提出する必要があります。ただし，簡易課税制度の適用を受けている法人は，2年間継続して適用した後でなければその適用をやめることはできません。

(10) **災害等により簡易課税選択の届出が遅れたとき**

災害その他やむを得ない事情によって，「消費税簡易課税制度選択届出書」をその適用を受けようとする課税期間の前課税期間の末日までに提出できなかった場合，又は「消費税簡易課税制度選択不適用届出書」をその適用をやめようとする課税期間の前課税期間の末日までに提出することができなかった場合であっても，税務署長の承認を受けたときは，その課税期間の前課税期間の末日に提出したものとみなされます。

税務署長の承認を受けようとする事業者は，その提出できなかった事情がやんだ日から2か月以内に，「消費税簡易課税制度選択（不適用）届出に係る特例承認申請書」を提出する必要があります。

なお，やむを得ない事情とは，次のような事情をいいます。

① 震災，風水害，雪害，凍害，落雷，がけ崩れ，地滑り，火山の噴火等の天災又は火災その他の人的災害で自己の責任によらないものに起因する災害が発生したことにより届出書の提出ができない状態になったと認められる場合

② ①に規定する災害に準ずるような状況又は事業者の責めに帰することができない状態にあることにより，届出書の提出ができない状態になったと認められる場合

③ ①，②に準ずる事情がある場合で，税務署長がやむを得ないと認めた場合

⑾ 課税期間を短縮するとき

　消費税の課税期間を事業年度でなく，3か月又は1か月に短縮する場合には，その適用を受けようとする各期間の前日までに「消費税課税期間特例選択・変更届出書」を提出する必要があります。

　消費税の納付税額を計算する単位となる課税期間は，原則として法人については事業年度となっていますが，特例として法人の選択により，その事業年度の開始の日以後3か月，又は1か月ごとに区分した期間を課税期間とすることができることになっています。

　この制度の適用を受けるためには，その適用を受けようとする各期間の前日まで，この届出書を提出する必要があります。なお，事業を開始した期間からこの制度の適用を受けようとするときは当該期間の末日までに届出書を提出しなければなりません。

⑿ 課税期間を変更するとき

　課税期間の特例の適用を受けているNPO団法人が，課税期間を変更するときは，変更しようとする短縮に係る課税期間の初日の前日までに「消費税課税期間特例選択・変更届出書」を提出する必要があります。

　特例の適用を受けている法人の課税期間の変更は，3か月から1か月への変更，又は1か月から3か月への変更ですが，3か月ごとの課税期間の特例を受けている事業者が1か月ごとの特例に変更する場合には，適用していた3か月ごとの課税期間の初日から変更後の課税期間の前日までの期間が一つの課税期間とみなされます。

　なお，「消費税課税期間特例選択・変更届出書」を提出して課税期間の特例を適用している法人は，変更前の課税期間の特例の効力の生じる日から2年間は，「消費税課税期間特例選択・変更届出書」による変更はできません。

⒀ 課税期間の特例をやめるとき

　課税期間の特例の適用を受けているNPO財団法人が，特例の適用をやめようとするときは，特例の適用をやめようとする各期間の前日までに「消費税課税期間特例選択不適用届出書」を提出する必要があります。

「消費税課税期間特例選択不適用届出書」を提出した場合には，その提出の日の属する期間の翌期間の初日から事業年度の末日までの期間が一の課税期間とみなされます。提出の日が事業年度の末日を含む期間である場合には翌事業年度が一の課税期間となります。

なお，「消費税課税期間特例選択・変更届出書」を提出して課税期間の特例を適用している法人は，事業を廃止した場合を除き，その課税期間の特例の効力の生じる日から2年間は適用をやめることができません。

(14) **課税売上割合に準ずる割合の適用を受けるとき**

NPO法人が個別対応方式を適用し，本来の課税売上割合に代えて，課税売上割合に準ずる割合の適用を受ける場合には，「消費税課税売上割合に準ずる割合の適用承認申請書」を提出して，税務署長の承認を受けることができれば，その承認を受けた日の属する課税期間から適用することができます。

(15) **課税売上割合に準ずる割合の適用をやめるとき**

NPO法人が本来の課税売上割合に代えて，課税売上割合に準ずる割合の適用を受けてきましたが，その適用をやめる場合には，「消費税課税売上割合に準ずる割合の不適用届出書」を提出すれば，その提出があった日の属する課税期間から適用をやめることができます。

(16) **資産の譲渡等の時期に関する特例を受けるとき**

NPO法人が，国，地方公共団体の資産の譲渡等の時期の特例に準じた取扱いの承認を受けようとする場合には，その適用を受けようとする課税期間の前課税期間の末日までに「消費税法別表第三に掲げる法人に係る資産の譲渡等の時期の特例の承認申請書」を提出して，税務署長の承認を受ける必要があります。

(17) **申告書の提出期限を延長するとき**

NPO法人が，法令によりその決算を完結する日が会計年度の末日の翌日以後2月以上経過した日と定められていること，その他特別の事情があることにより申告書の提出期限の特例を受けようとする場合には，税務署長の承認を受けた日の属する課税期間に係る確定申告書から適用されるため，適用を受けた

い課税期間の末日までに承認を受けられるように，「消費税法別表第三に掲げる法人に係る申告書の提出期限の特例の承認申請書」を提出する必要があります。

⒅　**災害等により簡易課税制度等の適用を受ける必要が出てきたときの特例**

　NPO法人が，災害その他やむを得ない理由により，簡易課税制度の適用を受けることが必要となった場合，又は受ける必要がなくなった場合には，災害その他やむを得ない理由がやんだ日から2か月以内に「災害等による消費税簡易課税制度選択（不適用）届出に係る特例承認申請書」を提出して，税務署長の承認を受けことにより，災害等の生じた日の属する課税期間等の初日の前日に消費税簡易課税制度選択（不適用）届出書を提出したものとみなされます。これによって，その課税期間から簡易課税の適用を受けることや，やめることができます。

第9節　消費税Q&A

1　収益事業と消費税

■ 1. 物品販売業 ■

Ｑ　NPO法人で毎年春と秋にバザーを開催しています。法人税法上の収益事業にはならないとされていますが，消費税は課税されますか。

Ａ　学校法人等が行う年1，2回程度のバザーや宗教法人のお札，おみくじ，御守りに対する支払は，対価性のない寄附や布施と考えられて収益事業ではないとされ法人税等は課税されませんが，消費税法上も対価性のない取引と考えられますので消費税等は課税されません。

■ 2. 物品貸付業 ■

Ｑ　NPO法人で身体障害者用物品の貸付けを行っています。消費税は非課税取引となっていますが，法人税もかかりませんか。

A 消費税では，身体障害者用物品の貸付けは非課税取引ですが，法人税では収益事業の物品貸付業に該当しますので法人税等がかかります。

3. 製造業

Q NPO法人が研究試作品を他に販売した場合，法人税や消費税の課税はどうなりますか。

A 法人税はたまたま販売したものであれば収益事業の製造業に該当しないものとして非課税，消費税は対価性のある取引として課税になります。

4. 通信業

Q NPO法人がインターネットのプロバイダー等の事業を行った場合，法人税や消費税の課税はどうなりますか。

A 法人税は収益事業の通信業に当たるものとして課税，消費税も対価性のある取引として課税になります。

5. 倉庫業

Q NPO法人が行うペットの預かり業は，法人税や消費税の課税はどうなりますか。

A 法人税は収益事業の倉庫業に当たるものとして課税，消費税も対価性のある取引として課税となります。

6. 請負業

Q NPO法人が実費弁償で行う委託事業を税務署長の確認を受けて請負業としない取扱いを受けていますが，消費税も非課税でいいですか。

A 収益事業の請負業には該当しなくても，消費税は課税となります。

7. 出版業

Q 同業者団体である一般社団法人で会員向けに有料で会報を発行していますが，一部書店でも販売しています。法人税と消費税の課税関係はどうなりますか。

A 法人税は収益事業の出版業として課税されますが，消費税は業務運営の一環として行われるものであれば，課税されません。

8. 席貸業

Q NPO法人の会員に会議室を低料金で貸付けています。法人税は課税されないと聞きましたが，消費税はどうですか。

A 席貸業であっても会員に対するものは収益事業からは除外されますので，法人税は課税されませんが，消費税は対価性のある取引として課税されます。

9. 周旋業

Q NPO法人で職業紹介を行い紹介料を受け取っています。法人税法上は収益事業になるそうですが，消費税はどうなりますか。

A 周旋業は，消費税も課税取引に該当します。

10. 代理業

Q NPO法人で会員向けに保険の代理店業務を行っています。法人税や消費税の課税関係はどうなりますか。

A 法人税法上の収益事業である代理業として法人税等の課税を受けるほか，消費税法上の課税取引として消費税の課税を受けることとなります。

11. 仲立業

Q NPO法人で指定した用品を，業者が会員に販売して，その手数料を

受け取ると，収益事業の仲立業に当たるといわれました。消費税の方はどうなりますか。

A 消費税も課税取引として課税を受けることとなります。

■ 12. 鉱　業 ■

Q NPO法人で鉱物資源の調査研究を行っており，採掘した調査済みの鉱物資源を業者に販売した場合には鉱業として収益事業の申告をしなければならないそうですが，消費税はどうなりますか。

A 国内で行われるのであれば消費税の課税の対象となります。

■ 13. 理容業，美容業 ■

Q NPO法人で，寝たきりの高齢者や障害者に理容や美容のサービスを行っていますが，法人税と消費税の課税関係を教えてください。

A 法人税法上は理容業及び美容業として収益事業課税を受けます。消費税は，国内で行う資産の譲渡等として課税されます。

■ 14. 興行業 ■

Q NPO法人が行う慈善興業で，所轄税務署長の確認を受けて，収益事業としないことになっていますが，消費税はどうなりますか。

A 消費税法では慈善興業であっても入場料を受け取る限り課税されます。

■ 15. 遊覧所業 ■

Q 美術館を運営しているNPO法人ですが，最上階に展望台を設けて利用料を徴収しています。法人税や消費税はどのように課税されますか。

A 法人税法上，美術館は収益事業に該当しませんが，展望台は遊覧所業として収益事業課税を受けます。消費税は，いずれも国内で行う資

産の譲渡等として課税されます。

16. 医療保健業

Q 介護事業は社会福祉法人が行うものは非課税，NPO法人が行うものは課税となっているのはどうしてですか。

A 介護事業は収益事業となる医療保健業に該当しますが，特定の公益法人等が行う医療保健業は非課税となっています。その特定の公益法人等の中に社会福祉法人は入っていますが，NPO法人は入っていませんので，そのような違いが生じます。なお，消費税は，健康保険法等に基づく療養，医療等や介護保険法に基づく居宅介護サービス等は，どのような法人が行っても，非課税となっています。

17. 医療保健業

Q NPO法人で支援費サービスを行っていますが，法人税や消費税の課税関係はどうなりますか。

A 支援費サービスは法人税では医療保健業に該当するとされ，社会福祉法人が行うと非課税ですが，NPO法人は課税とされています。消費税は，第2種社会福祉事業として非課税となります。

18. 技芸教授業

Q NPO法人でスキー教室をやっていますが，法人税はかかっていません。消費税もかかりませんか。

A スキー教室は，法人税法上の技芸教授業には当たりませんが，消費税は対価取引としてかかることになります。

19. 無体財産権提供業

Q NPO法人が認定した業者に認定マークを使用した商品の販売を許可して，認定料を収受しています。法人税や消費税はどうなりますか。

A 無体財産権提供業として法人税がかかるほか，消費税も課税対象となります。

20．労働者派遣業

Q NPO法人が雇用している者を派遣して派遣料を受け取っています。法人税と消費税の課税関係はどうなりますか。

A 法人税では収益事業としての労働者派遣業に該当し課税されます。また，消費税も，課税取引として課税されます。

2 消費税の税額控除等

1．出張旅費，宿泊費，日当等

Q 広域的な事業を行っているため出張の多いNPO法人ですが，役員や職員の出張旅費，宿泊費，日当等の取扱いはどのようにしたらいいですか。

A 役員又は使用人が勤務する場所を離れてその職務を遂行するため旅行をし，若しくは転任に伴う転居のための旅行をした場合又は就職若しくは退職をした者若しくは死亡による退職をした者の遺族がこれらに伴う転居のための旅行をした場合に，事業者がその使用人等又はその退職者等に支給する出張旅費，宿泊費，日当等のうち，その旅行について通常必要であると認められる部分の金額は，課税仕入れに係る支払対価に該当するものとして取り扱うとされています（消基通11-2-1）。

なお，海外出張のために支給する旅費，宿泊費及び日当等は，原則として課税仕入れに係る支払対価に該当しません。

2．通勤手当

Q NPO法人のスタッフに対する通勤手当の取扱いはどのようにしたら

いいですか。

A 事業者が使用人等で通勤者である者に支給する通勤手当（定期券等の支給など現物による支給を含む）のうち，その通勤者がその通勤に必要な交通機関の利用又は交通用具の使用のために支出する費用に充てるものとした場合に，その通勤に通常必要であると認められる部分の金額は，課税仕入れに係る支払対価に該当するものとして取り扱うとされています（消基通11-2-2）。

3. 現物給付する資産の取得

Q NPO法人のスタッフに対する現物給付の取扱いはどのようにしたらいいですか。

A 事業者が使用人等に金銭以外の資産を給付する場合の当該資産の取得が課税仕入れに該当するかどうかは，その取得が事業としての資産の譲受けであるかどうかを基礎して判定するのであり，その給付が使用人等の給与として所得税の課税の対象とされるかどうかにかかわらないとされています（消基通11-2-3）。

4. 使用人等の発明等に係る報償金等の支給

Q NPO法人のスタッフに対する報奨金の取扱いはどのようにしたらいいですか。

A 事業者が，業務上有益な発明，考案等をした自己の使用人等に支給する報償金，表彰金，賞金等の金銭のうち次に掲げる金銭については，課税仕入れに係る支払対価に該当するとされています（消基通11-2-4）。

(1) 業務上有益な発明，考案又は創作をした使用人等から当該発明，考案又は創作に係る特許を受ける権利，実用新案登録を受ける権利若しくは意匠登録を受ける権利又は特許権，実用新案権若しくは意匠権を承継したことにより支給するもの

(2) 特許権，実用新案権又は意匠権を取得した使用人等にこれらの権利に係る実施権の対価として支給するもの
(3) 事務若しくは作業の合理化，製品の品質改良又は経費の節約等に寄与する工夫，考案等（特許又は実用新案登録若しくは意匠登録を受けるに至らないものに限り，その工夫，考案等がその者の通常の職務の範囲内の行為である場合を除く）をした使用人等に支給するもの

5. 外交員等の報酬

Q NPO法人が外交員や集金人に支払う報酬の取扱いはどのようにしたらいいですか。

A 外交員，集金人，電力量計等の検針人その他これらに類する者に対して支払う報酬又は料金のうち，所得税基本通達204―22により給与所得に該当するとされた部分については，課税仕入れに係る支払対価には該当しないとされています（消基通11-2-5）。

6. 会費，組合費等

Q NPO法人が支払う会費や組合費などの取扱いはどのようにしたらいいですか。

A 事業者がその同業者団体，組合等に対して支払った会費又は組合費等について，その同業者団体，組合等において，団体としての通常の業務運営のために経常的に要する費用を賄い，それによって団体の存立を図るものとして資産の譲渡等の対価に該当しないとしているときは，当該会費等は課税仕入れに係る支払対価に該当しないとされています。同業者団体，組合等に支払う入会金についても，同様です（消基通11-2-6）。

7. 入会金

Q NPO法人が施設などに支払う入会金の取扱いはどのようになっていますか。

A 事業者が支払う入会金のうち、ゴルフクラブ、宿泊施設、体育施設、遊戯施設その他レジャー施設の利用又は一定の割引率で商品等を販売するなど会員に対する役務の提供を目的とする団体の会員資格を得るためのもので脱退等に際し返還されないものは、課税仕入れに係る支払対価に該当するとされています（消基通11-2-7）。

8. 公共的施設の負担金

Q 公共的施設、共同的施設の負担金の取扱いはどのようになっていますか。

A 国若しくは地方公共団体の有する公共的施設又は同業者団体等の有する共同的施設の設置又は改良のため、国若しくは地方公共団体又は同業者団体等がこれらの施設の利用者又は受益者から受ける負担金、賦課金等で、当該国若しくは地方公共団体又は同業者団体等において、資産の譲渡等の対価に該当しないこととしているものについては、当該負担金、賦課金等を支払う事業者においても、課税仕入れに係る支払対価に該当しないとされています（消基通11-2-8）。

なお、負担金等がたとえば専用側線利用権、電気ガス供給施設利用権、水道施設利用権、電気通信施設利用権等の権利の設定等に係る対価と認められる等の場合には、その負担金等は、それを支払う事業者において課税仕入れに係る支払対価に該当します。

9. 共同行事等に係る負担金

Q NPO法人が同業者団体等に支払う共同行事等に係る負担金の取扱いはどのようにしたらいいですか。

A 同業者団体等の構成員が共同して行う宣伝，販売促進，会議等に要した費用を賄うためにその同業者団体等が構成員から受ける負担金等について，その費用の全額について構成員ごとの負担割合があらかじめ定められ，かつ，その同業者団体等においてその宣伝等をその負担割合に応じて構成員が実施したものとして取り扱っている場合は，それを支払う構成員においてその負担金等の費途ごとに，課税仕入れに係る支払対価とすることになります（消基通11-2-9）。

10. 保険金等による資産の譲受け等

Q NPO法人が保険金等によって資産の購入を行った場合でも課税仕入れとなりますか。

A 事業者の行う仕入れが課税仕入れに該当するかどうかは，資産の譲受け等のために支出した金銭の源泉を問いません。保険金，補助金，損害賠償金等を資産の譲受け等に充てた場合であっても，その資産の譲受け等が課税仕入れに該当するときは，その課税仕入れは仕入税額控除の対象となります（消基通11-2-10）。

11. 滅失等した資産に係る仕入税額控除

Q 課税仕入れに係る資産が事故等により滅失したらどうなりますか。

A 課税仕入れ等に係る資産が事故等により滅失し，若しくは亡失した場合又は盗難にあった場合などのように，結果的に資産の譲渡等を行うことができなくなった場合であっても，当該課税仕入れ等について仕入税額控除の対象となります（消基通11-2-11）。

12. 出向社員の給与負担金

Q NPO法人が受け入れている出向者に関して，出向元の企業に給与負担金を支払っていますが，これには消費税がかかりますか。

A 出向者の給与は出向元の企業が支払うことになっているので，出向先では出向元の企業に対して給与負担金を支払う場合があります。この給与負担金は，どのような名目で支払われても給与の性格を有するものとして，課税仕入れとはなりません（消基通5-5-10）。

これに対して，労働者の派遣を受けて支払う労働者派遣料は，役務の提供を受けて支払う対価として課税仕入れとなります（消基通5-5-11）。

第 7 章

認定NPO法人制度

　NPO法人の中で特に認められて税制上の優遇措置が受けられるようになっている法人が認定NPO法人です。優遇措置というのは，第一に認定NPO法人に寄附した人が優遇されるように講じられている措置です。それから，認定NPO法人が収益事業をしたときでも税金が重くならないような措置も設けられています。

　そのため認定NPO法人になるには，そう簡単でない要件をクリアする必要がありますし，ある程度複雑で面倒な手続も求められています。この章では，認定NPO法人の制度について見ておきましょう。

第1節　認定NPO法人とは

1　認定NPO法人制度の目的

　認定NPO法人制度は，NPO法人に対する寄附を促進することを目的とする税制上の措置として平成13年度税制改正で設けられました。NPO法人のうち一定の要件を満たすものについて国税庁長官が認定する制度でしたが，NPO法の改正により，平成24年度からは所轄庁（都道府県又は指定都市の長）が認定を行う制度に変わりました。それから，認定NPO法人よりも要件を軽くした仮認定NPO法人制度も新たに設けられました。

2　認定NPO法人と仮認定NPO法人の違い

　認定NPO法人は，NPO法人のうち次のことについて一定の基準に適合したものとして所轄庁の認定を受けた法人とされています。
　①　運営組織が適正
　②　事業活動が適正
　③　公益の増進に資する

　これに対して，仮認定NPO法人は，①，②を満たして特定非営利活動の健全な発展の基盤を有し，③が見込まれることについて所轄庁の認定を受けた法人ということになります。

3　認定の基準とは

　認定NPO法人又は仮認定NPO法人になるには，次の基準に適合する必要があります。
　基準の詳しい内容については，第5節で述べています。
　①　パブリック・サポート・テストに適合すること（仮認定NPO法人は，この基準を満たすことは必要ありません）
　②　事業活動において，共益的な活動の占める割合が，50％未満であるこ

と
③ 運営組織及び経理が適切であること
④ 事業活動の内容が適正であること
⑤ 情報公開を適切に行っていること
⑥ 事業報告書等を所轄庁に提出していること
⑦ 法令違反，不正の行為，公益に反する事実等がないこと
⑧ 設立の日から1年を超える期間が経過していること

4 欠格事由

次の欠格事由のいずれかに該当する法人は，認定又は仮認定を受けることはできません。
① 役員のうちに，次のいずれかに該当する者がいる法人
　a．認定又は仮認定を取り消された法人において，その取消しの原因となった事実があった日以前1年以内に当該法人のその業務を行う理事であった者でその取消しの日から5年を経過しない者
　b．禁固以上の刑に処せられ，その執行を終わった日又はその執行を受けることがなくなった日から5年を経過しない者
　c．特定非営利活動促進法，暴力団員不当行為防止法に違反したことにより，若しくは刑法204条若しくは暴力行為等処罰法の罪を犯したことにより，又は国税若しくは地方税に関する法律に違反したことにより，罰金刑に処せられ，その執行を終わった日又はその執行を受けることがなくなった日から5年を経過しない者
② 認定又は仮認定を取り消され，その取り消しの日から5年を経過しない法人
③ 定款又は事業計画書の内容が法令等に違反している法人
④ 国税又は地方税の滞納処分の執行等がされている法人
⑤ 国税又は地方税に係る重加算税等を課された日から3年を経過しない法人

⑥　暴力団，又は，暴力団若しくは暴力団の構成員等の統制下にある法人

5　認定又は仮認定の実績判定期間と有効期間
(1)　実績判定期間とは

　実績判定期間は，認定等の基準に適合しているかどうかを判定する期間として定められているものです。認定を受けようとする法人の直前に終了した事業年度の末日以前5年（過去に認定を受けたことのない法人又は仮認定を受ける法人の場合は2年）内に終了した各事業年度のうち最も早い事業年度の初日から当該末日までの期間をいうとされています（NPO法44③，51⑤，58②）。

　わかりやすくいうと，申請直前の5年間が原則ですが，初めて申請する法人や仮認定を申請する法人は，申請直前の2年間ということになります。

(2)　認定等の有効期間は
①　認定の有効期間

　認定NPO法人の認定の有効期間は，所轄庁による認定の日から起算して5年となっています（NPO法51①）。認定の有効期間終了後，引き続いて認定NPO法人を継続したい法人は，その有効期間の更新を受ける制度があります（NPO法51②）。また，認定NPO法人は更新を受けない場合でも，申請して認定を受けることは可能です。

②　仮認定の有効期間

　仮認定の有効期間は，所轄庁による仮認定の日から起算して3年となっています（NPO法60）。仮認定の場合は，有効期間の更新はありません。また，仮認定NPO法人は再度申請することはできないので，一回きりの制度となります。

第2節　認定NPO法人になるには

1　認定の申請手続
(1)　認定の申請書
　認定NPO法人の認定を受けようとするNPO法人は，次の事項を記載した申請書を提出して認定を受けます（NPO法44②）。認定の申請書の提出は，申請書を出した日を含む事業年度開始の日において，設立の日以後1年を超える期間が経過していることが必要です（NPO法45①八）。
① 認定を受けようとするNPO法人の名称
② 代表者の氏名
③ 主たる事務所の所在地とその他の事務所の所在地
④ 設立の年月日
⑤ 認定を受けようとするNPO法人が現に行っている事業の概要
⑥ その他参考となる事項

(2)　認定の添付書類
申請書には次の書類を添付することが必要です。
① 寄附者名簿（実績判定期間内の日を含む各事業年度分）…1部提出
　　…寄附金の支払者ごとの氏名（法人の名称）と住所並びに寄附金の額，受け入れた年月日を記載したもの
② 各認定基準に適合する旨及び欠格事由に該当しない旨を説明する書類…2部提出
③ 寄附金を充当する予定の具体的な事業の内容を記載した書類…2部提出

2　仮認定の申請手続
(1)　仮認定の申請ができる法人
　仮認定の申請ができるNPO法人は，次の基準に適合する必要があります。
① 仮認定の申請書を提出した日を含む事業年度開始の日において，設立の

日以後1年を超える期間が経過していること
② 仮認定の申請書を提出した日の前日において，その設立の日から5年を経過しない法人であること（平成24年4月1日から起算して3年を経過するまでの間に仮認定の申請を行おうとするNPO法人については，法人の設立から5年を経過した法人であっても，仮認定の申請を行うことができます（NPO法附則7））
③ 認定又は仮認定を受けたことがないこと

(2) **仮認定の申請書**

認定NPO法人の認定を受けようとするNPO法人は，次の事項を記載した申請書を提出して認定を受けます（NPO法58②，44②）。認定の申請書の提出は，申請書を出した日を含む事業年度開始の日において，設立の日以後1年を超える期間が経過していることが必要です（NPO法59，45①八）。

① 仮認定を受けようとするNPO法人の名称
② 代表者の氏名
③ 主たる事務所の所在地とその他の事務所の所在地
④ 設立の年月日
⑤ 仮認定を受けようとするNPO法人が現に行っている事業の概要
⑥ その他参考となる事項

(3) **仮認定の添付書類**

申請書には次の書類を添付することが必要です。

① 各認定基準に適合する旨及び欠格事由に該当しない旨を説明する書類…2部提出
② 寄附金を充当する予定の具体的な事業の内容を記載した書類…2部提出

3　認定の有効期間の更新手続

(1) **更新の申請書**

認定の有効期間の更新を受けようとする認定NPO法人は，有効期間の満了の日の6か月前から3か月前までの間に，次の事項を記載した有効期間の更新

の申請書を提出して、有効期間の更新を受けます（NPO法51②③⑤）。
① 有効期間の更新を受けようとする認定NPO法人の名称
② 代表者の氏名
③ 主たる事務所の所在地とその他の事務所の所在地
④ 認定の有効期間
⑤ 有効期間の更新を受けようとする認定NPO法人が現に行っている事業の概要
⑥ その他参考となる事項

(2) **更新の添付書類**

申請書には次の書類を添付することが必要です。
① 各認定基準に適合する旨及び欠格事由に該当しない旨を説明する書類…2部提出
② 寄附金を充当する予定の具体的な事業の内容を記載した書類…2部提出

第3節　認定NPO法人になると

1　税制上の優遇措置

認定NPO法人になると、次の税制上の優遇措置が受けられます。仮認定NPO法人に対しては、(1)③の相続財産の寄附の場合の措置や(2)のみなし寄附金制度の適用はありません。

(1) **寄附者に対する優遇措置**

① 個人の寄附の場合

　個人が認定NPO法人又は仮認定NPO法人に対し、その認定法人又は仮認定法人の行う特定非営利活動に係る事業に対する寄附をした場合には、所得税法上の特定寄附金に該当し、寄附金控除（所得控除）又は税額控除のいずれかの控除を選択できます（措法41の18の2①②）。
　また、都道府県又は市町村が条例で指定した認定法人又は仮認定法人に個

人が寄付した場合，個人住民税（地方税）の計算において，寄附金税額控除が適用されます（地法37の2①三，四，314の7①三，四）。

a．寄附金控除（所得控除）

その年中に支出した特定寄附金の額の合計額から2,000円を控除した金額をその年分の総所得金額等から控除できます。

≪算定式≫特定寄附金の額の合計額－2,000円＝寄付金控除額

※特定寄附金の額の合計額は所得金額の40％相当額が限度です。

【適用を受けるための手続】

個人が，寄附金控除（所得控除）の適用を受けるためには，寄附をした日を含む年分の確定申告書の提出の際に，確定申告書に記載した特定寄附金の明細書と，寄附金の領収証を添付又は提示する必要があります。認定法人又は仮認定法人が発行する寄附金の領収証には次のことが記載されていることが必要です。

イ．特定寄附金を受領した旨（その寄附金が認定法人又は仮認定法人の行う特定非営利活動に係る事業に関連する寄附金である旨を含みます）

ロ．その金額，受領年月日

b．認定法人等寄附金特別控除（税額控除）

その年中に支出した認定法人又は仮認定法人に対する寄附金の額の合計額から2,000円を控除した金額の40％相当額（所得税額の25％相当額を限度）を，その年分の所得税額から控除できます。

≪算定式≫〔認定法人又は仮認定法人に対する寄附金の額の合計額
　　　　－2,000円〕×40％＝税額控除額

※認定法人又は仮認定法人に対する寄附金の額の合計額は所得金額の40％が限度です。ただし，認定法人又は仮認定法人に対する寄附金の額以外の特定寄附金の額又は公益社団法人等に対する寄附金の額がある場合には，これらの寄附金の額の合計額と認定法人又は仮認定法人に対する寄附金の合計額は，所得金額の40％相当額を限度とします。なお，税額控除額は，所得税額の25％相当額が限度となります。

【適用を受けるための手続】

　個人が，認定法人等寄附金特別控除（税額控除）の適用を受けるためには，寄附をした日を含む年分の確定申告書の提出の際に，確定申告書に記載した寄附金の税額控除額の計算明細書と，寄附金の領収証を添付又は提示する必要があります。認定法人又は仮認定法人が発行する寄附金の領収証には次のことが記載されていることが必要です。

イ．特定寄附金を受領した旨（その寄附金が認定法人又は仮認定法人の行う特定非営利活動に係る事業に関連する寄附金である旨を含みます）

ロ．その金額，受領年月日

ハ．寄附者の氏名，住所

c．個人住民税

　認定法人又は仮認定法人に対する特定寄附金又は個人がNPO法人の行う特定非営利活動に係る事業に関連する寄附金のうち，住民の福祉の増進に寄与する寄附金として都道府県・市区町村が条例で個別に指定した寄附金は，個人住民税の控除を受けることができます。その年中に支出した寄附金の額の合計額から2,000円を控除した金額の10％相当額が，個人住民税額から控除できます。

≪算定式≫〔寄附金－2,000円〕×10％＝税額控除額

※寄附金の合計は，総所得金額等の30％相当額が限度です。

※条例で指定する寄附金の場合は，［都道府県が指定した寄付金は4％］，［市区町村が指定した寄附金は6％］，［都道府県と市区町村が指定した寄附金は10％］により算定します。

【適用を受けるための手続】

　所得税の確定申告を行うことにより，個人住民税控除の適用も受けることができます。このとき，寄附先の法人から受け取った領収証などを申告書に添付することが必要です。条例で個別に指定されたNPO法人への寄附金について，個人住民税の寄附金控除を受けようとする場合は，市区町村への申告が必要になります。

② 法人の寄附の場合

　法人が認定 NPO 法人又は仮認定 NPO 法人に対して対し，その認定法人又は仮認定法人の行う特定非営利活動に係る事業に対する寄附をした場合には，一般寄附金の損金算入限度額とは別に，特定公益増進法人に対する寄附金の額と合わせて，特別損金算入限度額の範囲内で損金算入が認められます（措法 66 の 11 の 2②）。

　なお，寄附金の額の合計額が特別損金算入限度額を超える場合には，その超える部分の金額は一般寄附金の額と合わせて，一般寄附金の損金算入限度額の範囲内で損金算入が認められます。

≪算定式≫

a．普通法人の場合の一般寄附金の損金算入限度額

$= 〔資本金等の額 \times 0.25\% + 所得金額 \times 2.5\%〕\times 1/4$

b．普通法人の場合の特別損金算入限度額

$= 〔資本金等の額 \times 0.375\% + 所得金額 \times 6.25\%〕\times 1/2$

【適用を受けるための手続】

　寄附金を支出した日を含む事業年度の確定申告書にその金額を記載するとともに明細書を添付し，認定法人又は仮認定法人が発行した領収証を保存しておくことが必要です。

③ 相続財産の寄附の場合

　相続又は遺贈により財産を取得した者が，その取得した財産を相続税の申告期限までに認定 NPO 法人に対して，その認定 NPO 法人が行う特定非営利活動に係る事業に関連する寄附をした場合，その寄附をした者又はその親族等の相続税又は贈与税の負担が不当に減少する結果となる場合を除き，その寄附をした財産には相続税がかかりません（措法 70⑩）。

　ただし，その寄附を受けた認定法人が，寄附のあった日から 2 年を経過した日までに認定法人に該当しないこととなった場合又はその寄附により取得した財産を同日においてなお特定非営利活動に係る事業の用に供していない場合には，適用されません（措法 70①，②，⑩）。

【適用を受けるための手続】
　相続税の申告書にこの措置を受ける旨などを記載するとともに，その財産の寄附を受けた認定法人が次の事項を記載した書類を添付する必要があります。
　　イ．その寄附が特定非営利活動に係る事業に関連する寄附である旨
　　ロ．その寄附を受けた年月日及びその財産の明細
　　ハ．その財産の使用目的

(2) **認定法人に対するみなし寄附金制度**

　認定NPO法人が，その収益事業に属する資産のうちからその収益事業以外の事業で特定非営利活動に係る事業に支出した金額は，その収益事業に係る寄附金の額とみなされて，次の範囲内で損金算入が認められます（措法66の11の2②）。

　　≪算定式≫
　　　みなし寄附金の損金算入限度額 ＝ 所得金額の50%又は200万円のいずれか多い額

2　毎事業年度終了後の報告

　認定NPO法人や仮認定NPO法人は，毎事業年度1回の役員報酬規程等の提出や，助成金支給実績及び海外送金（200万円超）の提出などの報告義務があります。また，法人の運営や活動について書類の備え置きや閲覧などの情報公開をする必要があります。これらを怠った場合等には過料などの行政処分を受けることがあります。

(1) **役員報酬規程等の報告**

　認定法人又は仮認定法人は，毎事業年度初めの3か月以内に，次の書類を所轄庁に提出しなければなりません。このほかにNPO法人として事業報告書等の提出義務があることはもちろんです。なお，2以上の都道府県の区域内に事務所を設置する法人は，所轄庁以外の関係知事にも書類を提出する必要があります。

① 認定(仮認定)NPO法人の役員報酬規程等提出書
② 前事業年度の役員報酬又は職員給与の支給に関する規程
③ 収益の源泉別明細,借入金の明細,その他の資金に関する事項の記載書類
④ 資産の譲渡等に係る事業の料金,条件,その他その内容に関する事項の記載書類
⑤ 次に掲げる取引に係る取引先,取引金額,その他その内容に関する事項の記載書類
 ⅰ 収益取引・費用取引の取引金額の多いものから第5順位までの取引
 ⅱ 役員等との取引
⑥ 寄附者の氏名,金額,受領年月日の記載書類
⑦ 給与を得た職員の総数,給与の総額の記載書類
⑧ 支出した寄附金の額,相手先,支出年月日
⑨ 海外への送金・金銭の持ち出しを行った場合の金額,使途,実施日の記載書類
⑩ 運営組織・経理・事業活動・情報公開・法令順守などの基準への適合,欠格事由の非該当などの説明書類

(2) **助成金・海外送金等の報告**

認定法人又は仮認定法人は,助成金の支給を行ったとき又は200万円を超える海外への送金若しくは金銭の持出しを行うときには,次の書類を所轄庁に提出しなければなりません。なお,2以上の都道府県の区域内に事務所を設置する法人は,所轄庁以外の関係知事にも書類を提出する必要があります。

① 助成金の支給

「助成の実績を記載した書類」を支給後遅滞なく提出します。

② 海外送金,金銭持出し

「金額及び使途並びに予定日を記載した書類」を送金又は持出し前に提出します。

(3) その他の報告

認定法人又は仮認定法人は，役員の変更をした場合や定款の変更をした場合など，所轄庁への届け出が必要です。

第4節　認定等が取消しになると

1　認定等が取り消される場合

(1) 強制的取消し事由

次の場合には，所轄庁は認定又は仮認定を取り消します（NPO法67①③）。

① 欠格事由のいずれかに該当するとき
② 偽りその他不正の手段により認定，仮認定，認定の有効期間の更新並びに合併による地位の継承の認定を受けたとき
③ 正当な理由がなく所轄庁の命令に従わなかったとき
④ 認定法人等から認定等の取消しの申請があったとき

(2) 任意的取消し事由

次の場合には，所轄庁は認定又は仮認定を取り消すことができます（NPO法67②③）。

① 認定等の基準のうち「運営組織及び経理に関する基準」，「事業活動に関する基準のうち一定のもの」，「不正行為等に関する基準」に適合しなくなったとき
② 事業報告等を所轄庁に提出しないとき，情報公開に違反して書類を閲覧させないとき
③ その他に，法令又は法令に基づいてする行政庁の処分に違反したとき

2　認定の取消しを受けた場合の取戻し課税

認定法人の認定が取り消された場合には，その取消しの基因となった事実が生じた日を含む事業年度以後の各事業年度のみなし寄附金の額のうち，所得の

金額の計算上損金の額に算入された金額に相当する金額の合計額は，その法人の取消しの日を含む事業年度の収益事業から生じた収益とみなされ，その事業年度の所得の金額の計算上，益金の額に算入することとなります（措法66の11の2③〜⑤）。

第5節　認定を受けるための基準

　認定NPO法人になるには，次の1〜8までの基準を満たす必要があります。仮認定NPO法人になるには，次の2〜8までの基準を満たす必要があります。

1　パブリック・サポート・テスト（PST）に関する基準

　パブリック・サポート・テスト基準の判定にあたっては，次の①相対値基準，②絶対値基準，③条例個別指定基準のいずれかの基準を選択できます。

(1)　相対値基準【実績判定期間において適合する必要】

　実績判定期間における経常収入金額のうちに寄附金等収入金額の占める割合が5分の1以上であること。ただし，これには，小規模法人の特例の適用を受けるかどうか，国の補助金等を算入するかどうかに応じて，次の①〜④の選択可能な計算方法があります。

　　　※小規模法人の特例
　　　　小規模法人の特例を選択適用できる法人は，実績判定期間における総収入金額に12を乗じて，これを実績判定期間の月数で除した金額が800万円未満で，かつ，実績判定期間において受け入れた寄附金等の額の総額が3,000円以上である寄附者（役員又は社員を除きます）の数が50人以上であるNPO法人に限られます（NPO法45②，NPO法令3）。

　《小規模法人判定の算定式》

$$\frac{実績判定期間の総収入金額}{実績判定期間の月数} \times 12 < 800万円$$

かつ

実績判定期間において受け入れた寄附金の額の総額が
3,000円以上である寄附者（役員，社員の属）≧50人

① 原則的計算方法

相対値基準の原則的な計算方法は，次のとおりです。

≪算定式≫

$$\frac{寄附金等収入金額}{経常収入金額} \geq \frac{1}{5}$$

※経常収入金額　＝総収入金額－ A の金額

※寄附金等収入金額＝受入寄付金総額－ B の金額 ＋ C の金額

　実績判定期間における経常収入金額（総収入金額（※1）から A の金額 を控除した金額）のうちに寄附金等収入金額（受入寄附金総額から B の金額 を控除した金額（一定の要件を満たす法人にあっては，それに C の金額 の金額を加算した金額））の占める割合が5分の1以上であること（NPO法45①一イ，NPO法令1）。

※1　総収入金額とは，活動計算書の経常収益計と経常外収益計の合計額です。ただし，活動計算書にボランティア受入評価益，施設等受入評価益等の法人自身が金額換算し計上した科目に係る金額については，経常収益計から控除することとなります。

※2　受取寄附金は，活動計算書においては，実際に入金したときに収益として計上します。

A の金額 は，次に掲げる金額の合計額です（NPO法45①一イ(1)，NPO法規5）。

ⅰ．国等（国，地方公共団体，法人税法別表第1に掲げる独立行政法人，地方独立行政法人，国立大学法人，大学共同利用機関法人及び我が国が加盟している国際機関をいいます。以下同じです）からの補助金その他国等が反対給付を受けないで交付するもの（以下「国の補助金等」といいます）

ⅱ．委託の対価としての収入で国等から支払われるもの

ⅲ．法律又は政令の規定に基づき行われる事業でその対価の全部又は一部につき，その対価を支払うべき者に代わり国又は地方公共団体が負担す

ることとされている場合のその負担部分
iv．資産の売却による収入で臨時的なもの
v．遺贈（贈与者の死亡により効力を生ずる贈与を含みます）により受け入れた寄附金，贈与者の被相続人に係る相続の開始のあったことを知った日の翌日から10か月以内に当該相続により当該贈与者が取得した財産の全部又は一部を当該贈与者からの贈与（贈与者の死亡により効力を生ずる贈与を除きます）により受け入れた寄附金のうち，一者当たり基準限度超過額に相当する部分
vi．実績判定期間における同一の者から受け入れた寄附金の額の合計額が1,000円に満たないもの
vii．寄附者の氏名（法人・団体にあっては，その名称）及びその住所が明らかでない寄附金

　※3　役員が寄附者の場合，他の寄附者のうちに当該役員の配偶者及び3親等以内の親族並びに当該役員と特殊の関係のある者がいるときは，これらの者は役員と同一の者とみなします（いわゆる親族合算）（NPO法規8）。
　　　上記の「特殊の関係」とは次に掲げる関係をいいます（NPO法規4二，16）。
a．婚姻の届出をしていないが事実上婚姻関係と同様の事情にある関係
b．使用人である関係及び使用人以外の者で当該役員から受ける金銭その他の財産によって生計を維持している関係
c．a又はbに掲げる関係のある者の配偶者及び三親等以内の親族でこれらの者と生計を一にしている関係
　（補足）「生計を維持しているもの」とは，当該役員からの経済的援助によって日常生活の資の主要部分を補っている者をいい，「これらの者と生計を一にしているもの」とは，これらの者と日常生活の資を共通にしている者をいい，同居していなくても仕送り等により日常生活の資を共通にしている場合にはこれに該当します。

第 7 章　認定 NPO 法人制度　225

 Bの金額 は，次に掲げる金額の合計額です（NPO 法 45①一イ(2)，NPO 法規 6，7）。

 ⅰ．受け入れた寄附金の額のうち一者当たり基準限度超過額に相当する金額
 ⅱ．実績判定期間における同一の者から受け入れた寄附金の額の合計額が 1,000 円に満たないものの合計額
 ⅲ．寄附者の氏名（法人にあっては，その名称）及びその住所が明らかでない寄附金

　　※ 4　役員が寄附者の場合は，他の寄附者のうちに当該役員の配偶者及び 3 親等以内の親族並びに当該役員と特殊の関係のある者がいるときは，これらの者は役員と同一の者とみなします（いわゆる親族合算）（NPO 法規 8）。
　　　　上記「特殊の関係」については， Aの金額 （※ 1）をご覧ください。
　　※ 5　「一者当たり基準限度超過額」とは，同一の者からの寄附金の額の合計額のうち受入寄附金総額の 100 分の 10 を超える部分の金額をいいます。ただし，特定公益増進法人，認定 NPO 法人からの寄附金については，同一の法人からの寄附金の額の合計額のうち受入寄附金総額の 100 分の 50 を超える部分の金額となります（NPO 法規 6）。
　　※ 6　「一者当たり基準限度超過額」及び「1,000 円未満（同一の者からの合計額）の寄附金」の判定については，実績判定期間に受け入れた寄附金の合計額で計算します（NPO 法 45①一イ，NPO 法規 7）。

 Cの金額 は，次の金額です（NPO 法 45①一イ(3)，NPO 法規 4）。

社員から受け入れた会費の合計額から，この合計額のうち共益的な活動等に係る部分の金額（「(2)活動の対象に関する基準」に定める割合を乗じて計算した金額をいいます）を控除した金額（ただし，受入寄附金総額― Bの金額 が限度です）。

　　※ 7　 Cの金額 を PST の分子に加算するには，次の要件を満たす必要

があります（NPO 法規 4）。

(イ) 社員の会費の額が合理的と認められる基準により定められていること

(ロ) 社員（役員並びに役員の配偶者及び 3 親等以内の親族関係並びに役員と特殊の関係のある者を除きます。「特殊の関係」については，$\boxed{\text{A の金額}}$（※1）と同様です）の数が 20 人以上であること

(補足)　「合理的と認められる基準」に該当するか否かについては，その基準が，特定の社員に対し特別の利益が享受されうるような場合における会費までは，分子に算入することは適切ではないとの趣旨から講じられているものです。したがって，会員の資力に応じて会費の額に差を設けていた（たとえば，個人会員と法人会員，一般会員と学生会員）としても，基本的には「合理的と認められる基準」に当たると考えられます。

※8　社員から受け入れた会費の合計額について，活動計算書の会費収入に期末の未収会費額を計上している場合には，未収計上した会費の額は含まれませんのでご注意ください。

※9　上記の「共益的な活動等に係る部分の金額」とは，社員から受け入れた会費の合計額に法人の行った事業活動に係る事業費の額等の合理的な指標に基づき算出した事業活動に占める共益的な活動等の割合（「(2)　活動の対象に関する基準」の事業活動のうちに会員等に対する共益的な活動等の占める割合をいいます）を乗じた金額をいいます。

② 小規模法人の特例

《小規模法人の特例の算定式》

$$\frac{受入寄附金総額 - \boxed{\text{E の金額}} + \boxed{\text{F の金額}}}{総収入金額 - \boxed{\text{D の金額}}} \geq \frac{1}{5}$$

実績判定期間における，総収入金額から $\boxed{\text{D の金額}}$ を控除した金額のうちに，受入寄附金総額から $\boxed{\text{E の金額}}$ を控除した金額（一定の要件を満たす法人

にあっては，それに F の金額 を加算した金額）の占める割合が５分の１以上であること（NPO法令5②）。

D の金額 は，次に掲げる金額の合計額です（NPO法45①一イ(1)，NPO法令5②一，NPO法規5，25②）。

- ⅰ．国の補助金等
- ⅱ．委託の対価としての収入で国等から支払われるもの
- ⅲ．法律又は政令の規定に基づき行われる事業でその対価の全部又は一部につき，その対価を支払うべき者に代わり国又は地方公共団体が負担することとされている場合のその負担部分
- ⅳ．資産の売却による収入で臨時的なもの
- ⅴ．遺贈（贈与者の死亡により効力を生ずる贈与を含みます）により受け入れた寄附金，贈与者の被相続人に係る相続の開始のあったことを知った日の翌日から10か月以内に当該相続により当該贈与者が取得した財産の全部又は一部を当該贈与者からの贈与（贈与者の死亡により効力を生ずる贈与を除きます）により受け入れた寄附金のうち，一者当たり基準限度超過額に相当する部分

※10　ここに掲げるものは， A の金額 のⅰ～ⅴと同一です。

　　E の金額 は，次の金額です（NPO法45①一イ(2)，NPO法令5②一，NPO法規6）。

　　　受け入れた寄附金のうち一者当たり基準限度超過額の合計額

※11　これは B の金額 のⅰと同一です。なお，原則的計算方法の場合と異なり，小規模法人の特例を選択適用する場合には，役員が寄附者の場合であっても，いわゆる親族合算を行う必要はありません。

※12　「一者当たり基準限度超過額」については，※5参照。

　　F の金額 は，次の金額です（NPO法令5②，NPO法規4，25①）。

　　　社員から受け入れた会費の合計額から，この合計額のうち共益的な活動等に係る部分の金額（「(2)　活動の対象に関する基準」に

定める割合を乗じて計算した金額）を控除した金額（ただし，受入寄附金総額－ Eの金額 が限度です）。

※13　これは Cの金額 と同一です。

※14　Fの金額 をPSTの分子に加算するには，次の要件を満たす必要があります（NPO法規4，25①）。

　(イ)　社員の会費の額が合理的と認められる基準により定められていること

　(ロ)　社員（役員及び役員と親族関係を有する者並びに役員と特殊の関係のある者を除きます）の数が20人以上であること

※15　共益的な活動等に係る部分の金額は，社員から受け入れた会費の合計額に法人の行った事業活動に係る事業費の額等の合理的な指標に基づき算出した事業活動に占める共益的な活動等の割合（「(2)活動の対象に関する基準」の事業活動のうちに会員等に対する共益的な活動等の占める割合をいいます）を乗じた金額となります。

③　国の補助金等を算入する計算方法

《国の補助金等を算入する算定式》

$$\frac{寄附金等収入金額 + \boxed{Hの金額}}{経常収入金額 + \boxed{Gの金額}} \geq \frac{1}{5}$$

国の補助金等を受け入れている場合，選択により，当該国の補助金等を相対値基準計算上の分母・分子に算入することが可能です（NPO法令5①）。ただし，分子に算入する国の補助金等の額（ Hの金額 ）は，受入寄附金総額から Bの金額 を控除した金額が限度となります（分母には，国の補助金等の額の全額（ Gの金額 ）を算入します）。

上記算式のうち，寄附金等収入金額及び経常収入金額については，原則的計算方式を参照。

Gの金額 は，国の補助金等の全額です（NPO法令5①）。

Hの金額 は，次のいずれか少ない金額（NPO法令5①）です。

　ⅰ．国の補助金等の額

ⅱ．受入寄附金総額から B の金額 を控除した金額
④ 小規模法人の特例を適用し，国の補助金等を算入する計算方法

≪国の補助金等を算入する小規模法人の算定式≫

$$\frac{受入寄附金総額 - \boxed{Eの金額} + \boxed{Fの金額} + \boxed{Iの金額}}{総収入金額 - \boxed{Dの金額} + \boxed{Gの金額}} \geqq \frac{1}{5}$$

　小規模法人の特例を選択適用する小規模法人で国の補助金等を受けている場合，選択により，当該国の補助金等を相対値基準計算上の分母・分子に算入することが可能です（NPO 法令 5③）。ただし，分子に算入する国の補助金等の額（ I の金額 ）は，受入寄附金総額からホの金額を控除した金額が限度となります。（分母には，国の補助金等の全額（ G の金額 ）を算入します）。

　上記算式のうち， D の金額 ， E の金額 及び F の金額 については，該当箇所を参照。

　 G の金額 は，国の補助金等の全額です（NPO 法令 5③）。

　 I の金額 は，次のいずれか少ない金額です（NPO 法令 5③）。

　　ⅰ．国の補助金等の額

　　ⅱ．受入寄附金総額からホの金額を控除した金額

(2) 絶対値基準【実績判定期間において適合する必要】

　実績判定期間の各事業年度中の寄附金の額の総額が 3,000 円以上である寄附者の数の合計数が年平均 100 人以上であること（NPO 法 45①一ロ，NPO 法令 2，NPO 法規 9）。

　なお，実績判定期間の各事業年度単位で，年 3,000 円以上の寄附者数が 100 人以上となっている場合には，この算式に当てはめるまでもなく基準に適合することになります。

　　　※寄附者の氏名（法人。団体はその名称）及び住所が明らかな寄附者のみを数えます。

　　　※寄附者数の算出に当たっては，寄附者本人と生計を一にする者を含めて 1 人として数えます。

≪月数による算定式≫

$$\frac{\text{実績判定期間内の各事業年度中の寄附金の額の総額が3,000円以上の寄附者の合計数}\times 12}{\text{実績判定期間の月数}} \geq 100 \text{人}$$

※申請法人の役員及びその役員と生計を一にする者が寄附者である場合は，これらの者は寄附者数に含めません。

(3) **条例個別指定基準**

認定法人として認定を受けるための申請書を提出した日の前日において，都道府県又は市区町村の条例により，個人住民税の寄附金控除の対象となる法人として個別に指定を受けていること

※その都道府県又は市区町村の区域内に事務所を有するNPO法人に限られます。

※認定申請書を提出する前日において条例の効力が生じている必要があります。

※個人住民税の寄附金控除の対象となる寄附金を受け入れるNPO法人として，条例により定められている場合には，PST基準を満たすものとして認められるということです。

※寄附金税額控除の対象となる寄附金を受け入れるNPO法人の名称及び主たる事務所の所在地が条例で明らかにされていることが必要です。

2　活動の対象に関する基準【実績判定期間において適合する必要】

実績判定期間における事業活動のうちに，次に掲げるような特定のものに偏った活動の占める割合が50％未満であること。

① 会員等に対する資産の譲渡等及び会員等が対象である活動
② 特定の範囲の者に便益が及ぶ活動
③ 特定の著作物又は特定の者に関する活動
④ 特定の者の意に反した活動

3 運営組織及び経理に関する基準【認定時又は仮認定時まで適合する必要】

運営組織及び経理について,次の四つの基準の全てを満たしていること。

① 運営組織が,次の割合のいずれについても3分の1以下であること

　a．役員の総数のうちに役員並びにその配偶者及び3親等以内の親族並びに役員と特殊の関係のある者の占める割合

　≪算定式≫

$$\frac{\text{役員のうち親族関係を有するもの等で構成する最も大きなグループの人数}}{\text{役員の総数}} \leq \frac{1}{3}$$

　b．役員の総数のうちに特定の法人(その法人との間に一定の関係のある法人を含みます)の役員又は使用人である者並びにこれらの者と親族関係を有する者並びにこれらの者と特殊の関係のある者の数の占める割合

　≪算定式≫

$$\frac{\text{役員のうち特定の法人の役員又は使用人等で構成する最も大きなグループの人数}}{\text{役員の総数}} \leq \frac{1}{3}$$

② 各社員の表決権が平等であること

③ 会計について公認会計士の監査を受けていること,又は青色申告法人と同等の取引記録,帳簿の保存を行っていること

④ 不適正な経理を行っていないこと

4 事業活動に関する基準

事業活動が,次の四つの基準の全てを満たしていること

① 宗教活動,政治活動及び特定の公職者等又は政党を推薦,支持又は反対する活動を行っていないこと【認定時又は仮認定時まで適合する必要】

② 役員,社員,職員又は寄附者等に特別の利益を与えないこと及び営利を目的とした事業を行う者等に寄附を行っていないこと【認定時又は仮認定時まで適合する必要】

③ 実績判定期間における総事業費に占める特定非営利活動の占める割合が80%以上あること【実績判定期間において適合する必要】

≪算定式≫

$$\frac{\text{特定非営利活動に係る事業費}}{\text{総事業費}} \geqq 80\%$$

④ 実績判定期間における受入寄付金総額に占める特定非営利活動に係る事業費にあてた額の割合が70％以上あること【実績判定期間において適合する必要】

≪算定式≫

$$\frac{\text{受入寄附金総額のうち特定非営利活動に係る事業費に充てた額}}{\text{受入寄附金総額}} \geqq 70\%$$

5 情報公開に関する基準【認定時又は仮認定時まで適合する必要】

次の書類を閲覧させること。

(1)事業報告等，役員名簿及び定款等

(2)認定基準等に関する書類

① 各認定基準に適合する旨及び欠格事由に該当しない旨を説明する書類（NPO法44②二）

② 寄附金を充当する予定の具体的な事業の内容を記載した書類（NPO法44②三）

③ ⅰ．前事業年度の役員報酬又は職員給与の支給に関する規程（NPO法54②二）

　　ⅱ．前事業年度の収益の明細その他の資金に関する事項，資産の譲渡等に関する事項，寄附金に関する事項その他次の事項を記載した書類（NPO法54②三，NPO法規32①）

　ａ．収益の源泉別の明細，借入金の明細その他の資金に関する事項

　ｂ．資産の譲渡等に係る事業の料金，条件その他その内容に関する事項

　ｃ．次に掲げる取引に係る取引先，取引金額その他その内容に関する事項

　　(イ) 収益の生ずる取引及び費用の生ずる取引のそれぞれについて，取引金額の最も多いものから第5順位までの取引

(ロ) 役員等との取引

d．寄附者（当該認定特定非営利活動法人の役員，役員の配偶者若しくは三親等以内の親族又は役員と特殊の関係のある者で，前事業年度における当該認定特定非営利活動法人に対する寄附金の額の合計額が20万円以上であるものに限る）の氏名並びにその寄附金の額及び受領年月日

e．給与を得た職員の総数及び当該職員に対する給与の総額に関する事項

f．支出した寄附金の額並びにその相手先及び支出年月日

g．海外への送金又は金銭の持出しを行った場合（その金額が200万円以下の場合に限る）におけるその金額及び使途並びにその実施日を記載した書類

④ ①から③に掲げるもののほか，運営組織及び経理基準，事業活動，閲覧，法令違反等の基準に適合している旨並びに欠格事由のいずれにも該当していない旨を説明する書類（NPO法54②四）。

⑤ 助成の実績並びに海外送金等の金額及び使途並びにその予定日を記載した書類（NPO法54③，④）。

6 事業報告書等の提出に関する基準【認定時又は仮認定時まで適合する必要】

各事業年度において，事業報告書等を決められたとおり所轄庁に提出していること。

7 不正行為等に関する基準【認定時又は仮認定時まで適合する必要】

法令違反，不正の行為，公益に反する事実等がないこと。

8 設立後の経過期間に関する基準

認定又は仮認定の申請書を提出した日を含む事業年度の初日において，設立の日以後1年を超えること。

≪基準を満たす必要がある期間≫

　認定法人又は仮認定法人の上記基準のうち，相対値基準の①と②，絶対値基準，事業活動に関する基準の③と④は，実績判定期間において適合する必要がありますが，条例個別指定基準，事業活動に関する基準の①と②，情報公開に関する基準，事業報告書等の提出に関する基準，不正行為等に関する基準は，実績判定期間内の各事業年度だけでなく認定時又は仮認定時まで適合している必要があります（ただし，実績判定期間中に認定又は仮認定を受けていない期間が含まれる場合には，その期間については情報公開に関する基準の②を除きます）（NPO法45①九）。

　なお，認定又は仮認定を受けた後に条例個別指定基準，事業活動に関する基準の①と②，不正行為に関する基準に適合しなくなった場合には，所轄庁である東京都は認定又は仮認定を取り消すことができることになっています（NPO法67②）。

第6節　事前チェックシート

　所轄庁では，認定を受けられるかどうか法人が簡単に自己チェックするためのツールとして次のような事前チェックシートを作っていますので，活用してみましょう。

事前チェックシート

○ 認定又は仮認定を受けるためには、法令に定められた次に掲げる基準等（仮認定を受ける場合は①を除く）に適合する必要があります。

（注）　仮認定は、設立の日から5年を経過した法人及び過去に認定又は仮認定を受けたことがある特定非営利活動法人（このチェックシートにおいて以下「法人」といいます。）は受けることができません。なお、改正特定非営利活動促進法施行日（平成24年4月1日）から起算して3年を経過する日までの間に仮認定の申請を行おうとする法人については、法人設立の日から5年を経過した法人であっても、仮認定の申請を行うことができます。

○ 申請書の提出を検討されている方は、まず、以下の9項目（仮認定を受ける場合は①を除く）のチェックポイントを確認してください。

○ 項目①イ・ロ、②、④D・Eは実績判定期間において、項目①ハは申請日の前日において、項目③、④A・B・C、⑤、⑥、⑦は、認定時まで継続して、各基準に適合しておく必要があります。

○ 実績判定期間とは、認定基準等の判定対象となる期間のことです。チェックに当たっては、直前に終了した事業年度以前の5事業年度分（初めて認定又は仮認定を受けようとする法人は2事業年度分）の各科目の合計金額を使用します。詳しくは次のページでご確認ください。

《チェックポイント》

① (仮認定除く)	イ	【相対値基準】収入金額に占める寄附金の割合が20％以上である	適　・　否
		又は	
	ロ	【絶対値基準】年3,000円以上の寄附者の数が平均100人以上である	
		又は	
	ハ	【条例個別指定】都道府県又は市区町村の条例による個別指定を受けている（9頁）	

②	事業活動において、共益的な活動の占める割合が50％未満である（10頁）	適　・　否
③	運営組織及び経理が適切である（12頁）	適　・　否
④	事業活動の内容が適正である（13頁）	適　・　否
⑤	情報公開を適切に行っている（14頁）	適　・　否
⑥	所轄庁に対して事業報告書などを提出している（15頁）	適　・　否
⑦	法令違反、不正の行為、公益に反する事実等がない（16頁）	適　・　否
⑧	設立の日から1年を超える期間が経過している（17頁）	適　・　否
⑨	欠格事由のいずれにも該当しない（18頁）	適　・　否

ご注意ください！

○ このチェックシートは、認定基準等を満たしているかどうかを簡易的に自己チェックするためのもので、全てのチェック項目が「適」となった場合でも必ず認定又は仮認定を受けることができるとは限りません。

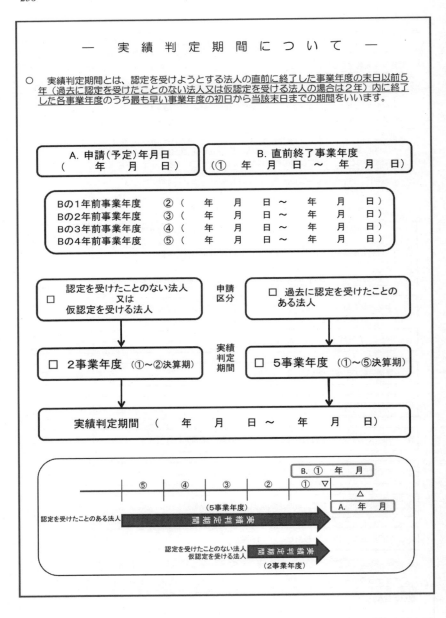

認定基準等①-イ ―パブリックサポートテスト（PST）について―
【相対値基準】

☆ 基準①については、イ、ロ、ハのいずれかの基準を選択して適用いただくことになります。
☆ 仮認定法人としての仮認定を受けようとする法人は、認定基準①の確認は必要ありません。

実績判定期間における

- A. 活動計算書の「総収入金額(注)」　（　　　　　円　）
- B. 国・地方公共団体からの補助金等　（　　　　　円　）
- C. 資産売却による臨時収入　（　　　　　円　）
- D. 1,000円未満の寄附金（同一者からの合計額）　（　　　　　円　）
- E. 氏名又は名称が明らかでない寄附金　（　　　　　円　）
- F. 差引金額（A－B－C－D－E）　（　　　　　円　）

（注）「総収入金額」欄には、活動計算書の経常収益計と経常外収益の合計額を記載します。

実績判定期間における

- G. 受け入れた「寄附金総額」　（　　　　　円　）
- H. 同一者からの寄附金のうち、Gの10％を超える額の合計　（　　　　　円　）
- I. 1,000円未満の寄附金（同一者からの合計額）　（　　　　　円　）
- J. 氏名又は名称が明らかでない寄附金　（　　　　　円　）
- K. 差引金額（G－H－I－J）　（　　　　　円　）

（注）対価性のない助成金等を含みます。

$$\frac{Kの金額（\qquad）}{Fの金額（\qquad）} \geqq 20\%である$$

はい　→　（適）認定基準等①-イに適合すると思われます

いいえ　→　（否）認定基準等に適合しません

※ 初めて認定を受けようとする場合は、実績判定期間に係る寄附者名簿を作成し、申請書に添付してください。

┌───┐
│ ☆ 基準①については、イ、ロ、ハのいずれかの基準を選択して適用いただくことになります。 │
│ ☆ 仮認定法人としての仮認定を受けようとする法人は、認定基準①の確認は必要ありません。 │
└───┘

認定基準等①-ロ ―パブリックサポートテスト(PST)について―
【絶対値基準】

> *実績判定期間において*、年間3,000円以上の寄附者の数が年平均100人以上である。

　　　　はい　↓　　　　　　　　　　　いいえ　↓

(適)
認定基準等①-ロに
適合すると思われます

(否)
認定基準等に
適合しません

(注意事項)
○ 寄附者の氏名(法人・団体にあっては、その名称)及びその住所が明らかな寄附者のみを数えます。
○ 寄附者本人と生計を一にする者を含めて一人として数えます。
○ 申請法人の役員及びその役員と生計を一にする者が寄附者の場合は、これらの者は寄附者数に含めません。

★ 実績判定期間中に、年3,000円以上の寄附者が100人以上でない事業年度がある場合には、次の算式により年平均100人となるかどうか判定してください。
★ 実績判定期間中に、一月に満たない月がある場合は、それを一月とみなして月数を数えます。

	実績判定期間月数(A)		年3,000円以上の寄附者数(B)
①	自　年　月　日 至　年　月　日	月	人
②	自　年　月　日 至　年　月　日	月	人
③	自　年　月　日 至　年　月　日	月	人
④	自　年　月　日 至　年　月　日	月	人
⑤	自　年　月　日 至　年　月　日	月	人
	合　計	月	人

$$\frac{\text{Bの合計(　　　)} \times 12}{\text{Aの合計(　　　)}} = \boxed{\text{年平均　　　人}} \geq 100$$

※ 初めて認定を受けようとする場合は、実績判定期間に係る寄附者名簿を作成し、申請書に添付してください。

☆ 基準①については、イ、ロ、ハのいずれかの基準を選択して適用いただくことになります。
☆ 仮認定法人としての仮認定を受けようとする法人は、認定基準①の確認は必要ありません。

認定基準等①-ハ ―パブリックサポートテスト（PST）について―
【条例個別指定法人】

```
┌─────────────────────────────────────────┐
│ 都道府県又は市区町村の条例により、個人住民税の優遇 │
│ 措置を受ける法人として個別に指定を受けている       │
└─────────────────────────────────────────┘
        │はい                          │いいえ
        ▼
┌─────────────────────────────────────────┐
│ 申請日の前日において条例の効力が生じている         │
└─────────────────────────────────────────┘
        │はい              │いいえ
        ▼
┌─────────────────────────────────────────┐
│ 条例個別指定を受けた都道府県又は                   │
│ 市区町村の域内に事務所がある                       │
│                                                   │
│ ※主たる事務所であるか、従たる事務所であるかは問いません。│
└─────────────────────────────────────────┘
        │はい              │いいえ
        ▼                   ▼
    （適）              （否）
  認定基準等①-ハに     認定基準等に
  適合すると思われます   適合しません
```

※　申請書に寄附者名簿の添付は必要ありません。

認定基準等② ― 活動の対象について ―

*実績判定期間における*事業活動

A. 会員等のみを対象とした物品の販売やサービスの提供

B. 会員等のみが参加する会議や会報誌の発行

C. 特定のグループにのみ便益が及ぶ活動

D. 特定の人物や著作物に関する普及啓発や広告宣伝などの活動

E. 特定の者の意に反した行為を求める活動

F. 特定の地域に居住する者にのみ便益が及ぶ活動

↓

AからF（条例で個別に指定されている法人は、AからE）の事業活動の割合は、法人の事業活動全体の50％未満である

はい　　　　　　　　いいえ

（適）
認定基準等②に
適合すると思われます

（否）
認定基準等に
適合しません

※ 「会員等」の定義については、次頁を参照願います。

第7章 認定NPO法人制度

認定基準等② （参考）「会員等」について

```
                    法人の役員か
         ┌はい──────┤
         │          └いいえ
         │           ↓       ↓
         │           A       B
         │  (P10のA欄の会員等の    (P10のB欄の会員等の
         │   定義を確認する場合)    定義を確認する場合)
         │           ↓              ↓
         │  継続・反復して物品の販     会議や意見交換会等(相
         │  売やサービスの提供等      互の交流、連絡、意見交      いいえ
         │  (資産の譲渡若しくは貸付    換)に参加している者と ────┐
         │  又は役務の提供)を受け     して名簿等で管理されて      │
         │  ている者として名簿等で    いる者か                    │
         │  管理されている者か                                     │
         │     はい    いいえ           はい                       │
         │      │      │                │                         │
         ├──────┘      │                │                         │
         │                ↓                                        │
         │      上記の物品の販売やサー                              │
         │  いいえ ビスの提供等(資産の譲                            │
         │  ┈┈┈ 渡若しくは貸付又は役務                            │
         │      の提供)は不特定多数の                               │
         │      者を対象としたものか                                │
         │                ↓はい                                    │
         │      不特定多数の者を対象と                              │
         │  いいえ した物品の販売やサービス                         │
         │  ┈┈┈ の提供等(資産の譲渡若し  はい                     │
         │      くは貸付又は役務の提供) ────┐                     │
         │      を受ける以外に法人の運                   │          │
         │      営又は業務の執行に関係                   │          │
         │      しない者か                               │          │
         ↓                                              ↓          ↓
    ┌──────────────┐                          ┌ ─ ─ ─ ─ ─ ─ ─ ─ ┐
    │ 会員等に該当します │                      │ 会員等に該当しないと│
    └──────────────┘                          │   思われます       │
                                                └ ─ ─ ─ ─ ─ ─ ─ ─ ┘
```

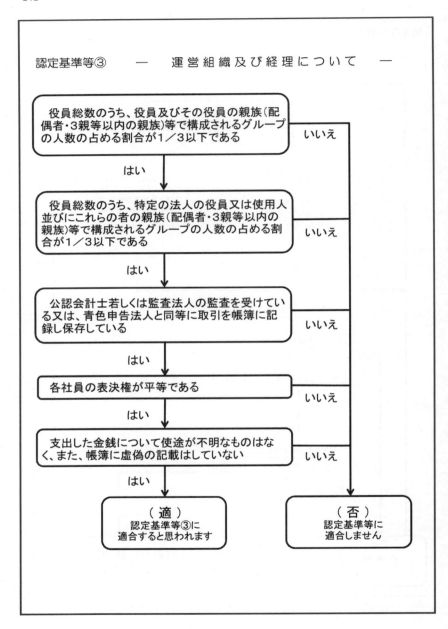

認定基準等④ ― 事業活動について ―

A. 宗教活動及び政治活動は行っていない
↓ はい　　→ いいえ

B. 役員、社員、職員若しくは寄附者若しくはこれらの者の親族（配偶者・3親等以内の親族）等に対して特別の利益を与えていない
↓ はい　　→ いいえ

C. 営利を目的とした事業を行う者や上記Aの活動を行う者又は特定の公職の候補者（公職にある者）に寄附を行っていない
↓ はい　　→ いいえ

D. *実績判定期間*において次の割合は80%以上である

　特定非営利活動に係る事業費　（　　　　　円）
　総事業費　　　　　　　　　　（　　　　　円）
↓ はい　　→ いいえ

E. *実績判定期間*において次の割合は70%以上である

　受入寄附金総額のうち特定非営
　利活動に係る事業費に充てた額　（　　　　　円）
　受入寄附金の総額　　　　　　（　　　　　円）
↓ はい　　→ いいえ

（適） 認定基準等④に適合すると思われます

（否） 認定基準等に適合しません

※ 事業費とは、法人の事業の目的のために直接要した費用で管理費以外のものをいいます。

認定基準等⑤ ― 情報公開について ―

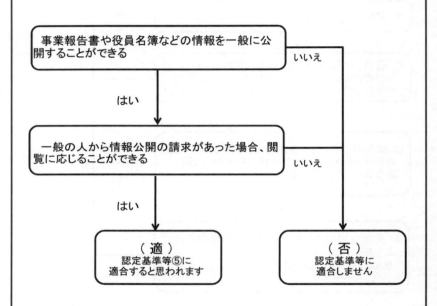

※ 閲覧の対象となる書類
- 事業報告書等、役員名簿及び定款等
- 各認定基準に適合する旨及び欠格事由に該当しない旨を説明する書類
- 寄附金を充当する予定の具体的な事業の内容を記載した書類
- 役員報酬又は職員給与の支給に関する規程
- 収益の明細その他資金に関する事項、資産の譲渡等に関する事項、寄附金に関する事項等を記載した書類
- 助成金の支給を行った場合に事後に所轄庁に提出した書類の写し
- 海外への送金又は金銭の持ち出し（その金額が200万円以下のものを除く。）を行う場合等に所轄庁に提出した書類の写し

認定基準⑥　　―　　所轄庁への書類提出について　　―

```
┌─────────────────────────────┐
│ 各事業年度において、事業報告書等を所轄庁 │
│ に提出している                           │
└─────────────────────────────┘
      │はい                        │いいえ
      ▼                           ▼
　（適）                        （否）
認定基準⑥に                　認定基準に
適合すると思われます            適合しません
```

※　事業報告書等は以下のものです。
・　事業報告書
・　財産目録
・　貸借対照表
・　活動計算書
・　年間役員名簿
・　社員のうち10人以上の者の氏名
　　及び住所又は居所を記載した書面

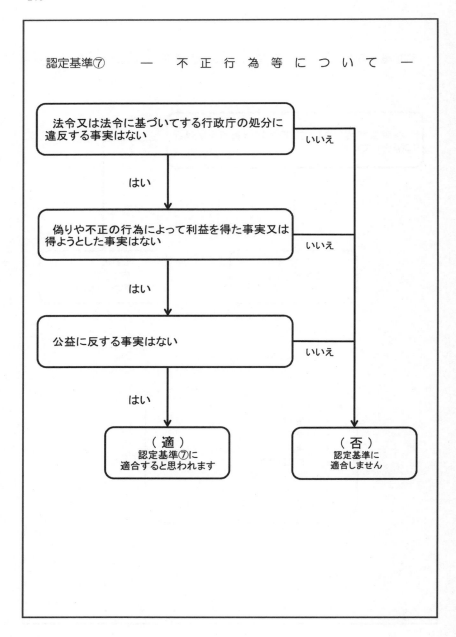

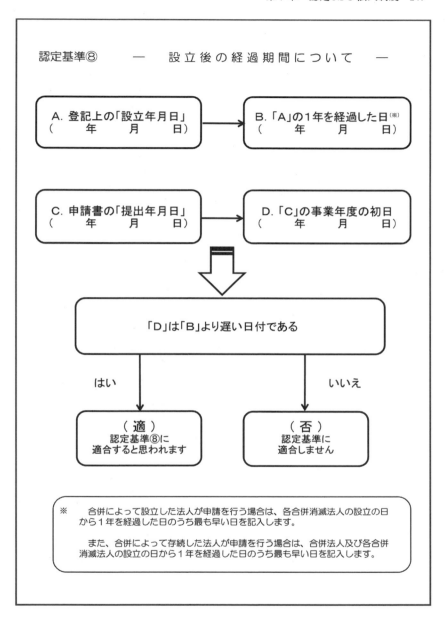

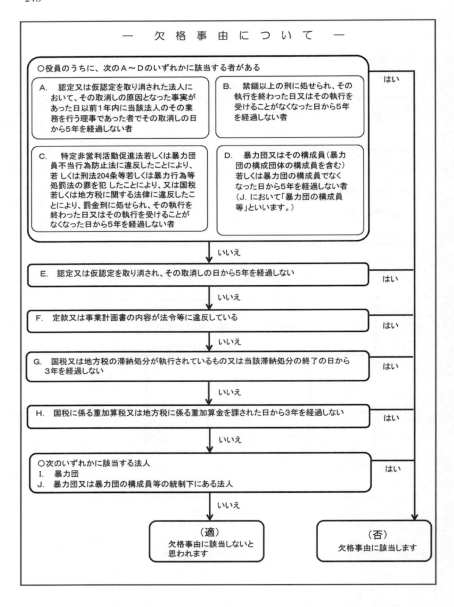

第7節　認定を受けるための申請書類

　認定を受けるには，法人が認定基準に適合する旨及び欠格事由に該当しない旨を説明する書類として次のような書類を提出する必要があります。

第16号様式(第22条の2関係)

(表)

認定特定非営利活動法人としての認定を受けるための申請書

	主たる事務所の所在地	〒　　　　電話(　)　－　　　　FAX(　)　－	
年　月　日	(フリガナ)		
	特定非営利活動法人の名称		
	(フリガナ)		
	代表者の氏名	㊞	
	設立年月日	年　　月　　日	本申請において適用するパブリックサポートテスト基準
東京都知事 殿	事業年度	月　日～　月　日	
	過去の認定の有無(過去の認定の有効期間)	有 ・ 無 自　　年　　月　　日 至　　年　　月　　日	□ 相対値基準・原則
	過去の仮認定の有無(仮認定を受けた日)	有 ・ 無 (　年　月　日)	□ 相対値基準・小規模法人
	認定取消の有無(取消日)	有 ・ 無 (　年　月　日)	□ 絶対値基準
	仮認定取消の有無(取消日)	有 ・ 無 (　年　月　日)	□ 条例個別指定法人

特定非営利活動促進法第44条第1項の認定を受けたいので申請します。

(現に行っている事業の概要)

その他の事務所の所在地	左記の事務所の責任者の氏名	役職
〒 　　電話(　)　－ 　　FAX(　)　－		
〒 　　電話(　)　－ 　　FAX(　)　－		

(日本工業規格A列4番)

(裏)

（備　考）
・申請書を提出する日を含む事業年度の初日において，その設立の日以後1年を超える期間が経過していなければ認定申請書を提出することができません。
・過去に認定又は仮認定の取消しを受けている場合は，その取消しの日から5年を経過した日以後でなければ認定申請書を提出することができません。
・過去に認定（有効期間の更新を除きます。）又は認定取消を複数回受けている場合は，直近の認定の有効期間又は取消日を記載してください。
・「事務所の責任者」とは，その事務所における判断事項について責任を持って判断ができる者をいいます。
・申請書には次の書類を添付してください。
　1　寄附者名簿
　2　認定基準等に適合する旨及び欠格事由に該当しない旨を説明する書類
　3　寄附金を充当する予定の具体的な事業の内容を記載した書類

●書類作成上の留意事項●
・「その他の事務所の所在地」には，定款に記載されている「その他の事務所」を全て記入してください。
・「その他の事務所」が多数ある場合で，この様式に書ききれない場合は，**書式第1号**に記入してください。
・申請書に添付する書類（上記備考の1から3）は，**書式第2号**から**第16号**をお使いください。
・提出部数は，この申請書及び寄附者名簿は**各1部**，その他の添付書類は**各2部**提出してください。
・「過去の認定」には，租税特別措置法に基づく国税庁長官による認定は含まれません。

様式第1号（第27条第2項関係）

年　月　日

（　　　　）知事　殿

　　　　　　　　　　　　　　　　　（認定特定非営利活動法人の名称）
　　　　　　　　　　　　　　　　　代表者氏名　　　　　　　　　印
　　　　　　　　　　　　　　　　　主たる事務所の住所
　　　　　　　　　　　　　　　　　電話番号

　　　　所轄庁以外の関係知事に対する特定非営利活動促進法
　　　　第44条第1項の認定に係る関係書類の提出書

　特定非営利活動促進法（以下「法」という。）第44条第1項の認定を受けたので，法第49条第4項の規定により，下記に掲げる書類を提出します。

記

1　事業報告書
2　活動計算書
3　貸借対照表
4　財産目録
5　年間役員名簿
6　社員のうち10人以上の者の氏名（法人にあっては，その名称及び代表者の氏名）及び住所又は居所を記載した書面
7　役員名簿
8　定款
9　認証に関する書類の写し
10　登記に関する書類の写し
11　実績判定期間内の日を含む各事業年度の寄附者名簿の写し
12　法第45条第1項各号に掲げる基準に適合する旨を説明する書類（11を除く。）及び法第47条各号のいずれにも該当しない旨を説明する書類の写し
13　寄附金を充当する予定の具体的な事業の内容を記載した書類の写し
14　認定に関する書類の写し

（備考）
1　用紙の大きさは，日本工業規格Ａ列４番とすること。
2　１から６までに掲げる書類については，過去に所轄庁に提出したもののうち直近のものを提出すること。ただし，合併後これらの書類が作成されるまでの間は，合併当初の事業年度及び翌事業年度の事業計画書及び活動予算書並びに合併当初の財産目録を提出すること。
3　11から13までに掲げる書類については，法第44条第２項の申請書の添付書類として所轄庁に提出した同項各号に掲げる書類の写しを提出すること。
4　所轄庁以外の関係知事が複数あるときは，各知事に対して届出を行うこと。

書式第2号（法第44条関係）

初回認定申請時のみ提出　　　　　　　　　　　　閲覧対象外書類

寄 附 者 名 簿

法　人　名		事業年度	年 月 日 ～ 年 月 日

寄附者の氏名又は名称	住所又は事務所の所在地	寄附金の額	受領年月日	備　考
		円	・　・	
		円	・　・	
		円	・　・	
		円	・　・	
		円	・　・	
		円	・　・	
		円	・　・	
		円	・　・	
		円	・　・	
		円	・　・	
		円	・　・	
		円	・　・	
		円	・　・	
		円	・　・	
		円	・　・	
		円	・　・	
		円	・　・	
		円	・　・	
		円	・　・	
		円	・　・	
		円	・　・	
		円	・　・	
		円	・　・	
小　計（　　枚目／全　　枚中）			円	
合　　計			円	

（注意事項）
- 条例個別指定の基準を満たす法人、認定の有効期間の更新を受けようとする法人及び仮認定特定非営利活動法人としての仮認定を受けようとする法人は、添付の必要はありません（法第44条第2項、第51条第5項、第58条第2項）。
- この寄附者名簿は、毎事業年度初めの3か月以内に作成し、その作成の日から起算して5年間その事務所の所在地に備え置く必要があります（法第54条第2項）。

書式第3号の① (法第44条・51条関係)

認定基準等チェック表 (第1表 相対値基準・原則用)

法人名		実績判定期間	年 月 日 ~ 年 月 日

1 経常収入金額のうちに寄附金等収入金額の占める割合が実績判定期間(注意事項参照)において5分の1(20%)以上であること。　　　　　　　　　　　　　　　チェック欄

			実績判定期間
経常収入金額 (ケの金額)		①	円
総収入金額		ア	円
控除金額	国の補助金等の金額 (ウ欄に金額の記載がある場合は、記入不可)	イ	円
	委託の対価としての収入で国等から支払われるものの金額	ウ	円
	法律等の規定に基づく事業で、その対価を国又は地方公共団体が負担することとされている場合の負担金額	エ	円
	資産の売却収入で臨時的なものの金額	オ	円
	遺贈により受け入れた寄附金等のうち基準限度超過額に相当する金額(付表1(相対値基準・原則用))J欄の「( )」	カ	円
	寄附者の氏名(法人の名称)等が明らかなもののうち、同一の者からの寄附金でその合計額が1千円未満のものの額(付表1(相対値基準・原則用))H欄	キ	円
	寄附者の氏名(法人の名称)等が明らかでない寄附金額(付表1(相対値基準・原則用))D欄		円
差引金額 (ア-イ-ウ-エ-オ-カ-キ-)		ケ	円 ⇒①
寄附金等収入金額 (テの金額)		②	円
受入寄附金総額 (付表1(相対値基準・原則用))A欄		コ	円
控除金額	一者当たり基準限度超過額の合計額(付表1(相対値基準・原則用))J欄	サ	円
	寄附者の氏名(法人の名称)等が明らかなもののうち、同一の者からの寄附金でその合計額が1千円未満のものの額(付表1(相対値基準・原則用))H欄	シ	円
	寄附者の氏名(法人の名称)等が明らかでない寄附金額(付表1(相対値基準・原則用))D欄	ス	円
差引金額 (コ-サ-シ-ス)		セ	円
会費収入 (セ欄と付表2(相対値基準用))④欄のうちいずれか少ない金額		ソ	円
国の補助金等の金額 (セ欄の金額を限度とする。)		タ	円
合計金額 (セ+ソ+タ)		チ	円 ⇒②
基準となる割合 (②÷①)		③	%

(注意事項)
・ 実績判定期間とは、申請書提出の直前に終了した事業年度の末日以前2年(初回のみ2年、更新は5年)内に終了した各事業年度のうち最も早い事業年度の初日から申請書提出の直前に終了した事業年度の末日までの期間です。
　したがって、例えば、3月決算法人が24年6月に申請書を提出する場合、実績判定期間は初めて認定を受ける法人の場合は22年4月1日から24年3月31日(更新時は5事業年度)となります。
・ チェック欄には、この表の各欄の記載を終了し、基準を満たしていることを確認した場合に「○」を記載してください(第2表以下についても同様です)。
・ ③については、小数点以下第3位を切り捨てた数値を記載してください。

「認定基準等チェック表」(第1表 相対値基準・原則用) 記載要領

項　目	記　載　要　領	注　意　事　項
「総収入金額㋐」欄	活動計算書の経常収益計と経常外収益計の合計額を記載します。	その他の事業がある場合には、特定非営利活動に係る事業と全てのその他の事業の経常収益計と経常外収益計の合計額を記載します。
「国の補助金等の金額㋑」欄	総収入金額のうち、国、地方公共団体、法人税法別表第1に掲げる独立行政法人、地方独立行政法人、国立大学法人、大学共同利用機関法人及び我が国が加盟している国際機関(以下「国等」といいます。)からの補助金その他国等が反対給付を受けないで交付するもの(以下「国の補助金等」といいます。)の金額の合計金額を記載します。	・「国の補助金等の金額㋴」欄に金額の記載がある場合は記入できません。 ・国の補助金等は、国等から直接交付された補助金等に限られます。
「委託の対価としての収入で国等から支払われるものの金額㋒」欄	総収入金額のうち、国等からの委託事業費の合計金額を記載します。	
「法律等の規定に基づく事業で、その対価を国又は地方公共団体が負担することとされている場合の負担金額㋓」欄	総収入金額のうち、法律又は政令の規定に基づき行われる事業でその対価の全部又は一部につき、その対価を支払うべき者に代わり国又は地方公共団体が負担することとされている場合のその負担部分の合計金額を記載します。	例えば、介護保険法第121条から第124条までの規定により国又は地方公共団体が負担するとされている金額及び国が交付することとされている調整交付金の額がこれに該当します。
「資産の売却収入で臨時的なものの金額㋔」欄	総収入金額のうち、固定資産や有価証券等の売却収入額を記載します。	貸借対照表等において固定資産として経理している資産であっても、実質的に販売用の資産であるものは除かれます。
「遺贈により受け入れた寄附金等のうち基準限度超過額に相当する金額㋕」～「寄附者の氏名(法人の名称)等が明らかでない寄附金額㋖」及び「受入寄附金総額㋗」～「寄附者の氏名(法人の名称)等が明らかでない寄附金額㋘」の各欄	「第1表付表1(相対値基準・原則用)」の各該当欄の金額を転記します。	
「会費収入㋙」欄	「差引金額㋚」欄と「第1表付表2(相対値基準用)④」欄のうちいずれか少ない金額を記載します。	
「国の補助金等の金額㋴」欄	国の補助金等の金額を算入する場合は、「差引金額㋚」欄の金額を限度として記載します。	国の補助金等の金額を算入するか否かは、法人の選択となります。

記載要領の補足
○ 「総収入金額」、「受入寄附金総額」のうちに含まれる寄附金は、その事業年度に受領したものに限られます。

第7章　認定NPO法人制度　257

書式第3号の②（法第44条・51条関係）

認定基準等チェック表　（第1表　相対値基準・小規模法人用）

法人名		実績判定期間	年　月　日～　年　月　日

1　実績判定期間（注意事項参照）における下欄③の④欄の金額に占める⑥欄の金額の割合（⑨欄）が、5分の1（20％）以上であること　　　チェック欄

小規模法人の判定

① 　実績判定期間の総収入金額　　円　／　実績判定期間の月数　　月　×12＝Ⓐ　円

Ⓐが800万円未満である	はい	②へ
	いいえ	小規模法人の特例計算・・・適用不可

② 実績判定期間において受け入れた寄附金の合計額が3千円以上の寄附者（役員、社員を除く。）の数が50人以上である

	はい	小規模法人の特例計算・・・適用可 ③へ
	いいえ	小規模法人の特例計算・・・適用不可

③ 小規模法人の特例計算を適用する場合

総収入金額		⑦	円
控除金額	国の補助金等の金額（②欄に金額の記載がある場合は、記入不可）	①	円
	委託の対価としての収入で国等から支払われるものの金額	⑦	円
	法律等の規定に基づく事業で、その対価を国又は地方公共団体が負担することとされている場合の負担金額	①	円
	資産の売却収入で臨時的なものの金額	⑦	円
	遺贈により受け入れた寄附金等のうち基準限度超過額に相当する金額（付表1（相対値基準・小規模法人用）⑪欄の「（　）」）	⑦	円
差引金額　（⑦−①−⑦−①−⑦−⑦）		④	円

受入寄附金総額（付表1（相対値基準・小規模法人用）Ⓐ欄）	⑦	円
控除金額　一者当たり基準限度超過額の合計額（付表1（相対値基準・小規模法人用）⑪欄）	⑦	円
差引金額　（⑦−⑦）	⑤	円
会費収入（⑤欄と付表2（相対値基準用）④欄のうちいずれか少ない金額）	⑪	円
国の補助金等の金額（⑤欄の金額を限度とする）	⑨	円
合計金額　（⑤＋⑪＋⑨）	⑥	円

基準となる割合　（⑥÷④）　　・・・・・・・・・・・・　⑨　　　％

（注意事項）
・　実績判定期間とは、申請書提出の直前に終了した事業年度の末日以前2年（初回のみ2年、更新は5年）内に終了した各事業年度のうち最も早い事業年度の初日から申請書提出の直前に終了した事業年度の末日までの期間です。
　　したがって、例えば、3月決算法人が24年6月に申請書を提出する場合、実績判定期間は初めて認定を受ける法人の場合は22年4月1日から24年3月31日（更新時は5事業年度）となります。
・　チェック欄には、この表の各欄の記載を終了し、基準を満たしていることを確認した場合に「○」を記載してください（第2表以下についても同様です）。
・　⑨については、小数点以下第3位を切り捨てた数値を記載してください。

「認定基準等チェック表」(第1表 相対値基準・小規模法人用) 記載要領

項　目	記　載　要　領	注　意　事　項
「実績判定期間の月数」欄	実績判定期間の月数の総数を記載します。	月数は暦に従って計算し、一月未満の端数がある場合は一月に切り上げます。
「総収入金額㋐」欄	活動計算書の経常収益計と経常外収益計の合計額を記載します。	その他の事業がある場合には、特定非営利活動に係る事業と全てのその他の事業の経常収益計と経常外収益計の合計額を記載します。
「国の補助金等の金額㋑」欄	総収入金額のうち、国、地方公共団体、法人税法別表第1に掲げる独立行政法人、地方独立行政法人、国立大学法人、大学共同利用機関法人及び我が国が加盟している国際機関(以下「国等」といいます。)からの補助金その他国等が反対給付を受けないで交付するもの(以下「国の補助金等」といいます。)の金額の合計金額を記載します。	・「国の補助金等の金額㋛」欄に金額の記載がある場合は記入できません。 ・国の補助金等は、国等から直接交付された補助金等に限られます。
「委託の対価としての収入で国等から支払われるものの金額㋒」欄	総収入金額のうち、国等からの委託事業費の合計金額を記載します。	
「法律等の規定に基づく事業で、その対価を国又は地方公共団体が負担することとされている場合の負担金額㋓」欄	総収入金額のうち、法律又は政令の規定に基づき行われる事業でその対価の全部又は一部につき、その対価を支払うべき者に代わり国又は地方公共団体が負担することとされている場合のその負担部分の合計金額を記載します。	例えば、介護保険法第121条から第124条までの規定により国又は地方公共団体が負担するとされている金額及び国が交付することとされている調整交付金の額がこれに該当します。
「資産の売却収入で臨時的なものの金額㋔」欄	総収入金額のうち、固定資産や有価証券等の売却収入額を記載します。	貸借対照表等において固定資産として経理している資産であっても、実質的に販売用の資産であるものは除かれます。
「遺贈により受け入れた寄附金等のうち基準限度超過額に相当する金額㋕」、「受入寄附金総額㋖」、「一者当たり基準限度超過額の合計㋗」の各欄	「第1表付表1 (相対値基準・小規模法人用)」の各該当欄の金額を転記します。	
「会費収入㋘」欄	「差引金額㋙」欄と「第1表付表2(相対値基準用)④」欄のうちいずれか少ないほうの金額を記載します。	
「国の補助金等の金額㋛」欄	国の補助金等の金額を算入する場合は、「差引金額㋙」欄の金額を限度として記載します。	国の補助金等の金額を算入するか否かは、法人の選択となります。

記載要領の補足

○　「総収入金額」、「受入寄附金総額」のうちに含まれる寄附金は、その事業年度に受領したものに限られます。

第7章　認定NPO法人制度　259

書式第3号の③（法第44条・51条関係）

受け入れた寄附金の明細表　　第1表付表1（相対値基準・原則用）

法人名		実績判定期間	年　月　日～　　年　月　日

1　基準限度額の計算

受　入　寄　附　金　総　額	Ⓐ	円
基準限度額（受入寄附金総額の10％相当額（Ⓐ×10％））	Ⓑ	円
基準限度額（受入寄附金総額の50％相当額（Ⓐ×50％））	Ⓒ	円

2　寄附者の氏名（法人にあっては、その名称）及びその住所が明らかでない寄附金

Ⓐのうち寄附者の氏名（法人にあっては、その名称）及びその住所が明らかでない寄附金の額	Ⓓ	円

3　寄附者の氏名（法人にあっては、その名称）及びその住所が明らかな寄附金

役員の氏名	役職	① 寄附金額	② ①欄とⒷ（特定公益増進法人、認定特定非営利活動法人についてはⒸ）欄のいずれか少ない金額	③ ①のうち基準限度超過額（①－②）
		(　　　) 円	(　　　) 円	(　　　) 円
		(　　　) 円	(　　　) 円	(　　　) 円
		(　　　) 円	(　　　) 円	(　　　) 円
		(　　　) 円	(　　　) 円	(　　　) 円
		(　　　) 円	(　　　) 円	(　　　) 円
役員等からの寄附金の額が20万円以上のものの合計額	Ⓔ	(　　　) 円	(　　　) 円	(　　　) 円
Ⓔ欄以外の同一の者からの寄附金の額が1千円以上のものの合計額	特定公益増進法人、認定特定非営利活動法人　Ⓕ	円	円	円
	Ⓕ欄以外の者　Ⓖ	(　　　) 円	(　　　) 円	(　　　) 円
同一の者からの寄附金の額が1千円未満のものの合計額	Ⓗ	(　　　) 円		
合　計　（Ⓔ＋Ⓕ＋Ⓖ＋Ⓗ）	Ⓘ	(　　　) 円	Ⓙ	(　　　) 円

（注意事項）
　①～③の各欄の「（　）」には、遺贈（贈与者の死亡により効力を生ずる贈与を含みます。）により受け入れた寄附金又は贈与者の被相続人に係る相続の開始があったことを知った日の翌日から10か月以内に当該相続により当該贈与者が取得した財産の全部又は一部を当該贈与者から贈与（贈与者の死亡により効力を生ずる贈与を除きます。）により受け入れた寄附金の額を記載してください。

受け入れた寄附金の明細表　第1表付表1（次葉）

法人名		実績判定期間	年　月　日～　年　月　日

○　役員からの寄附金の額が20万円以上のものの合計額

役員の氏名	役職	① 寄附金額	② ①欄と⑧（特定公益増進法人、認定特定非営利活動法人にあっては©）欄のいずれか少ない金額	③ ①のうち基準限度超過額（①－②）
		(　　　　　)円	(　　　　　)円	(　　　　　)円
		(　　　　　)円	(　　　　　)円	(　　　　　)円
		(　　　　　)円	(　　　　　)円	(　　　　　)円
		(　　　　　)円	(　　　　　)円	(　　　　　)円
		(　　　　　)円	(　　　　　)円	(　　　　　)円
		(　　　　　)円	(　　　　　)円	(　　　　　)円
		(　　　　　)円	(　　　　　)円	(　　　　　)円
		(　　　　　)円	(　　　　　)円	(　　　　　)円
		(　　　　　)円	(　　　　　)円	(　　　　　)円
		(　　　　　)円	(　　　　　)円	(　　　　　)円
		(　　　　　)円	(　　　　　)円	(　　　　　)円
		(　　　　　)円	(　　　　　)円	(　　　　　)円
		(　　　　　)円	(　　　　　)円	(　　　　　)円
		(　　　　　)円	(　　　　　)円	(　　　　　)円
		(　　　　　)円	(　　　　　)円	(　　　　　)円
		(　　　　　)円	(　　　　　)円	(　　　　　)円
合計（又は小計）		(　　　　　)円	(　　　　　)円	(　　　　　)円

（注意事項）
　役員からの寄附金の合計額（20万円以上）の記載に当たっては、他の寄附者のうちに当該役員の配偶者及び三親等以内の親族並びに当該役員と特殊の関係のある者があるときは、これらの者は同一の者とみなして、当該役員の寄附金に含めて記載する必要があります。
　（第1表付表1（相対値基準・原則用）記載要領「役員の氏名欄」参照）。

「受け入れた寄附金の明細表」第1表付表1（相対値基準・原則用）　記載要領

項　目	記　載　要　領	注　意　事　項
「受入寄附金総額Ⓐ」欄	活動計算書の収益の部の受取寄附金及び助成金（対価性のないものに限ります。）の合計を記載します。 なお、国の補助金等の金額は、寄附金及び助成金には含まれません。 Ⓐ欄の金額は、Ⓓ欄の金額とⒾ欄の金額を合算した金額になります（Ⓐ＝Ⓓ＋Ⓘ）。	受取寄附金は、実際に入金したときに収益として計上します。
「役員の氏名」欄	「受入寄附金総額Ⓐ」欄のうち、役員からの寄附金の合計額が20万円以上のものについて各人別に記載します。 役員からの寄附金の合計額の記載に当たっては、他の寄附者のうちに当該役員の配偶者及び三親等以内の親族並びに当該役員と特殊の関係のある者があるときは、これらの者は同一の者とみなして、当該役員からの寄附金に含めて記載する必要があります。 なお、各人別の役員からの寄附金の合計額については、「役員からの寄附金の額が20万円以上のものの合計額Ⓔ」欄に記載します。 また、すべての寄附者（役員であって、寄附金の合計額が20万円以上のものに限ります。）について記載しきれない場合には、「受け入れた寄附金の明細表　第1表付表1（次葉）」を利用してください。	左欄の「特殊の関係」は、次に掲げる関係をいいます。 ① 婚姻の届出をしていないが事実上婚姻関係と同様の事情にある関係 ② 使用人である関係及び使用人以外の者で当該役員から受ける金銭その他の財産によって生計を維持している関係 ③ 上記①又は②に掲げる関係にある者の配偶者及び三親等以内の親族でこれらの者と生計を一にしている関係
「役職」欄	役員の役職（理事長、常務理事等）を記載します。	
「特定公益増進法人、認定特定非営利活動法人Ⓕ」欄	特定公益増進法人、認定特定非営利活動法人からの寄附金で、同一の法人からの寄附金の額が1千円以上のものの合計額を記載します。	Ⓕ欄の①～③の各欄には、寄附者ごとに①－②＝③を計算し、それぞれの合計を記載することとなります。
「Ⓕ欄以外の者Ⓖ」欄	上記Ⓕ欄記載以外の者からの寄附金で、同一の者からの寄附金の額が1千円以上のものの合計額を記載します。	Ⓖ欄の①～③の各欄には、寄附者ごとに①－②＝③を計算し、それぞれの合計を記載することとなります。
「同一の者からの寄附金の額が1千円未満のものの合計額Ⓗ」欄	同一の者からの寄附金の額が1千円未満のものの合計額を記載します。	

記載要領の補足

○　「受入寄附金総額Ⓐ」のうちに含まれる寄附金は、その事業年度に受領したものに限られます。
○　「国の補助金等」及び「法律等の規定に基づく事業で、その対価を国又は地方公共団体が負担することとされている場合の負担金額」は、「受入寄附金総額Ⓐ」に含まれません。
○　特定非営利活動法人の会員が支払う会費は、例えば、賛助会員の会費でその実質が明らかに贈与と認められる場合は別として、一般的には「受入寄附金総額Ⓐ」に含まれません。

書式第3号の④（法第44条・51条関係）

受け入れた寄附金の明細表　第1表付表1（相対値基準・小規模法人用）

法人名		実績判定期間	年　月　日　～　年　月　日

1　基準限度額の計算

受　入　寄　附　金　総　額	Ⓐ		円
基準限度額（受入寄附金総額の10％相当額（Ⓐ×10％））	Ⓑ		円
基準限度額（受入寄附金総額の50％相当額（Ⓐ×50％））	Ⓒ		円

2　受入寄附金総額の内訳

役員の氏名	役職	①　寄附金額	②　①欄とⒷ（特定公益増進法人、認定特定非営利活動法人にあってはⒸ）欄のいずれか少ない金額	③　①のうち基準限度超過額（①－②）
		（　　）円	（　　）円	（　　）円
		（　　）円	（　　）円	（　　）円
		（　　）円	（　　）円	（　　）円
		（　　）円	（　　）円	（　　）円
		（　　）円	（　　）円	（　　）円
		（　　）円	（　　）円	（　　）円
		（　　）円	（　　）円	（　　）円
		（　　）円	（　　）円	（　　）円
役員からの寄附金の額が20万円以上のものの合計額	Ⓓ	（　　）円	（　　）円	（　　）円
Ⓓ欄以外の同一の者からの寄附金の額の合計額／特定公益増進法人、認定特定非営利活動法人	Ⓔ	円	円	円
Ⓓ欄以外の同一の者からの寄附金の額の合計額／Ⓔ欄以外の者	Ⓕ	（　　）円	（　　）円	（　　）円
合　計（Ⓓ＋Ⓔ＋Ⓕ）	Ⓖ	（　　）円		Ⓗ　（　　）円

（注意事項）

①～③の各欄の「（　）」には、遺贈（贈与者の死亡により効力を生ずる贈与を含みます。）により受け入れた寄附金又は贈与者の被相続人に係る相続の開始があったことを知った日の翌日から10か月以内に当該相続により当該贈与者が取得した財産の全部又は一部を当該贈与者から贈与（贈与者の死亡により効力を生ずる贈与を除きます。）により受け入れた寄附金の額を記載してください。

第7章 認定NPO法人制度 263

受け入れた寄附金の明細表　　第1表付表1（次葉）

法人名		実績判定期間	年　月　日～　年　月　日

○　役員からの寄附金の額が２０万円以上のものの合計額

役員の氏名	役職	① 寄附金額	② ①欄と⑧（特定公益増進法人、認定特定非営利活動法人にあっては©）欄のいずれか少ない金額	③ ①のうち基準限度超過額（①－②）
		（　　　　）円	（　　　　）円	（　　　　）円
		（　　　　）円	（　　　　）円	（　　　　）円
		（　　　　）円	（　　　　）円	（　　　　）円
		（　　　　）円	（　　　　）円	（　　　　）円
		（　　　　）円	（　　　　）円	（　　　　）円
		（　　　　）円	（　　　　）円	（　　　　）円
		（　　　　）円	（　　　　）円	（　　　　）円
		（　　　　）円	（　　　　）円	（　　　　）円
		（　　　　）円	（　　　　）円	（　　　　）円
		（　　　　）円	（　　　　）円	（　　　　）円
		（　　　　）円	（　　　　）円	（　　　　）円
		（　　　　）円	（　　　　）円	（　　　　）円
合計（又は小計）		（　　　　）円	（　　　　）円	（　　　　）円

（注意事項）
　小規模法人における役員からの寄附金の合計額（20万円以上）の記載に当たっては、当該役員の配偶者等からの寄附金があっても、当該役員の寄附金に含めて記載する必要はありません（第1表付表1（相対値基準・小規模法人用）記載要領「役員の氏名欄」参照）。

「受け入れた寄附金の明細表」第1表付表1（相対値基準・小規模法人用）　記載要領

項　目	記　載　要　領	注　意　事　項
「受入寄附金総額Ⓐ」欄	活動計算書の収益の部の受取寄付金及び助成金（対価性のないものに限ります。）の合計を記載します。 なお、国の補助金等の金額は、寄附金及び助成金には含まれません。 Ⓐ欄の金額は、Ⓒ欄の金額に等しくなります（Ⓐ＝Ⓒ）	受取寄附金は、実際に入金したときに収益として計上します。
「役員の氏名」欄	「受入寄附金総額Ⓐ」欄のうち、役員からの寄附金で、その金額が20万円以上のものについて各人別に記載します。 （注）　小規模法人における役員からの寄附金の記載に当たっては、他の寄附者のうちに当該役員の配偶者及び三親等以内の親族並びに当該役員と特殊の関係のある者があるとき、これらの者は同一の者とみなして、当該役員の寄附金に含めて記載する必要はありません。 なお、各人別の役員からの寄附金の合計額については、「役員からの寄附金の額が20万円以上のものの合計額Ⓓ」欄に記載します。 また、すべての寄附者について記載しきれない場合には、「受け入れた寄附金の明細表　第1表付表1（次葉）」を利用してください。	左欄の(注)書き「特殊の関係」とは、次に掲げる関係をいいます。 ①　婚姻の届出をしていないが事実上婚姻関係と同様の事情にある関係 ②　使用人である関係及び使用人以外の者で当該役員から受ける金銭その他の財産によって生計を維持している関係 ③　上記①又は②に掲げる関係にある者の配偶者及び三親等以内の親族でこれらの者と生計を一にしている関係
「役職」欄	役員の役職（理事長、常務理事等）を記載します。	
「特定公益増進法人、認定特定非営利活動法人Ⓔ」欄	特定公益増進法人（法人令第77条）、認定特定非営利活動法人からの寄附金で、同一の法人からの寄附金の合計額を記載します。	Ⓔ欄の①～③の各欄には、寄附者ごとに①－②＝③を計算し、それぞれの合計を記載することとなります。
「Ⓔ欄以外の者Ⓕ」欄	上記Ⓔ欄記載以外の者からの寄附金で、同一の者からの寄附金の合計額を記載します。	Ⓕ欄の①～③の各欄には、寄附者ごとに①－②＝③を計算し、それぞれの合計を記載することとなります。

```
┌─ 記載要領の補足 ──────────────────────────────────────
│
│ ○　「受入寄附金総額Ⓐ」のうちに含まれる寄附金は、その事業年度に受領したものに限られます。
│ ○　「国の補助金等」及び「法律等の規定に基づく事業で、その対価を国又は地方公共団体が負担することとされている場合の負担金額」は、「受入寄附金総額Ⓐ」に含まれません。
│ ○　特定非営利活動法人の会員が支払う会費は、例えば、賛助会員の会費でその実質が明らかに贈与と認められる場合は別として、一般的には「受入寄附金総額Ⓐ」に含まれません。
│
└──────────────────────────────────────────────────
```

書式第3号の⑤（法第44条・51条関係）

社員から受け入れた会費の明細表　　第1表付表2（相対値基準用）

法人名		実績判定期間	年　月　日～　年　月　日

1　社員の会費に関する基準

社員の会費の額を分子に算入する場合は、実績判定期間において、次のイとロの基準を満たす必要があります。

	基　　　準	基準を満たしている旨を証する書類の名称とその内容等	判　定
イ	社員の会費の額が合理的な基準により定められている		はい・いいえ
ロ	社員（役員等を除く。）の数が20人以上である		はい・いいえ

※　イとロの基準を満たしている場合は、「2　社員の会費の額の受入寄附金算入限度額の計算」を行ってください。

2　社員の会費の額の受入寄附金算入限度額の計算

社員の会費の額の合計額 ・・・・・・・・・・	①	円
共益的活動の割合（第2表③欄） ・・・・・・・	②	％
①から控除する金額（①×②） ・・・・・・・	③	円
差　引　金　額（①－③） ・・・・・・・・・・	④	円

⇩
第1表（相対値基準・原則用）②欄又は、
第1表（相対値基準・小規模法人用）⑰欄へ

（注意事項）
・　社員の会費に関する基準について確認するため、会則等や社員名簿の提示を求める場合があります。

「社員から受け入れた会費の明細表」第1表付表2（相対値基準用） 記載要領

項　目	記　載　要　領	注　意　事　項
「基準ロ」欄		「役員等」とは、役員並びに役員の配偶者及び三親等以内の親族並びに当該役員と特殊の関係のある者をいいます。 　なお、上記の特殊の関係とは、次に掲げる関係をいいます。 ① 婚姻の届出をしていないが事実上婚姻関係と同様の事情にある関係 ② 使用人である関係及び使用人以外の者で当該役員から受ける金銭その他の財産によって生計を維持している関係 ③ 上記①又は②に掲げる関係にある者の配偶者及び三親等以内の親族でこれらの者と生計を一にしている関係
「基準を満たしている旨を証する書類の名称とその内容等」欄	① イ欄には、例えば、「定款（又は会則）第〇条に社員の会費の額については、一律〇円と規定」のように、基準を満たしている旨を証する書類の名称と合理的な基準により定められている旨を記載します。 ② ロ欄には、例えば、「社員名簿に〇名登載」のように記載します。	
「社員の会費の額の合計額①」欄	活動計算書の収益の部の社員の会費の額を記載します。	活動計算書の会費収入に期末の未収会費額を計上している場合には、当該欄に未収会費額は算入できませんので、未収計上した会費の額は会費収入から控除する必要があります。

第7章　認定NPO法人制度　267

書式第4号（法第44条・51条関係）
認定基準等チェック表　（第1表　絶対値基準用）

法人名		実績判定期間	年　月　日〜　年　月　日

1　実績判定期間内の各事業年度中の寄附金の額の総額が3,000円以上である寄附者の数の合計数が年平均100人以上であること　　　　　　　　　　　　　　　　　　　　　　　　チェック欄

【留意事項】
1　寄附者の氏名（法人にあっては、その名称）及びその住所が明らかな寄附者のみを数えてください。
2　寄附者の数の算出に当たっては、寄附者本人と生計を一にする方を含めて一人としてください。
3　貴法人の役員及びその役員と生計を一にする方が寄附者である場合、それらの方を寄附者の数に含めないでください。

実績判定期間内の各事業年度		ⓐ	ⓑ	ⓒ	ⓓ	ⓔ
	自	平成　年　月　日	平成　年　月　日	平成　年　月　日	平成　年　月　日	平成　年　月　日
	至	平成　年　月　日	平成　年　月　日	平成　年　月　日	平成　年　月　日	平成　年　月　日
年3,000円以上の寄附者の数が100人以上である		はい・いいえ	はい・いいえ	はい・いいえ	はい・いいえ	はい・いいえ

【チェック欄】
□　寄附者の氏名（法人にあっては、その名称）及びその住所が明らかな寄附者のみを数えていますか。
□　寄附者の数の算出に当たって、寄附者本人と生計を一にする方を含めて一人としていますか。
□　貴法人の役員及びその役員と生計を一にする方が寄附者の場合、それらの方を寄附者数から除いていますか。

上記の欄で「いいえ」に○がついた場合は、下欄で判定してください。

○　実績判定期間内において、寄附金額が年3,000円以上の寄附者の数が年100人未満の事業年度がある場合は、下欄により、年平均100人以上かどうかを判定してください。

年3,000円以上の寄附者の数	ⓐ	ⓑ	ⓒ	ⓓ	ⓔ	合計	
	人	人	人	人	人	A	人

実績判定期間の月数 （注）一月未満の端数がある場合は、一月に切り上げます。	B	月

実績判定期間の年3,000円以上の寄附者数　　A　　人　× 12
―――――――――――――――――――――――――――――――　＝　　　人　≧　100人
　　実績判定期間の月数　　　　　　　　　　B　　月

　　　　　　　　　　　　　　　　　　　　　　　　　　　　↑
　　　　　　　　　　　　　　　　　　　　　小数点以下は切り捨てます。

（注意事項）
・　実績判定期間とは、申請書提出の直前に終了した事業年度の末日以前2年（初回のみ2年、更新は5年）内に終了した各事業年度のうち最も早い事業年度の初日から申請書提出の直前に終了した事業年度の末日までの期間です。
　したがって、例えば、3月決算法人が24年6月に申請書を提出する場合、実績判定期間は初めて認定を受ける法人の場合は22年4月1日から24年3月31日（更新時は5事業年度）となります。
・　チェック欄には、この表の各欄の記載を終了し、基準を満たしていることを確認した場合に「○」を記載してください（第2表以下についても同様です。）。
・　なお、認定審査の過程において、年3,000円以上の寄附者の数の算出根拠について確認させていただく場合がありますので、寄附者の数の算出根拠を示す書類を法人の主たる事務所に確実に保管するようお願いします。

「認定基準等チェック表」（第1表　絶対値基準用）記載要領

項　　目	記　載　要　領	注　意　事　項
「実績判定期間内の各事業年度」欄	実績判定期間内の各事業年度を、「ⓐ」から「ⓒ」の各欄に記載します。 　また、各事業年度において、寄附金額の合計額が年3,000円以上の寄附者の数が100人以上である場合は下欄の「はい」、100人未満である場合は「いいえ」に○をします。 　なお、寄附金額の合計額が年3,000円以上の寄附者の数が100人以上であるかどうかの判定に当たっては、チェック欄の事項にご注意ください（確認後は、□に○を記入してください。）。 　実績判定期間内のすべての事業年度において、「はい」に○がされている場合は、その下の「年3,000円以上の寄附者の数」の計算の表及びその下の計算式の記入は必要ありません。	寄附者の数の算出に当たっては、次の点に注意してください。 イ　寄附者の氏名（法人にあっては、その名称）及びその住所が明らかな寄附者のみを数えます。 ロ　寄附者本人と生計を一にする方を含めて一人とします。 ハ　貴法人の役員及びその役員と生計を一にする方は寄附者の数に含めません。
「年3,000円以上の寄附者の数」欄	実績判定期間内の各事業年度における、寄附金額の合計額が3,000円以上の寄附者の数を、「ⓐ」から「ⓒ」の各欄に記載し、合計を「A」欄に記載します。	
「実績判定期間の月数」欄	実績判定期間の月数の総数を「B」欄に記載します。	月数は暦に従って計算し、一月未満の端数がある場合は一月に切り上げます。

第7章 認定NPO法人制度

書式第5号（法第44条・51条関係）

認定基準等チェック表 （第1表 条例個別指定法人用）

法人名		チェック欄
都道府県又は市区町村の条例により、個人住民税の寄附金税額控除の対象となる法人として個別に指定を受けていること		

【留意事項】
1 条例を制定した都道府県又は市区町村の区域内に事務所を有する場合に限ります。
2 申請日の前日において、条例で定められており、かつ、その条例の効力が生じている必要があります。

条例を制定した都道府県又は市区町村	
条 例 指 定 年 月 日	平成　年　月　日

条例を制定した都道府県又は市区町村の区域内に事務所がある	はい・いいえ	事務所所在地

※ 所轄庁以外の都道府県又は市区町村の条例により、個人住民税の寄附金税額控除の対象となる法人として個別に指定を受けた旨の条例の写し（公報の写し）を添付してください。

【記載要領】

項　目	記　載　要　領	注　意　事　項
「条例を制定した都道府県又は市区町村」欄	条例を制定した都道府県又は市区町村の名称を記載します。	
「条例指定年月日」欄	条例指定を受けた年月日を記載します。	申請書を提出する日の前日において、条例で定められており、かつ、その条例の効力が生じている必要があります。
「条例を制定した都道府県又は市区町村の区域内に事務所がある」欄	該当する方に○をします。	「いいえ」の場合は、他のパブリック・サポート・テスト基準（相対値基準又は絶対値基準）を満たす必要があります。
「事務所所在地」欄	条例を制定した都道府県又は市区町村の区域内にある事務所の所在地を記載します。	

書式第6号の① (法第44条・51条・58条関係)

認定基準等チェック表　(第2表)

法人名		チェック欄
2　実績判定期間における事業活動のうち次の活動の占める割合が 50%未満であること		

　イ　会員等に対する資産の譲渡若しくは貸付け又は役務の提供 (以下「資産の譲渡等」という。)、会員等相互の交流、連絡又は意見交換その他その対象が会員等である活動 (資産の譲渡等のうち対価を得ないで行われるもの等を除く。)

　ロ　会員等、特定の団体の構成員、特定の職域に属する者、特定の地域に居住し又は事務所その他これらに準ずるものを有する者その他便益の及ぶ者が特定の範囲の者である活動 (会員等に対する資産の譲渡等を除く。)

　　(注意事項)　特定の地域とは、一の市区町村の区域の一部で地縁に基づく地域をいいます。

　ハ　特定の著作物又は特定の者に関する普及啓発、広告宣伝、調査研究、情報提供その他の活動

　ニ　特定の者に対し、その者の意に反した作為又は不作為を求める活動

		実績判定期間
すべての事業活動に係る金額等	①	(指標　　　　)　　　　円
①のうちイ〜ニの活動に係る金額等	②	円

イ	会員等に対する資産の譲渡等の活動 (対価を得ないで行われるもの等を除く。) に係る金額等	ⓐ		円
	会員等相互の交流、連絡又は意見交換その他その対象が会員等である活動に係る金額等	ⓑ		円
ロ	便益が及ぶ者が特定の範囲の者である活動に係る金額等	ⓒ		円
ハ	特定の著作物又は特定の者に関する活動に係る金額等	ⓓ		円
ニ	特定の者に対し、その者の意に反した作為又は不作為を求める活動に係る金額等	ⓔ		円
合　計　(ⓐ+ⓑ+ⓒ+ⓓ+ⓔ)		①		円　⇒②へ

基準となる割合 (②÷①)	③	%

(注意事項)
　③については、小数点以下第3位を切り捨てた数値を記載してください。

「認定基準等チェック表」（第2表）記載要領

項　目	記　載　要　領	注　意　事　項
「すべての事業活動に係る金額等①」欄	活動計算書の事業費の合計金額（その他の事業がある場合は、特定非営利活動に係る事業費計とその他の事業の事業費計の合計金額）を記載します。 また、算出方法を具体的に示す資料を添付してください。	実績判定期間において使用する「指標」は、例えば、その実績判定期間に行った事業活動に係る事業費の額、従事者の作業時間数など合理的なものを使用します。
「①のうち上記イ〜ニの活動に係る金額等②」欄	「合計①」欄の金額等を転記します。	
「ⓐ〜ⓔ」各欄共通事項	「ⓐ〜ⓔ」の各欄に記載する金額等は、①で用いた「指標」と同様の「指標」により算出します。	「ⓐ〜ⓔ」の各欄に記載する金額等については、重複する部分がある場合には一方から控除して記載します。
「会員等に対する資産の譲渡等の活動（対価を得ないで行われるもの等を除く。）に係る金額等ⓐ」欄	会員等に対する資産の譲渡若しくは貸付け又は役務の提供に係る活動（対価を得ないで行われるもの等を除きます。）に係る金額等を記載します。	この表において「会員等」とは、次の者をいいます。（＊補足も参照してください。） ① 当該申請に係る法人から継続的に若しくは反復して資産の譲渡等を受ける者又は相互の交流、連絡若しくは意見交換に参加する者として当該法人の帳簿又は書類その他に氏名（法人にあっては、その名称）が記載された者であって、継続的に若しくは反復して資産の譲渡等を受ける者又は相互の交流、連絡若しくは意見交換に参加する者 ② 役員 なお、①においては、当該法人の運営又は業務の執行に関係しない者で、当該法人が行う不特定多数の者を対象とする資産の譲渡等の相手方であって、当該資産の譲渡等以外の当該法人の活動に関係しない者は除きます。 また、「対価を得ないで行われるもの等」には、次の対価を得て行うものを含みます。 (1) 資産の譲渡等に係る通常の対価の10％相当額以下のもの及び交通費、消耗品費等の実費相当額 (2) 役務の提供の対価で最低賃金法による最低賃金相当金額以下のもの及び付随費用の実費相当額
「会員等相互の交流、連絡又は意見交換その他その対象が会員等である活動に係る金額等ⓑ」欄	会員等相互の交流、連絡、意見交換など、その対象が会員等である活動（以下の①及び②に該当するものを除きます。）に係る金額等を記載します。 ① 会員等に対する資産の譲渡若しくは貸付け又は役務の提供（以下「資産の譲渡等」といいます。）に係る活動 ② 特定非営利活動促進法別表第19号に掲げる活動又は同表第20号の規定により同表第19号に掲げる活動に準ずる活動として都道府県又は指定都市の条例で定める活動を主たる目的とする法人が行う、その会員等の活動（公益社団法人若しくは公益財団法人又は認定特定非営利活動法人である会員等が参加しているものに限ります。）に対する助成	
「便益が及ぶ者が特定の範囲の者である活動に係る金額等ⓒ」欄	会員等、特定の団体の構成員、特定の職域に属する者、特定の地域に居住し、又は事務所その他これに準ずるものを有する者その他の便益が及ぶ者が特定の範囲の者である活動（以下の①及び②に該当するものを除きます。）に係る金額等を記載します。 ① 会員等に対する資産の譲渡等の活動に係るもの ② 特定非営利活動促進法別表第19号に掲げる活動又は同表第20号の規定により同表第19号に掲げる活動に準ずる活動として都道府県又は指定都市の条例で定める活動を主たる目的とする法人が行う、その会員等の活動（公益社団法人若しくは公益財団法人又は認定特定非営利活動法人である会員等が参加しているものに限ります。）に対する助成	この表において「特定の地域」とは、一の市区町村の一部で地縁に基づく地域をいいます。
「特定の著作物又は特定の者に関する活動に係る金額等ⓓ」欄	特定の著作物又は特定の者に関する普及啓発、広告宣伝、調査研究、情報提供その他の活動に係る金額等を記載します。	
「特定の者に対し、その者の意に反した作為又は不作為を求める活動に係る金額等ⓔ」欄	特定の者に対し、その者の意に反した作為又は不作為を求める活動に係る金額等を記載します。	

┌─ 記載要領の補足 ───┐

○ 会員等について、例えば、登録された者を対象とし継続・反復して行われるカルチャースクールや、講習会のような活動により役務の提供を受ける者（法規第12条に該当する者を除きます。）は会員に類する者に該当すると考えられます。また、例えば、登録された者を対象とした次のような相互の交流・連絡・意見交換に該当する活動に参加する者についても、会員等に該当すると考えられます。
・サークルや同窓会のような活動
・過去の参加者のみに案内状を送付し、過去の参加者のみが参加したシンポジウム（実態として過去の参加者のみを対象とした活動であるため）

○ 「会員等、特定の団体の構成員、特定の職域に属する者、特定の地域に居住し、又は事務所その他これに準ずるものを有する者その他その便益が及ぶ者が特定の範囲の者である活動」は、便益の及ぶ者が特定の範囲の者である活動が該当しますので、便益を受ける者に対する直接の活動に限られず、間接的ではあるがその活動の結果、特定の範囲の者に便益が及ぶ活動も該当します。

○ 「市区町村」とは、日本国内の市区町村をいいますので、特定非営利活動法人が行った活動が、外国の同一の市町村内の者のために行われたものである場合には、その活動は、法第45条第1項第2号ロ（4）の「特定の地域として内閣府令で定める地域に居住し、又は事務所、事業所その他これらに準ずるものを有する者」に便益が及ぶ活動には該当しません。

○ 「著作物」とは、著作権法の保護の対象となるものに限りません。ただし、現在において一般に普通名詞で表現されるようになったものは、同号ハにいう「特定の著作物」には該当しません。

○ 「特定の者に対し、その者の意に反した作為又は不作為を求める活動」とは、特定の者の意に反する活動が該当するため、直接、その特定の者に対して活動を行う場合に限られず、間接的ではあるが、当該特定の者の行っている活動の認知度、当該特定の者と特定非営利活動法人との関係等から、その特定の者に対してその者の意に反する活動を行っていると認められる活動は、これに該当します。

└──┘

書式第6号の② (法第44条・51条関係)

認定基準等チェック表 (第2表 条例個別指定法人用)

法人名		チェック欄
2 実績判定期間における事業活動のうち次の活動の占める割合が50%未満であること		

　イ　会員等に対する資産の譲渡若しくは貸付け又は役務の提供(以下「資産の譲渡等」という。)、会員等相互の交流、連絡又は意見交換その他その対象が会員等である活動(資産の譲渡等のうち対価を得ないで行われるもの等を除く。)
　ロ　会員等、特定の団体の構成員、特定の職域に属する者その他便益の及ぶ者が特定の範囲の者である活動(地縁に基づく地域に居住する者等に対する活動及び会員等に対する資産の譲渡等を除く。)
　ハ　特定の著作物又は特定の者に関する普及啓発、広告宣伝、調査研究、情報提供その他の活動
　ニ　特定の者に対し、その者の意に反した作為又は不作為を求める活動

		実績判定期間	
すべての事業活動に係る金額等	……………	①	(指標　　　) 円
①のうちイ～ニの活動に係る金額等	……………	②	円

イ	会員等に対する資産の譲渡等の活動(対価を得ないで行われるもの等を除く。)に係る金額等	ⓐ	円	
	会員等相互の交流、連絡又は意見交換その他その対象が会員等である活動に係る金額等	ⓑ	円	
ロ	便益が及ぶ者が特定の範囲の者である活動に係る金額等	ⓒ	円	
ハ	特定の著作物又は特定の者に関する活動に係る金額等	ⓓ	円	
ニ	特定の者に対し、その者の意に反した作為又は不作為を求める活動に係る金額等	ⓔ	円	
合　計　(ⓐ+ⓑ+ⓒ+ⓓ+ⓔ)		ⓕ	円	⇨②へ

基準となる割合 (②÷①)	……………	③	%

(注意事項)
　③については、小数点以下第3位を切り捨てた数値を記載してください。

「認定基準等チェック表」(第2表 条例個別指定法人用)記載要領

項　　目	記　載　要　領	注　意　事　項
「すべての事業活動に係る金額等①」欄	実績判定期間に行った事業活動の内容を示す指標により算出したすべての事業活動に対する金額又は数値を記載します。 また、算出方法を具体的に示す資料を添付してください。	実績判定期間において使用する「指標」は、例えば、その実績判定期間に行った事業活動に係る事業費の額、従事者の作業時間数など合理的なものを使用します。
「①のうち上記イ～ニの活動に係る金額等②」欄	「合計(①)」欄の金額等を転記します。	
「ⓐ～ⓔ」各欄共通事項	「ⓐ～ⓔ」の各欄に記載する金額等は、①で用いた「指標」と同様の「指標」により算出します。	「ⓐ～ⓔ」の各欄に記載する金額等については、重複する部分がある場合には一方から控除して記載します。
「会員等に対する資産の譲渡等の活動(対価を得ないで行われるもの等を除く。)に係る金額等ⓐ」欄	会員等に対する資産の譲渡若しくは貸付け又は役務の提供に係る活動(対価を得ないで行われるもの等を除きます。)に係る金額等を記載します。	この表において「会員等」とは、次の者をいいます。 ① 当該申請に係る法人から継続的に若しくは反復して資産の譲渡等を受ける者又は相互の交流、連絡若しくは意見交換に参加する者として当該法人の帳簿又は書類その他に氏名(法人にあっては、その名称)が記載された者であって、継続的に若しくは反復して資産の譲渡等を受ける者又は相互の交流、連絡若しくは意見交換に参加する者 ② 役員 なお、①においては、当該法人の運営又は業務の執行に関係しない者で、当該法人が行う不特定多数の者を対象とする資産の譲渡等の相手方であって、当該資産の譲渡等以外の当該法人の活動に関係しない者は除きます。 また、「対価を得ないで行われるもの等」には、次の対価を得て行うものを含みます。 (1) 資産の譲渡等に係る通常の対価の10%相当額以下のもの及び交通費、消耗品費等の実費相当額 (2) 役務の提供の対価で最低賃金法による最低賃金相当額以下のもの及び付随費用の実費相当額
「会員等相互の交流、連絡又は意見交換その他の対象が会員等である活動に係る金額等ⓑ」欄	会員等相互の交流、連絡、意見交換など、その対象が会員等である活動(以下の①及び②に該当するものを除きます。)に係る金額等を記載します。 ① 会員等に対する資産の譲渡若しくは貸付け又は役務の提供(以下「資産の譲渡等」といいます。)に係る活動 ② 特定非営利活動促進法別表第19号に掲げる活動又は同表第20号の規定により同表19号に掲げる活動に準ずる活動として都道府県又は指定都市の条例で定める活動を主たる目的とする法人が行う、その会員等の活動(公益社団法人若しくは公益財団法人又は認定特定非営利活動法人である会員等が参加しているものに限ります。)に対する助成	
「便益が及ぶ者が特定の範囲の者である活動に係る金額等ⓒ」欄	会員等、特定の団体の構成員、特定の職域に属する者その他その便益が及ぶ者が特定の範囲の者である活動(以下の①、②及び③に該当するものを除きます。)に係る金額等を記載します。 ① 便益の及ぶ者の地縁に基づく地域に居住する者等である活動に係るもの ② 会員等に対する資産の譲渡等の活動に係るもの ③ 特定非営利活動を行う団体の運営又は活動に関する連絡、助言又は援助の活動を主たる目的とする法人が行う、当該法人の会員等の活動(特定公益増進法人又は認定特定非営利活動法人である会員等が参加しているものに限ります。)に対する助成	
「特定の著作物又は特定の者に関する活動に係る金額等ⓓ」欄	特定の著作物又は特定の者に関する普及啓発、広告宣伝、調査研究、情報提供その他の活動に係る金額等を記載します。	
「特定の者に対し、その者の意に反した作為又は不作為を求める活動に係る金額等ⓔ」欄	特定の者に対し、その者の意に反した作為又は不作為を求める活動に係る金額等を記載します。	

第7章 認定 NPO 法人制度

```
記載要領の補足
```

○ 会員等について、例えば、登録された者を対象とし継続・反復して行われるカルチャースクールや、講習会のような活動により役務の提供を受ける者（法規第12条に該当する者を除きます。）は会員に類する者に該当すると考えられます。また、例えば、登録された者を対象とした次のような相互の交流・連絡・意見交換に該当する活動に参加する者についても、会員等に該当すると考えられます。
　・サークルや同窓会のような活動
　・過去の参加者のみに案内状を送付し、過去の参加者のみが参加したシンポジウム（実態として過去の参加者のみを対象とした活動であるため）

○ 「会員等、特定の団体の構成員、特定の職域に属する者、特定の地域に居住し、又は事務所その他これに準ずるものを有する者その他の便益が及ぶ者が特定の範囲の者である活動」は、便益の及ぶ者が特定の範囲の者である活動が該当しますので、便益を受ける者に対する直接の活動に限られず、間接的ではあるがその活動の結果、特定の範囲の者に便益が及ぶ活動も該当します。

○ 「著作物」とは、著作権法の保護の対象となるものに限りません。ただし、現在において一般に普通名詞で表現されるようになったものは、同号ハにいう「特定の著作物」には該当しません。

○ 「特定の者に対し、その者の意に反した作為又は不作為を求める活動」とは、特定の者の意に反する活動が該当するため、直接、その特定の者に対して活動を行う場合に限られず、間接的ではあるが、当該特定の者の行っている活動の認知度、当該特定の者と特定非営利活動法人との関係等から、その特定の者に対してその者の意に反する活動を行っていると認められる活動は、これに該当します。

書式第7号 (法第44条・51条・58条関係)

認定基準等チェック表 (第3表) (初葉)

法人名		チェック欄

3 運営組織及び経理に関して次に掲げる基準に適合していること
イ 役員の総数のうちに次の者の数の占める割合がそれぞれ3分の1以下であること
　(1) 役員及びその親族等
　(2) 特定の法人の役員又は使用人である者及びこれらの者の親族等
ロ 各社員の表決権が平等であること
ハ 会計について公認会計士又は監査法人の監査を受けていること、又は帳簿書類の備付け、取引の記録及び帳簿書類の保存について青色申告法人に準じて行われていること
ニ 支出した金銭の費途が明らかでないものがある等の不適正な経理が行われていないこと

イ

区分 ＼ 項目	役員数 ①	最も人数が多い「親族等」のグループの人数 ②	割合 (②÷①) ③	最も人数が多い「特定の法人の役員又は使用人である者及びこれらの者の親族等」のグループの人数 ④	割合 (④÷①) ⑤
ⓐ 年月日~年月日	人	人	%	人	%
ⓑ 年月日~年月日	人	人	%	人	%
ⓒ 年月日~年月日	人	人	%	人	%
ⓓ 年月日~年月日	人	人	%	人	%
ⓔ 年月日~年月日	人	人	%	人	%
申請時	人	人	%	人	%

(注1) 各欄の人数等は、第3表付表1「役員の状況」から転記してください。
(注2) ③及び⑤については、小数点以下第2位を切り捨てた数値を記載してください。
　　　(例) 33.333…% → 33.3%

ロ

各社員の表決権が平等である	ⓐ	ⓑ	ⓒ	ⓓ	ⓔ	申請時
上記を証する書類の名称とその内容等	はい・いいえ	はい・いいえ	はい・いいえ	はい・いいえ	はい・いいえ	はい・いいえ

(注意事項)
・ 認定基準等チェック表(第3表)は、法第55条第1項に基づく書類(役員報酬規程等提出書類)の提出時においても記載及び添付する必要があります。その場合、上記ロの記載の必要はありません。
・ 認定の有効期間の更新の申請に当たっては、法第55条第1項に基づく書類(役員報酬規程等提出書類)に記載した事項について、添付を省略することができます。

第7章 認定NPO法人制度　277

第3表（次葉）

ハ	項　目	ⓐ	ⓑ	ⓒ	ⓓ	ⓔ	申請時
	会計について公認会計士又は監査法人の監査を受けている	はい・いいえ	はい・いいえ	はい・いいえ	はい・いいえ	はい・いいえ	はい・いいえ
	帳簿書類の備付け、取引の記録及び帳簿書類の保存を青色申告法人に準じて行っている	はい・いいえ	はい・いいえ	はい・いいえ	はい・いいえ	はい・いいえ	はい・いいえ

㊟　該当する項目を○で囲み、監査証明書又は第3表付表2「帳簿組織の状況」を添付してください。

ニ	項　目	ⓐ	ⓑ	ⓒ	ⓓ	ⓔ	申請時
	費途が明らかでない支出がある、帳簿に虚偽の記載がある等の不適正な経理の有無	有・無	有・無	有・無	有・無	有・無	有・無

（注意事項）
　認定の有効期間の更新の申請に当たっては、法第55条第1項に基づく書類（役員報酬規程等提出書類）に記載した事項について、改めて記載する必要はありません。

「認定基準等チェック表」（第3表）記載要領

項　目	記　載　要　領	注　意　事　項
イの各欄	区分欄の「ⓐ」から「ⓔ」欄には、実績判定期間の各事業年度（又は各年）を記載します。 第3表付表1「役員の状況」を記載して、「①」、「②」及び「④」の各欄に該当する人数を転記します。	
ロの各欄	該当する一方を「○」で囲みます。 「上記を証する書類の名称とその内容等」欄には、例えば、「定款（又は会則）第○条に正会員の表決権（又は議決権）は平等に一票を与えると規定」のように記載します。	
ハの各欄	該当する一方を「○」で囲みます。 なお、「ⓐ」から「ⓔ」については、上記イに記載する各期間（「ⓐ」から「ⓔ」）を示したものです。	①　「会計について公認会計士又は監査法人の監査を受けている」の「はい」に「○」した場合には監査証明書を添付してください。 ②　「帳簿書類の備付け、取引の記録及び帳簿書類の保存を青色申告法人に準じて行っている」の「はい」に「○」した場合には、第3表付表2「帳簿組織の状況」を記載し添付してください。
ニの各欄	該当する一方を「○」で囲みます。 なお、「ⓐ」から「ⓔ」については、上記イに記載する各期間（「ⓐ」から「ⓔ」）を示したものです。	

　記載要領の補足

　○　ニにおいて、「費途が明らかでない支出」とは、法人が費用として支出した金額のうち、その費途を確認することができないものをいい、法人が名目に関わらず支出した金銭でその費途が明らかでないものが、これに当たります。なお、意図的にその支出先を明らかにしない支出がある場合も、当然に「費途が明らかでない支出」があることになり、認定を受けることはできません。

書式第8号（法第44条・51条・58条関係）

役員の状況

第3表付表1

法人名		ⓐ	ⓑ	ⓒ	ⓓ	ⓔ	申請時
役員数		人	人	人	人	人	人
(1) 最も人数が多い「親族等」のグループの人数		人	人	人	人	人	人
(2) 最も人数が多い「特定の法人の役員又は使用人である者並びにこれらの者の親族等」のグループの人数		人	人	人	人	人	人

役員の内訳									
氏名	住所	職名	続柄等	就任等の状況						就任・退任年月日
				ⓐ	ⓑ	ⓒ	ⓓ	ⓔ	申請時	

（注意事項）
　認定の有効期間の更新の申請に当たっては、法第55条第1項に基づく書類（役員報酬規程等提出書類）に記載した事項について、添付を省略することができます。

「役員の状況」　第3表付表1　記載要領

1　「役員の内訳」欄は「親族等」又は「特定の法人の役員又は使用人である者及びこれらの者の親族等」のグループごとに記載します。

2　「就任等の状況」の「ⓐ」から「ⓔ」及び「申請時」の各欄は役員であった時期に「○」を付します。
　なお、当該「ⓐ」から「ⓔ」については、認定基準等チェック表（第3表）のイに記載する各期間（「ⓐ」から「ⓔ」）を示したものです。

3　この表において、「親族等」とは特定非営利活動法人の役員である次の者が該当します。
　①　役員の配偶者及び三親等以内の親族
　②　役員と婚姻の届出をしていないが事実上婚姻関係と同様の事情にある者
　③　役員の使用人及び使用人以外の者で当該役員から受ける金銭その他の財産によって生計を維持している者
　④　②又は③に掲げる者の配偶者及び三親等以内の親族でこれらの者と生計を一にしている者

4　この表において、「特定の法人の役員又は使用人である者並びにこれらの者の親族等」とは特定非営利活動法人の役員である次の者が該当します。
　①　特定の法人の役員又は使用人
　②　①に掲げる者と役員の配偶者及び三親等以内の親族
　③　①に掲げる者と婚姻の届出をしていないが事実上婚姻関係と同様の事情にある者
　④　①に掲げる者の使用人及び使用人以外の者で当該①に掲げる者から受ける金銭その他の財産によって生計を維持している者
　⑤　③又は④に掲げる者の配偶者及び三親等以内の親族でこれらの者と生計を一にしている者

5　上記の「特定の法人」には、特定の法人との間に発行済株式の総数又は出資の総額（以下「発行済株式の総数等」といいます。）の50％以上の株式の数又は出資の金額（以下「株式の数等」といいます。）を直接又は間接に保有する関係にある法人を含みます。
　なお、50％以上の株式の数等を直接又は間接に保有する関係とは以下のとおりです。
　○　直接に保有する関係
　　　一の法人が他方の法人の発行済株式の総数等の50％以上の株式の数等を保有する場合の一の法人と他方の法人との関係（以下「直接支配関係」といいます。）
　○　間接に保有する関係
　　　一の法人及び一の法人と直接支配関係にある法人又は一の法人と直接支配関係にある法人が、他方の法人の発行済株式の総数等の50％以上の株式の数等を保有する場合の一の法人、一の法人と直接支配関係にある法人及び他方の法人との関係

記載要領の補足

○　記載要領の5の「特定の法人」との関係について、一の者が法人の発行済株式等の50％以上を保有する場合における当該一の者と当該法人との関係をいい、これを直接支配関係といいます。次の2つの例の場合、一の者（法人）は他の法人Bの50％以上の株式を保有していることになります。

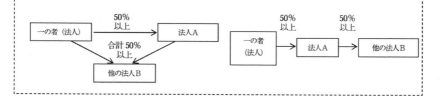

書式第9号（法第44条・51条・58条関係）

帳簿組織の状況

第3表付表2

法　人　名	

伝　票　又　は　帳　簿　名	左の帳簿等の形態	記帳の時期	保存期間

（記載要領）
- 「伝票又は帳簿名」欄は、例えば「現金出納帳」、「総勘定元帳」、「経費帳」などのように記載します。
- 「左の帳簿等の形態」欄は、「3枚複写伝票」、「ルーズリーフ」、「装丁帳簿」などのように記載します。
- 「記帳の時期」欄は、「毎日」、「一週間ごと」のように記載します。
- 認定の有効期間の更新の申請に当たっては、法第55条第1項に基づく書類（役員報酬規程等提出書類）に記載した内容に変更がないときは、添付を省略することができます。

書式第10号（法第44条・51条・58条関係）

認定基準等チェック表　（第4表）　　　（初葉）

法人名		チェック欄
4　事業活動に関して次に掲げる基準に適合していること		
イ　宗教活動又は政治活動等を行っていないこと		
ロ　役員等に対し報酬又は給与の支給に関して特別の利益を与えないこと、役員等又は役員等が支配する法人と当法人との間の資産の譲渡等に関して特別の利益を与えないこと、役員等に対し役員の選任その他当法人の財産の運用及び事業の運営に関して特別の利益を与えないこと、及び営利を目的とした事業を行う者、上記イの活動を行う者又は特定の公職の候補者若しくは公職にある者に対し寄附を行わないこと		
ハ　実績判定期間における事業費の総額のうち特定非営利活動に係る事業費の額の占める割合が80％以上であること		
ニ　実績判定期間における受入寄附金総額の70％以上を特定非営利活動の事業費に充てていること		

イ

項　目	ⓐ	ⓑ	ⓒ	ⓓ	ⓔ	申請時
宗教の教義を広め、儀式を行い、及び信者を教化育成する活動	有・無	有・無	有・無	有・無	有・無	有・無
政治上の主義を推進し、支持し、又はこれに反対する活動	有・無	有・無	有・無	有・無	有・無	有・無
特定の公職の候補者若しくは公職にある者又は政党を推薦し、支持し、又はこれらに反対する活動	有・無	有・無	有・無	有・無	有・無	有・無

ロ

項　目	ⓐ	ⓑ	ⓒ	ⓓ	ⓔ	申請時
役員の職務の内容、職員に対する給与の支給の状況、当法人とその活動内容及び事業規模が類似する他の法人の役員に対する報酬の支給の状況等に照らして、当法人の役員に対する報酬の支給として過大と認められる報酬の支給その他役員等に対し報酬又は給与の支給に関して特別の利益の供与の有無	有・無	有・無	有・無	有・無	有・無	有・無
役員等又は役員等が支配する法人に対しその対価の額が当該資産のその譲渡の時における価額に比して著しく過少と認められる資産の譲渡その他役員等又は役員等が支配する法人と当法人との間の資産の譲渡等に関して特別の利益の供与の有無	有・無	有・無	有・無	有・無	有・無	有・無
役員等に対し役員の選任その他当法人の財産の運用及び事業の運営に関して特別の利益の供与の有無	有・無	有・無	有・無	有・無	有・無	有・無
営利を目的とした事業を行う者及びイの活動を行う者又は特定の公職の候補者若しくは公職にある者に対する寄附の有無	有・無	有・無	有・無	有・無	有・無	有・無

（注意事項）
・　「認定基準等チェック表（第4表）」は、法第55条第1項に基づく書類（役員報酬規程等提出書類）の提出時においても記載及び添付する必要があります。その場合、「認定基準等チェック表 第4表（次葉）（ハ及びニ）」の記載及び添付の必要はありません。
・　認定の有効期間の更新の申請に当たっては、法第55条第1項に基づく書類（役員報酬規程等提出書類）に記載した事項について、添付を省略することができます。

(第4表 次葉)

ハ

項　　　目		実績判定期間	
事　業　費　の　総　額	①		円
特定非営利活動に係る事業費の額	②		円
特定非営利活動の割合　(②÷①)	③		％

注・「ハ」について、事業費以外の指標により計算を行う場合には、使用した指標及び単位を記載してください。
・損益計算書により算出した場合については、記載要領の注意事項をご確認ください。

使用した指標	単位

・算出方法を具体的に示す資料を添付してください。

ニ

項　　　目		実績判定期間	
受　入　寄　附　金　総　額	①		円
受入寄附金総額のうち特定非営利活動に係る事業費に充てた額	②		円
受入寄附金の充当割合　(②÷①)	③		％

(注意事項)
・「認定基準等チェック表（第4表　次葉）（ハ及びニ）」は、法第55条第1項に基づく書類（役員報酬規程等提出書類）の提出時には記載及び添付の必要はありません。
・「ハ及びニ」の③については、小数点以下第3位を切り捨てた数値を記載してください。

「認定基準等チェック表」(第4表)記載要領

項　目		記載要領	注意事項
イ及びロの各欄共通		該当する一方を「○」で囲みます。 「役員等」とは、役員、社員、職員若しくは寄附者若しくはこれらの者の配偶者若しくは三親等以内の親族又はこれらの者と特殊の関係のある者をいいます。 「特殊の関係」とは次に掲げる関係をいいます。 ① 婚姻の届出をしていないが事実上婚姻関係と同様の事情にある関係 ② 使用人である関係及び使用人以外の者で当該役員、社員、職員若しくは寄附者又はこれらの者の配偶者若しくは三親等以内の親族から受ける金銭その他の財産によって生計を維持している関係 ③ 上記①又は②に掲げる関係にある者の配偶者及び三親等以内の親族でこれらの者と生計を一にしている関係	第4表付表1及び2「役員等に対する資産の譲渡等の状況等」を記載し添付してください。 なお、当該「ⓐ」から「ⓔ」については、認定基準等チェック表(第3表)のイに記載する各期間(「ⓐ」から「ⓔ」)を示したものです。
ハ	共通事項	「事業費」以外の指標により計算を行う場合には、使用した指標及び単位を⑫欄に記載し、具体的な算出方法を示す資料を添付してください。	
	「事業費の総額①」欄	実績判定期間における活動計算書の支出の部の事業費の部分の金額の合計額を記載します。 なお、その他の事業を区分して経理し複数の活動計算書を作成している場合には、すべての活動計算書の支出の部の事業費を合計した金額を記載します。	損益計算書を作成している場合には、損益計算書により事業に係る支出金額を算出して記載しても差し支えありません。その場合には、損益計算書及び金額の算定方法を示す資料を添付してください。
	「特定非営利活動に係る事業費の額②」欄	「事業費の総額①」欄のうち、特定非営利活動に係る金額を記載します。	特定非営利活動に係る部分とそれ以外に共通する事業費は、それぞれに合理的に配賦します。
ニ	「受入寄附金総額①」欄	第1表付表「受け入れた寄附金の明細表」の「Ⓐ」欄の金額を転記します。	
	「受入寄附金総額のうち特定非営利活動に係る事業費に充てた額②」欄	「受入寄附金総額①」欄のうち、特定非営利活動に係る事業費に充てた額を記載します。	一定の条件の下、将来の特定非営利活動に充てるために当期に特定資産等として貸借対照表に計上した金額は、当期の「受入寄付金総額のうち特定非営利活動に係る事業費に充てた額②」に算入できます。
	「受入寄附金の充当割合③」欄	割合が100%を超える場合は、100%と記載します。	

┌─ 記載要領の補足 ───┐

○ イの各活動は、認証を受けるためには、「主たる目的」としてこれを行うことはできないとされています（主たる目的でなければ行うことができます。）。しかしながら、認定を受けるためには、「主たる目的」であるかどうかにかかわらず、これらの活動を一切行うことはできません。

○ ロの「特別の利益」を与えているかどうかの判定に当たっては、特定非営利活動法人が役員等に対する債権を放棄するなどの行為を行ったことにより実質的に役員等に対して給与を支給したのと同様の経済的効果をもたらすもの（病気見舞、災害見舞等のように一般的に福利厚生費として支出されているものは除きます。）がある場合には、これらをその役員等に対して支払っているものとして、「特別の利益」を与えているかどうかを判定する必要があります。

○ ロの「営利を目的とした事業を行う者及びイの活動を行う者又は特定の公職の候補者若しくは公職にある者」に対し寄附を行うこととは、寄附金という名目で支出しているかどうかにより判定するものではなく、いずれの名目でするかを問わず、金銭その他の資産又は経済的な利益の贈与又は無償の供与を行った場合には、これに該当します。

○ 特定非営利活動とそれ以外の活動とに共通する事業費がある場合には、継続的に、資産の使用割合、従事者の作業時間数、資産の帳簿価額の比、収入金額の比その他その事業費の性質に応じた合理的な指標により特定非営利活動とそれ以外の活動とに配賦し、これに基づいてハ及びニの基準の判定を行うことになります。

○ ハにおいて、法規第24条で規定する「特定非営利活動に係る事業費の額の占める割合に準ずる割合」は、その法人の事業活動のうちに特定非営利活動の占める割合を法第45条第1項第4号ハで規定する割合（実績判定期間における事業費の総額のうちに特定非営利活動に係る事業費の額の占める割合）よりも合理的に算定できるものでなければ認められません。

└───┘

第7章 認定NPO法人制度　285

書式第11号（法第44条・51条・58条関係）

役員等に対する報酬等の状況

第4表付表1

法　人　名	

　役員、社員、職員若しくは寄附者若しくはこれらの者の配偶者若しくは三親等以内の親族又はこれらの者と特殊の関係（注1）にある者（以下「役員等」という）に対する報酬又は給与の支給等（実績判定期間及び申請書の提出日を含む事業年度開始の日から申請書の提出の日までに行った取引等）について以下の項目を記載してください。

（注1）「特殊の関係」とは次に掲げる関係をいいます。
　　① 婚姻の届出をしていないが事実上婚姻関係と同様の事情にある関係
　　② 使用人である関係及び使用人以外の者で当該役員等から受ける金銭その他の財産によって生計を維持している関係
　　③ 上記①又は②に掲げる関係にある者の配偶者及び三親等以内の親族でこれらの者と生計を一にしている関係

1　役員報酬の支給

氏　　名	職　名	支　給　期　間　等	支　給　金　額
			円
			円
			円
			円
			円
			円

2　役員の親族等（注2）である職員に対する給与の支給

受給者の氏名等	役員との関係	支　給　期　間　等	支　給　金　額
			円
			円
			円
			円
			円
			円

（注2）「役員の親族等」とは、役員の配偶者若しくは三親等以内の親族又は役員と特殊の関係にある者をいいます（「特殊の関係」は（注1）参照）。

3　給与を得た職員の総数及び総額

集　計　期　間	年　月　日　～　　年　月　日
給与を得た職員の総数	左記の職員に対する給与総額
	円

（注意事項）
・「役員等に対する報酬等の状況（第4表付表1）」は、法第55条第1項に基づく書類（役員報酬規程等提出書類）の提出時には記載及び添付の必要はありません。
・認定の有効期間の更新の申請に当たっては、法第55条第1項に基づく書類（役員報酬規程等提出書類）に記載した事項について、添付を省略することができます。

書式第12号（法第44条・51条・58条関係）

役員等に対する資産の譲渡等の状況等

第4表付表2（初葉）

法　人　名	

1 　役員、社員、職員若しくは寄附者若しくはこれらの者の配偶者若しくは三親等以内の親族又はこれらの者と特殊の関係(注)にある者（以下「役員等」という）又は役員等が支配する法人に対する資産の譲渡等（<u>実績判定期間及び申請書の提出日を含む事業年度開始の日から申請書の提出の日までに行った取引</u>等）について以下の項目を記載してください。

(注)「特殊の関係」とは次に掲げる関係をいいます。
　① 婚姻の届出をしていないが事実上婚姻関係と同様の事情にある関係
　② 使用人である関係及び使用人以外の者で当該役員等から受ける金銭その他の財産によって生計を維持している関係
　③ 上記①又は②に掲げる関係にある者の配偶者及び三親等以内の親族でこれらの者と生計を一にしている関係

(1) 資産の譲渡（棚卸資産を含む。）

取引先の氏名等	法人との関係	譲渡資産の内容	譲渡年月日	譲　渡　価　格	その他の取引条件等
				円	
				円	
				円	
				円	
				円	
				円	

(2) 資産の貸付け（金銭の貸付けを含む。）

取引先の氏名等	法人との関係	貸付資産の内容	貸付年月日	対　価　の　額	その他の取引条件等
				円	
				円	
				円	
				円	
				円	
				円	

(注意事項)
・　「役員等に対する資産の譲渡等の状況等（第4表付表2）」は、法第55条第1項に基づく書類（役員報酬規程等提出書類）の提出時には記載及び添付の必要はありません。
・　認定の有効期間の更新の申請に当たっては、法第55条第1項に基づく書類（役員報酬規程等提出書類）に記載した事項について、添付を省略することができます。

第4表付表2（次葉）

(3) 役務の提供（施設の利用等を含む。）

取引先の氏名等	法人との関係	役務の提供の内容	役務の提供年月日	対価の額	その他の取引条件等
				円	
				円	
				円	
				円	
				円	
				円	
				円	
				円	
				円	
				円	

2　役員の選任その他当法人の財産の運用及び事業の運営に関する事項

（該当する事項がある場合にその内容を具体的に記載してください。）

3　支出した寄附金（実績判定期間及び申請書の提出日を含む事業年度開始の日から申請書の提出の日までに支出した寄附金）

支出先の名称等	住所等	支出年月日	支出金額	寄附の目的等
			円	
			円	
			円	
			円	
			円	
			円	
			円	

(注意事項)
- 「役員等に対する資産の譲渡等の状況等（第4表付表2）」は、法第55条第1項に基づく書類（役員報酬規程等提出書類）の提出時には記載及び添付の必要はありません。
- 認定の有効期間の更新の申請に当たっては、法第55条第1項に基づく書類（役員報酬規程等提出書類）に記載した事項について、添付を省略することができます。

書式第13号（法第44条・51条・58条関係）

認定基準等チェック表　（第5表）

法人名		チェック欄
5　次に掲げる書類について閲覧の請求があった場合には、正当な理由がある場合を除きこれをその事務所において閲覧させること 　イ　特定非営利活動促進法第28条に規定する事業報告書等、役員名簿及び定款等 　ロ　各認定基準等に適合する旨及び欠格事由に該当しない旨を説明する書類 　ハ　寄附金を充当する予定の具体的な事業の内容を記載した書類 　ニ　役員報酬又は職員給与の支給に関する規程 　ホ　収益の明細その他の資金に関する事項、資産の譲渡等に関する事項、寄附金に関する事項その他一定の事項等を記載した書類 　ヘ　助成の実績並びに海外送金等の金額及び使途並びにその予定日を記載した書類		

	次に掲げる書類について閲覧の請求があった場合には、正当な理由がある場合を除きこれをその事務所において閲覧させることに同意する。 ※閲覧に関する細則（社内規則）等がある場合には、その細則（社内規則）等を添付してください。	同　意	
		する	しない
イ	①　事業報告書等（事業報告書、財産目録、貸借対照表、活動計算書、年間役員名簿、社員のうち10人以上の者の氏名及び住所又は居所を記した書面） ②　役員名簿 ③　定款等（定款、認証書の写し、登記事項証明書の写し）		
ロ	各認定基準等に適合する旨を説明する書類、欠格事由に該当しない旨を説明する書類		
ハ	寄附金を充当する予定の具体的な事業の内容を記載した書類		
ニ	前事業年度の役員報酬又は職員給与の支給に関する規程		
ホ	次の事項を記載した書類 ①　収益の源泉別の明細、借入金の明細その他の資金に関する事項 ②　資産の譲渡等に係る事業の料金、条件その他の内容に関する事項 ③　次に掲げる取引に係る取引先、取引金額その他の内容に関する事項 　・収益の生ずる取引及び費用の生ずる取引のそれぞれについて、取引金額の多い上位5者との取引 　・役員、社員、職員若しくは寄附者又はこれらの者の配偶者若しくは三親等以内の親族又はこれらの者と特殊の関係のある者との取引 ④　寄附者（役員、役員の配偶者若しくは三親等以内の親族又は役員と特殊の関係のある者で、当該法人に対する寄附金の額の事業年度中の合計額が20万円以上であるものに限る。）の氏名並びにその寄附金の額及び受領年月日 ⑤　給与を得た職員の総数及び当該職員に対する給与の総額に関する事項 ⑥　支出した寄附金の額並びにその相手先及び支出年月日 ⑦　海外への送金又は金銭の持出しを行った場合（その金額が200万円以下の場合に限る。）におけるその金額及び使途並びにその実施日		
ヘ	①　助成金の支給を行った場合に事後に所轄庁に提出した書類の写し ②　海外への送金又は金銭の持出し（その金額が200万円以下のものを除く。）を行う場合には事前に又は災害に対する援助等緊急を要する場合には事後に所轄庁に提出した書類の写し		

（注意事項）
・　認定基準等チェック表第5表は、法第55条第1項に基づく書類（役員報酬規程等提出書類）の提出時に記載及び添付する必要があります。
・　認定の有効期間の更新の申請に当たっては、添付の必要はありません。

「認定基準等チェック表」(第5表) 記載要領

項　　目	記　載　要　領	注　意　事　項
「同意」欄	該当する一方を「○」で囲みます。	閲覧に関する細則（社内規則）等がある場合には、その細則（社内規則）等を添付してください。
「ホ」欄		③、④の「特殊の関係」とは、次に掲げる関係をいいます。 ① 婚姻の届出をしていないが事実上婚姻関係と同様の事情にある関係 ② 使用人である関係及び使用人以外の者で当該役員から受ける金銭その他の財産によって生計を維持している関係 ③ 上記①又は②に掲げる関係にある者の配偶者及び三親等以内の親族でこれらの者と生計を一にしている関係

書式第14号（法第44条・51条・58条関係）

認定基準等チェック表　　（第6、7、8表）

法人名	

認定基準等チェック表　　（第6表）

6　実績判定期間を含む各事業年度の特定非営利活動促進法第28条に規定する事業報告書等及び役員名簿並びに定款等を同法第29条の規定により所轄庁に提出していること	チェック欄

特定非営利活動促進法第28条に規定する事業報告書等及び役員名簿並びに定款等の所轄庁への提出の有無

ⓐ	ⓑ	ⓒ	ⓓ	ⓔ
有・無	有・無	有・無	有・無	有・無

認定基準等チェック表　　（第7表）

7　法令又は法令に基づいてする行政庁の処分に違反する事実、偽りその他不正の行為により何らかの利益を得、又は得ようとした事実その他公益に反する事実がないこと	チェック欄

法令に違反する事実、偽りその他不正の行為により何らかの利益を得、又は得ようとした事実その他公益に反する事実の有無

ⓐ	ⓑ	ⓒ	ⓓ	ⓔ	申請時
有・無	有・無	有・無	有・無	有・無	有・無

(注)　認定基準等チェック表（第7表）は、法第55条第1項に基づく書類（役員報酬規程等提出書類）の提出時に記載及び添付する必要があります。

認定基準等チェック表　　（第8表）

8　申請書を提出した日を含む事業年度の初日において、その設立の日以後1年を超える期間が経過していること	チェック欄

事業年度	月　日～　月　日	設立年月日	平成　年　月　日

(注意事項)
- 法第55条第1項に基づく書類（役員報酬規程等提出書類）の提出時に当たっては、認定基準等チェック表（第6表及び第8表）は、記載する必要はありません。
- 認定の有効期間の更新の申請に当たっては、認定基準等チェック表（第6表及び第8表）の記載の必要はありません。また、法第55条第1項に基づく書類（役員報酬規程等提出書類）に記載した事項について、改めて記載する必要はありません。

第7章 認定NPO法人制度

「認定基準等チェック表」(第6表) 記載要領

項　　目	記　載　要　領	注　意　事　項
各欄共通	該当する一方を「○」で囲みます。	「ⓐ」から「ⓔ」については、認定基準等チェック表 (第3表) のイに記載する各期間 (「ⓐ」から「ⓔ」) を示したものです。

「認定基準等チェック表」(第7表) 記載要領

項　　目	記　載　要　領	注　意　事　項
各欄共通	該当する一方を「○」で囲みます。	「ⓐ」から「ⓔ」については、認定基準等チェック表 (第3表) のイに記載する各期間 (「ⓐ」から「ⓔ」) を示したものです。

「認定基準等チェック表」(第8表) 記載要領

項　　目	記　載　要　領	注　意　事　項
各欄共通	該当する年月日を記載します。	

記載要領の補足

○ 「認定基準等チェック表」(第7表) において、「法令又は法令に基づいてする行政庁の処分に違反する事実」には、例えば、法第42条に基づく所轄庁の改善命令に違反する場合などが該当します。

書式第15号(法第44条・51条・58条関係)

欠格事由チェック表

法人名		チェック欄

認定、仮認定又は認定の有効期間の更新の基準にかかわらず、次のいずれかの欠格事由に該当する法人は認定、仮認定又は認定の有効期間の更新を受けることができません。

1 役員のうちに、次のいずれかに該当する者がある場合
 イ 認定特定非営利活動法人が認定を取り消された場合又は仮認定特定非営利活動法人が仮認定を取り消された場合において、その取消しの原因となった事実があった日以前1年内に当該認定特定非営利活動法人又は当該仮認定特定非営利活動法人のその業務を行う理事であった者でその取消しの日から5年を経過しないもの
 ロ 禁錮以上の刑に処せられ、その執行を終わった日又はその執行を受けることがなくなった日から5年を経過しない者
 ハ 特定非営利活動促進法若しくは暴力団員不当行為防止法に違反したことにより、若しくは刑法204条等若しくは暴力行為等処罰法の罪を犯したことにより、又は国税若しくは地方税に関する法律に違反したことにより、罰金刑に処せられ、その執行が終わった日又はその執行を受けることがなくなった日から5年を経過しない者 (注意事項1)
 ニ 暴力団の構成員等 (注意事項2)
2 認定又は仮認定を取り消されその取消しの日から5年を経過しない法人
3 定款又は事業計画書の内容が法令等に違反している法人
4 国税又は地方税の滞納処分の執行がされているもの又は当該滞納処分の終了の日から3年を経過しない法人(認定、仮認定及び認定の有効期間の更新の申請時には、所轄税務署等から交付を受けた納税証明書「その4」並びに関係都道府県知事及び市区町村長から交付を受けた滞納処分に係る納税証明書の添付が必要となります)。
5 国税に係る重加算税又は地方税に係る重加算金を課された日から3年を経過しない法人
6 次のいずれかに該当する法人
 イ 暴力団
 ロ 暴力団又は暴力団の構成員等の統制下にある法人

1		役員のうち、次のいずれかに該当する者の有無	
	イ	認定特定非営利活動法人が認定を取り消された場合又は仮認定特定非営利活動法人が仮認定を取り消された場合において、その取消しの原因となった事実があった日以前1年内に当該認定特定非営利活動法人又は当該仮認定特定非営利活動法人のその業務を行う理事であった者でその取消しの日から5年を経過しない者の有無	有・無
	ロ	禁錮以上の刑に処せられ、その執行を終わった日又はその執行を受けることがなくなった日から5年を経過しない者の有無	有・無
	ハ	特定非営利活動促進法若しくは暴力団員による不当行為防止法に違反したことにより、若しくは刑法第204条等若しくは暴力行為等処罰法の罪を犯したことにより、又は国税若しくは地方税に関する法律に違反したことにより、罰金刑に処せられ、その執行が終わった日又はその執行を受けることがなくなった日から5年を経過しない者の有無	有・無
	ニ	暴力団の構成員等の有無	有・無
2		認定又は仮認定を取り消されその取消しの日から5年を経過しない法人	はい・いいえ
3		定款又は事業計画書の内容が法令等に違反している法人	はい・いいえ
4		国税又は地方税の滞納処分の執行がされているもの又は当該滞納処分の終了の日から3年を経過しない法人	はい・いいえ
添付書類		認定、仮認定又は認定の有効期間の更新の申請時に、上記4に係る所轄税務署長等から交付を受けた納税証明書「その4」並びに関係都道府県知事及び市区町村長から交付を受けた滞納処分に係る納税証明書を添付すること (注1) その他の事務所がある場合は、その他の事務所所在の滞納処分に係る納税証明書も添付すること (注2) 役員報酬規程等提出書には添付不要	
5		国税に係る重加算税又は地方税に係る重加算金を課された日から3年を経過しない法人	はい・いいえ
6		次のいずれかに該当する法人	
	イ	暴力団	はい・いいえ
	ロ	暴力団又は暴力団の構成員等の統制下にある法人	はい・いいえ

(注意事項)
1 「刑法204条等」とは、刑法第204条、第206条、第208条、第208条の3、第222条若しくは第247条をいいます。
2 「暴力団の構成員等」とは、法第12条第1項第3号ロに規定する暴力団又はその構成員(暴力団の構成団体の構成員を含みます。)若しくは暴力団の構成員でなくなった日から5年を経過しない者をいいます。

書式第16号(法第44条・51条・58条関係)

寄附金を充当する予定の事業内容等

法 人 名	

事 業 名	具体的な事業内容	実施予定年月	実施予定場所	従事者の予定人数	受益対象者の範囲及び予定人数	寄附金充当予定額

寄附金の受入及び支出に利用する銀行口座名	

(注意事項)
・ 「寄附金の受入及び支出に利用する銀行口座名」については、口座番号は記入する必要はありません。

付　　録

① 特定非営利活動促進法（抄）
② 特定非営利活動促進法施行令（抄）
③ 特定非営利活動促進施行規則（抄）

付録 ①
特定非営利活動促進法

特定非営利活動促進法

（平成10年3月25日公布
法律第7号）

（最終改正：平成25年11月27日
法律第86号）

第1章 総則（第1条・第2条）
第2章 特定非営利活動法人
　第1節 通則（第3条―第9条）
　第2節 設立（第10条―第14条）
　第3節 管理（第14条の2―第30条）
　第4節 解散及び合併（第31条―第40条）
　第5節 監督（第41条―第43条の3）
第3章 認定特定非営利活動法人及び仮認定特定非営利活動法人
　第1節 認定特定非営利活動法人（第44条―第57条）
　第2節 仮認定特定非営利活動法人（第58条―第62条）
　第3節 認定特定非営利活動法人等の合併（第63条）
　第4節 認定特定非営利活動法人等の監督（第64条―第69条）
第4章 税法上の特例（第70条・第71条）
第5章 雑則（第72条―第76条）
第6章 罰則（第77条―第81条）
附則

第1章 総　則

（目　的）
第1条　この法律は，特定非営利活動を行う団体に法人格を付与すること並びに運営組織及び事業活動が適正であって公益の増進に資する特定非営利活動法人の認定に係る制度を設けること等により，ボランティア活動をはじめとする市民が行う自由な社会貢献活動としての特定非営利活動の健全な発展を促進し，もって公益の増進に寄与することを目的とする。

(定　義)
第2条　この法律において「特定非営利活動」とは，別表に掲げる活動に該当する活動であって，不特定かつ多数のものの利益の増進に寄与することを目的とするものをいう。
2　この法律において「特定非営利活動法人」とは，特定非営利活動を行うことを主たる目的とし，次の各号のいずれにも該当する団体であって，この法律の定めるところにより設立された法人をいう。
　一　次のいずれにも該当する団体であって，営利を目的としないものであること。
　　イ　社員の資格の得喪に関して，不当な条件を付さないこと。
　　ロ　役員のうち報酬を受ける者の数が，役員総数の3分の1以下であること。
　二　その行う活動が次のいずれにも該当する団体であること。
　　イ　宗教の教義を広め，儀式行事を行い，及び信者を教化育成することを主たる目的とするものでないこと。
　　ロ　政治上の主義を推進し，支持し，又はこれに反対することを主たる目的とするものでないこと。
　　ハ　特定の公職（公職選挙法（昭和25年法律第100号）第3条に規定する公職をいう。以下同じ。）の候補者（当該候補者になろうとする者を含む。以下同じ。）若しくは公職にある者又は政党を推薦し，支持し，又はこれらに反対することを目的とするものでないこと。
3　この法律において「認定特定非営利活動法人」とは，第44条第1項の認定を受けた特定非営利活動法人をいう。
4　この法律において「仮認定特定非営利活動法人」とは，第58条第1項の仮認定を受けた特定非営利活動法人をいう。

第2章　特定非営利活動法人

第1節　通　則

(原　則)
第3条　特定非営利活動法人は，特定の個人又は法人その他の団体の利益を目的として，その事業を行ってはならない。
2　特定非営利活動法人は，これを特定の政党のために利用してはならない。
(名称の使用制限)
第4条　特定非営利活動法人以外の者は，その名称中に，「特定非営利活動法人」又はこ

(その他の事業)
第5条 特定非営利活動法人は,その行う特定非営利活動に係る事業に支障がない限り,当該特定非営利活動に係る事業以外の事業(以下「その他の事業」という。)を行うことができる。この場合において,利益を生じたときは,これを当該特定非営利活動に係る事業のために使用しなければならない。
2 その他の事業に関する会計は,当該特定非営利活動法人の行う特定非営利活動に係る事業に関する会計から区分し,特別の会計として経理しなければならない。

(住 所)
第6条 特定非営利活動法人の住所は,その主たる事務所の所在地にあるものとする。

(登 記)
第7条 特定非営利活動法人は,政令で定めるところにより,登記しなければならない。
2 前項の規定により登記しなければならない事項は,登記の後でなければ,これをもって第三者に対抗することができない。

(一般社団法人及び一般財団法人に関する法律の準用)
第8条 一般社団法人及び一般財団法人に関する法律(平成18年法律第48号)第78条の規定は,特定非営利活動法人について準用する。

(所 轄 庁)
第9条 特定非営利活動法人の所轄庁は,その主たる事務所が所在する都道府県の知事(その事務所が一の指定都市(地方自治法(昭和22年法律第67号)第252条の19第1項の指定都市をいう。以下同じ。)の区域内のみに所在する特定非営利活動法人にあっては,当該指定都市の長)とする。

第2節 設　　立

(設立の認証)
第10条 特定非営利活動法人を設立しようとする者は,都道府県又は指定都市の条例で定めるところにより,次に掲げる書類を添付した申請書を所轄庁に提出して,設立の認証を受けなければならない。
　一 定款
　二 役員に係る次に掲げる書類
　　イ 役員名簿(役員の氏名及び住所又は居所並びに各役員についての報酬の有無を記載した名簿をいう。以下同じ。)

ロ　各役員が第 20 条各号に該当しないこと及び第 21 条の規定に違反しないことを誓約し，並びに就任を承諾する書面の謄本
　　ハ　各役員の住所又は居所を証する書面として都道府県又は指定都市の条例で定めるもの
　三　社員のうち 10 人以上の者の氏名（法人にあっては，その名称及び代表者の氏名）及び住所又は居所を記載した書面
　四　第 2 条第 2 項第 2 号及び第 12 条第 1 項第 3 号に該当することを確認したことを示す書面
　五　設立趣旨書
　六　設立についての意思の決定を証する議事録の謄本
　七　設立当初の事業年度及び翌事業年度の事業計画書
　八　設立当初の事業年度及び翌事業年度の活動予算書（その行う活動に係る事業の収益及び費用の見込みを記載した書類をいう。以下同じ。）
2　所轄庁は，前項の認証の申請があった場合には，遅滞なく，その旨及び次に掲げる事項を公告するとともに，同項第 1 号，第 2 号イ，第 5 号，第 7 号及び第 8 号に掲げる書類を，申請書を受理した日から 2 月間，その指定した場所において公衆の縦覧に供しなければならない。
　一　申請のあった年月日
　二　申請に係る特定非営利活動法人の名称，代表者の氏名及び主たる事務所の所在地並びにその定款に記載された目的
3　第 1 項の規定により提出された申請書又は当該申請書に添付された同項各号に掲げる書類に不備があるときは，当該申請をした者は，当該不備が都道府県又は指定都市の条例で定める軽微なものである場合に限り，これを補正することができる。ただし，所轄庁が当該申請書を受理した日から 1 月を経過したときは，この限りでない。

（定　款）
第 11 条　特定非営利活動法人の定款には，次に掲げる事項を記載しなければならない。
　一　目的
　二　名称
　三　その行う特定非営利活動の種類及び当該特定非営利活動に係る事業の種類
　四　主たる事務所及びその他の事務所の所在地
　五　社員の資格の得喪に関する事項
　六　役員に関する事項

七　会議に関する事項
　　八　資産に関する事項
　　九　会計に関する事項
　　十　事業年度
　　十一　その他の事業を行う場合には，その種類その他当該その他の事業に関する事項
　　十二　解散に関する事項
　　十三　定款の変更に関する事項
　　十四　公告の方法
２　設立当初の役員は，定款で定めなければならない。
３　第１項第12号に掲げる事項中に残余財産の帰属すべき者に関する規定を設ける場合には，その者は，特定非営利活動法人その他次に掲げる者のうちから選定されるようにしなければならない。
　　一　国又は地方公共団体
　　二　公益社団法人又は公益財団法人
　　三　私立学校法（昭和24年法律第270号）第３条に規定する学校法人
　　四　社会福祉法（昭和26年法律第45号）第22条に規定する社会福祉法人
　　五　更生保護事業法（平成７年法律第86号）第２条第６項に規定する更生保護法人

（認証の基準等）
第12条　所轄庁は，第10条第１項の認証の申請が次の各号に適合すると認めるときは，その設立を認証しなければならない。
　　一　設立の手続並びに申請書及び定款の内容が法令の規定に適合していること。
　　二　当該申請に係る特定非営利活動法人が第２条第２項に規定する団体に該当するものであること。
　　三　当該申請に係る特定非営利活動法人が次に掲げる団体に該当しないものであること。
　　　イ　暴力団（暴力団員による不当な行為の防止等に関する法律（平成３年法律第77号）第２条第２号に規定する暴力団をいう。以下この号及び第47条第６号において同じ。）
　　　ロ　暴力団又はその構成員（暴力団の構成団体の構成員を含む。以下この号において同じ。）若しくは暴力団の構成員でなくなった日から五年を経過しない者（以下「暴力団の構成員等」という。）の統制の下にある団体
　　四　当該申請に係る特定非営利活動法人が10人以上の社員を有するものであること。
２　前項の規定による認証又は不認証の決定は，正当な理由がない限り，第10条第２項の期間を経過した日から２月（都道府県又は指定都市の条例でこれより短い期間を定めた

ときは，当該期間）以内に行わなければならない。

　3　所轄庁は，第一項の規定により認証の決定をしたときはその旨を，同項の規定により不認証の決定をしたときはその旨及びその理由を，当該申請をした者に対し，速やかに，書面により通知しなければならない。

（意見聴取等）
第12条の2　第43条の2及び第43条の3の規定は，第10条第1項の認証の申請があった場合について準用する。

（成立の時期等）
第13条　特定非営利活動法人は，その主たる事務所の所在地において設立の登記をすることによって成立する。

　2　特定非営利活動法人は，前項の登記をしたときは，遅滞なく，当該登記をしたことを証する登記事項証明書及び次条の財産目録を添えて，その旨を所轄庁に届け出なければならない。

　3　設立の認証を受けた者が設立の認証があった日から6月を経過しても第1項の登記をしないときは，所轄庁は，設立の認証を取り消すことができる。

（財産目録の作成及び備置き）
第14条　特定非営利活動法人は，成立の時に財産目録を作成し，常にこれをその事務所に備え置かなければならない。

第3節　管　　　理

（通常社員総会）
第14条の2　理事は，少なくとも毎年一回，通常社員総会を開かなければならない。

（臨時社員総会）
第14条の3　理事は，必要があると認めるときは，いつでも臨時社員総会を招集することができる。

　2　総社員の5分の1以上から社員総会の目的である事項を示して請求があったときは，理事は，臨時社員総会を招集しなければならない。ただし，総社員の5分の1の割合については，定款でこれと異なる割合を定めることができる。

（社員総会の招集）
第14条の4　社員総会の招集の通知は，その社員総会の日より少なくとも5日前に，その社員総会の目的である事項を示し，定款で定めた方法に従ってしなければならない。

(社員総会の権限)
第14条の5　特定非営利活動法人の業務は，定款で理事その他の役員に委任したものを除き，すべて社員総会の決議によって行う。

(社員総会の決議事項)
第14条の6　社員総会においては，第14条の4の規定によりあらかじめ通知をした事項についてのみ，決議をすることができる。ただし，定款に別段の定めがあるときは，この限りでない。

(社員の表決権)
第14条の7　各社員の表決権は，平等とする。
2　社員総会に出席しない社員は，書面で，又は代理人によって表決をすることができる。
3　社員は，定款で定めるところにより，前項の規定に基づく書面による表決に代えて，電磁的方法（電子情報処理組織を使用する方法その他の情報通信の技術を利用する方法であって内閣府令で定めるものをいう。）により表決をすることができる。
4　前3項の規定は，定款に別段の定めがある場合には，適用しない。

(表決権のない場合)
第14条の8　特定非営利活動法人と特定の社員との関係について議決をする場合には，その社員は，表決権を有しない。

(社員総会の決議の省略)
第14条の9　理事又は社員が社員総会の目的である事項について提案をした場合において，当該提案につき社員の全員が書面又は電磁的記録（電子的方式，磁気的方式その他人の知覚によっては認識することができない方式で作られる記録であって，電子計算機による情報処理の用に供されるものとして内閣府令で定めるものをいう。）により同意の意思表示をしたときは，当該提案を可決する旨の社員総会の決議があったものとみなす。
2　前項の規定により社員総会の目的である事項の全てについての提案を可決する旨の社員総会の決議があったものとみなされた場合には，その時に当該社員総会が終結したものとみなす。

(役員の定数)
第15条　特定非営利活動法人には，役員として，理事3人以上及び監事1人以上を置かなければならない。

(理事の代表権)
第16条　理事は，すべて特定非営利活動法人の業務について，特定非営利活動法人を代表する。ただし，定款をもって，その代表権を制限することができる。

（業務の執行）
第17条　特定非営利活動法人の業務は，定款に特別の定めのないときは，理事の過半数をもって決する。

（理事の代理行為の委任）
第17条の2　理事は，定款又は社員総会の決議によって禁止されていないときに限り，特定の行為の代理を他人に委任することができる。

（仮理事）
第17条の3　理事が欠けた場合において，業務が遅滞することにより損害を生ずるおそれがあるときは，所轄庁は，利害関係人の請求により又は職権で，仮理事を選任しなければならない。

（利益相反行為）
第17条の4　特定非営利活動法人と理事との利益が相反する事項については，理事は，代表権を有しない。この場合においては，所轄庁は，利害関係人の請求により又は職権で，特別代理人を選任しなければならない。

（監事の職務）
第18条　監事は，次に掲げる職務を行う。
　一　理事の業務執行の状況を監査すること。
　二　特定非営利活動法人の財産の状況を監査すること。
　三　前2号の規定による監査の結果，特定非営利活動法人の業務又は財産に関し不正の行為又は法令若しくは定款に違反する重大な事実があることを発見した場合には，これを社員総会又は所轄庁に報告すること。
　四　前号の報告をするために必要がある場合には，社員総会を招集すること。
　五　理事の業務執行の状況又は特定非営利活動法人の財産の状況について，理事に意見を述べること。

（監事の兼職禁止）
第19条　監事は，理事又は特定非営利活動法人の職員を兼ねてはならない。

（役員の欠格事由）
第20条　次の各号のいずれかに該当する者は，特定非営利活動法人の役員になることができない。
　一　成年被後見人又は被保佐人
　二　破産者で復権を得ないもの
　三　禁錮以上の刑に処せられ，その執行を終わった日又はその執行を受けることがなく

なった日から2年を経過しない者
四　この法律若しくは暴力団員による不当な行為の防止等に関する法律の規定（同法第32条の3第7項及び第32条の11第1項の規定を除く。第47条第1号ハにおいて同じ。）に違反したことにより，又は刑法（明治40年法律第45号）第204条，第206条，第208条，第208条の2，第222条若しくは第247条の罪若しくは暴力行為等処罰に関する法律（大正15年法律第60号）の罪を犯したことにより，罰金の刑に処せられ，その執行を終わった日又はその執行を受けることがなくなった日から2年を経過しない者
五　暴力団の構成員等
六　第43条の規定により設立の認証を取り消された特定非営利活動法人の解散当時の役員で，設立の認証を取り消された日から2年を経過しない者

（役員の親族等の排除）
第21条　役員のうちには，それぞれの役員について，その配偶者若しくは三親等以内の親族が1人を超えて含まれ，又は当該役員並びにその配偶者及び三親等以内の親族が役員の総数の3分の1を超えて含まれることになってはならない。

（役員の欠員補充）
第22条　理事又は監事のうち，その定数の3分の1を超える者が欠けたときは，遅滞なくこれを補充しなければならない。

（役員の変更等の届出）
第23条　特定非営利活動法人は，その役員の氏名又は住所若しくは居所に変更があったときは，遅滞なく，変更後の役員名簿を添えて，その旨を所轄庁に届け出なければならない。
2　特定非営利活動法人は，役員が新たに就任した場合（任期満了と同時に再任された場合を除く。）において前項の届出をするときは，当該役員に係る第10条第1項第2号ロ及びハに掲げる書類を所轄庁に提出しなければならない。

（役員の任期）
第24条　役員の任期は，2年以内において定款で定める期間とする。ただし，再任を妨げない。
2　前項の規定にかかわらず，定款で役員を社員総会で選任することとしている特定非営利活動法人にあっては，定款により，後任の役員が選任されていない場合に限り，同項の規定により定款で定められた任期の末日後最初の社員総会が終結するまでその任期を伸長することができる。

(定款の変更)
第25条 定款の変更は，定款で定めるところにより，社員総会の議決を経なければならない。

2 前項の議決は，社員総数の2分の1以上が出席し，その出席者の4分の3以上の多数をもってしなければならない。ただし，定款に特別の定めがあるときは，この限りでない。

3 定款の変更（第11条第1項第1号から第3号まで，第4号（所轄庁の変更を伴うものに限る。），第5号，第6号（役員の定数に係るものを除く。），第7号，第11号，第12号（残余財産の帰属すべき者に係るものに限る。）又は第13号に掲げる事項に係る変更を含むものに限る。）は，所轄庁の認証を受けなければ，その効力を生じない。

4 特定非営利活動法人は，前項の認証を受けようとするときは，都道府県又は指定都市の条例で定めるところにより，当該定款の変更を議決した社員総会の議事録の謄本及び変更後の定款を添付した申請書を，所轄庁に提出しなければならない。この場合において，当該定款の変更が第11条第1項第3号又は第11号に掲げる事項に係る変更を含むものであるときは，当該定款の変更の日の属する事業年度及び翌事業年度の事業計画書及び活動予算書を併せて添付しなければならない。

5 第10条第2項及び第3項並びに第12条の規定は，第3項の認証について準用する。

6 特定非営利活動法人は，定款の変更（第3項の規定により所轄庁の認証を受けなければならない事項に係るものを除く。）をしたときは，都道府県又は指定都市の条例で定めるところにより，遅滞なく，当該定款の変更を議決した社員総会の議事録の謄本及び変更後の定款を添えて，その旨を所轄庁に届け出なければならない。

7 特定非営利活動法人は，定款の変更に係る登記をしたときは，遅滞なく，当該登記をしたことを証する登記事項証明書を所轄庁に提出しなければならない。

第26条 所轄庁の変更を伴う定款の変更に係る前条第四項の申請書は，変更前の所轄庁を経由して変更後の所轄庁に提出するものとする。

2 前項の場合においては，前条第4項の添付書類のほか，第10条第1項第2号イ及び第4号に掲げる書類並びに直近の第28条第1項に規定する事業報告書等（設立後当該書類が作成されるまでの間は第10条第1項第7号の事業計画書，同項第8号の活動予算書及び第14条の財産目録，合併後当該書類が作成されるまでの間は第34条第5項において準用する第10条第1項第7号の事業計画書，第34条第5項において準用する第10条第1項第8号の活動予算書及び第35条第1項の財産目録）を申請書に添付しなければならない。

3 第1項の場合において，当該定款の変更を認証したときは，所轄庁は，内閣府令で定

めるところにより，遅滞なく，変更前の所轄庁から事務の引継ぎを受けなければならない。

（会計の原則）

第27条 特定非営利活動法人の会計は，この法律に定めるもののほか，次に掲げる原則に従って，行わなければならない。

一　削除

二　会計簿は，正規の簿記の原則に従って正しく記帳すること。

三　計算書類（活動計算書及び貸借対照表をいう。次条第１項において同じ。）及び財産目録は，会計簿に基づいて活動に係る事業の実績及び財政状態に関する真実な内容を明瞭に表示したものとすること。

四　採用する会計処理の基準及び手続については，毎事業年度継続して適用し，みだりにこれを変更しないこと。

（事業報告書等の備置き等及び閲覧）

第28条 特定非営利活動法人は，毎事業年度初めの３月以内に，都道府県又は指定都市の条例で定めるところにより，前事業年度の事業報告書，計算書類及び財産目録並びに年間役員名簿（前事業年度において役員であったことがある者全員の氏名及び住所又は居所並びにこれらの者についての前事業年度における報酬の有無を記載した名簿をいう。）並びに前事業年度の末日における社員のうち10人以上の者の氏名（法人にあっては，その名称及び代表者の氏名）及び住所又は居所を記載した書面（以下「事業報告書等」という。）を作成し，これらを，翌々事業年度の末日までの間，その事務所に備え置かなければならない。

２　特定非営利活動法人は，都道府県又は指定都市の条例で定めるところにより，役員名簿並びに定款等（定款並びにその認証及び登記に関する書類の写しをいう。以下同じ。）を，その事務所に備え置かなければならない。

３　特定非営利活動法人は，その社員その他の利害関係人から次に掲げる書類の閲覧の請求があった場合には，正当な理由がある場合を除いて，これを閲覧させなければならない。

一　事業報告書等（設立後当該書類が作成されるまでの間は第10条第１項第７号の事業計画書，同項第８号の活動予算書及び第14条の財産目録，合併後当該書類が作成されるまでの間は第34条第５項において準用する第10条第１項第７号の事業計画書，第34条第５項において準用する第10条第１項第８号の活動予算書及び第35条第１項の財産目録。第30条及び第45条第１項第５号イにおいて同じ。）

二　役員名簿
三　定款等

(事業報告書等の提出)
第29条　特定非営利活動法人は，都道府県又は指定都市の条例で定めるところにより，毎事業年度1回，事業報告書等を所轄庁に提出しなければならない。

(事業報告書等の公開)
第30条　所轄庁は，特定非営利活動法人から提出を受けた事業報告書等（過去3年間に提出を受けたものに限る。），役員名簿又は定款等について閲覧又は謄写の請求があったときは，都道府県又は指定都市の条例で定めるところにより，これを閲覧させ，又は謄写させなければならない。

第4節　解散及び合併

(解散事由)
第31条　特定非営利活動法人は，次に掲げる事由によって解散する。
一　社員総会の決議
二　定款で定めた解散事由の発生
三　目的とする特定非営利活動に係る事業の成功の不能
四　社員の欠亡
五　合併
六　破産手続開始の決定
七　第43条の規定による設立の認証の取消し

2　前項第3号に掲げる事由による解散は，所轄庁の認定がなければ，その効力を生じない。

3　特定非営利活動法人は，前項の認定を受けようとするときは，第1項第3号に掲げる事由を証する書面を，所轄庁に提出しなければならない。

4　清算人は，第1項第1号，第2号，第4号又は第6号に掲げる事由によって解散した場合には，遅滞なくその旨を所轄庁に届け出なければならない。

(解散の決議)
第31条の2　特定非営利活動法人は，総社員の4分の3以上の賛成がなければ，解散の決議をすることができない。ただし，定款に別段の定めがあるときは，この限りでない。

(特定非営利活動法人についての破産手続の開始)
第31条の3　特定非営利活動法人がその債務につきその財産をもって完済することがで

きなくなった場合には，裁判所は，理事若しくは債権者の申立てにより又は職権で，破産手続開始の決定をする。

2　前項に規定する場合には，理事は，直ちに破産手続開始の申立てをしなければならない。

(清算中の特定非営利活動法人の能力)

第31条の4　解散した特定非営利活動法人は，清算の目的の範囲内において，その清算の結了に至るまではなお存続するものとみなす。

(清算人)

第31条の5　特定非営利活動法人が解散したときは，破産手続開始の決定による解散の場合を除き，理事がその清算人となる。ただし，定款に別段の定めがあるとき，又は社員総会において理事以外の者を選任したときは，この限りでない。

(裁判所による清算人の選任)

第31条の6　前条の規定により清算人となる者がないとき，又は清算人が欠けたため損害を生ずるおそれがあるときは，裁判所は，利害関係人若しくは検察官の請求により又は職権で，清算人を選任することができる。

(清算人の解任)

第31条の7　重要な事由があるときは，裁判所は，利害関係人若しくは検察官の請求により又は職権で，清算人を解任することができる。

(清算人の届出)

第31条の8　清算中に就任した清算人は，その氏名及び住所を所轄庁に届け出なければならない。

(清算人の職務及び権限)

第31条の9　清算人の職務は，次のとおりとする。

一　現務の結了
二　債権の取立て及び債務の弁済
三　残余財産の引渡し

2　清算人は，前項各号に掲げる職務を行うために必要な一切の行為をすることができる。

(債権の申出の催告等)

第31条の10　清算人は，特定非営利活動法人が第31条第1項各号に掲げる事由によって解散した後，遅滞なく，公告をもって，債権者に対し，一定の期間内にその債権の申出をすべき旨の催告をしなければならない。この場合において，その期間は，2月を下ることができない。

2　前項の公告には，債権者がその期間内に申出をしないときは清算から除斥されるべき旨を付記しなければならない。ただし，清算人は，判明している債権者を除斥することができない。
3　清算人は，判明している債権者には，各別にその申出の催告をしなければならない。
4　第1項の公告は，官報に掲載してする。

（期間経過後の債権の申出）
第31条の11　前条第1項の期間の経過後に申出をした債権者は，特定非営利活動法人の債務が完済された後まだ権利の帰属すべき者に引き渡されていない財産に対してのみ，請求をすることができる。

（清算中の特定非営利活動法人についての破産手続の開始）
第31条の12　清算中に特定非営利活動法人の財産がその債務を完済するのに足りないことが明らかになったときは，清算人は，直ちに破産手続開始の申立てをし，その旨を公告しなければならない。
2　清算人は，清算中の特定非営利活動法人が破産手続開始の決定を受けた場合において，破産管財人にその事務を引き継いだときは，その任務を終了したものとする。
3　前項に規定する場合において，清算中の特定非営利活動法人が既に債権者に支払い，又は権利の帰属すべき者に引き渡したものがあるときは，破産管財人は，これを取り戻すことができる。
4　第1項の規定による公告は，官報に掲載してする。

（残余財産の帰属）
第32条　解散した特定非営利活動法人の残余財産は，合併及び破産手続開始の決定による解散の場合を除き，所轄庁に対する清算結了の届出の時において，定款で定めるところにより，その帰属すべき者に帰属する。
2　定款に残余財産の帰属すべき者に関する規定がないときは，清算人は，所轄庁の認証を得て，その財産を国又は地方公共団体に譲渡することができる。
3　前2項の規定により処分されない財産は，国庫に帰属する。

（裁判所による監督）
第32条の2　特定非営利活動法人の解散及び清算は，裁判所の監督に属する。
2　裁判所は，職権で，いつでも前項の監督に必要な検査をすることができる。
3　特定非営利活動法人の解散及び清算を監督する裁判所は，所轄庁に対し，意見を求め，又は調査を嘱託することができる。
4　所轄庁は，前項に規定する裁判所に対し，意見を述べることができる。

(清算結了の届出)
第32条の3　清算が結了したときは，清算人は，その旨を所轄庁に届け出なければならない。

(解散及び清算の監督等に関する事件の管轄)
第32条の4　特定非営利活動法人の解散及び清算の監督並びに清算人に関する事件は，その主たる事務所の所在地を管轄する地方裁判所の管轄に属する。

(不服申立ての制限)
第32条の5　清算人の選任の裁判に対しては，不服を申し立てることができない。

(裁判所の選任する清算人の報酬)
第32条の6　裁判所は，第31条の6の規定により清算人を選任した場合には，特定非営利活動法人が当該清算人に対して支払う報酬の額を定めることができる。この場合においては，裁判所は，当該清算人及び監事の陳述を聴かなければならない。

第32条の7　削除

(検査役の選任)
第32条の8　裁判所は，特定非営利活動法人の解散及び清算の監督に必要な調査をさせるため，検査役を選任することができる。
2　第32条の5及び第32条の6の規定は，前項の規定により裁判所が検査役を選任した場合について準用する。この場合において，同条中「清算人及び監事」とあるのは，「特定非営利活動法人及び検査役」と読み替えるものとする。

(合　併)
第33条　特定非営利活動法人は，他の特定非営利活動法人と合併することができる。

(合併手続)
第34条　特定非営利活動法人が合併するには，社員総会の議決を経なければならない。
2　前項の議決は，社員総数の4分の3以上の多数をもってしなければならない。ただし，定款に特別の定めがあるときは，この限りでない。
3　合併は，所轄庁の認証を受けなければ，その効力を生じない。
4　特定非営利活動法人は，前項の認証を受けようとするときは，第1項の議決をした社員総会の議事録の謄本を添付した申請書を，所轄庁に提出しなければならない。
5　第10条及び第12条の規定は，第3項の認証について準用する。

第35条　特定非営利活動法人は，前条第3項の認証があったときは，その認証の通知のあった日から2週間以内に，貸借対照表及び財産目録を作成し，次項の規定により債権者が異議を述べることができる期間が満了するまでの間，これをその事務所に備え置か

なければならない。

2 特定非営利活動法人は，前条第3項の認証があったときは，その認証の通知のあった日から2週間以内に，その債権者に対し，合併に異議があれば一定の期間内に述べるべきことを公告し，かつ，判明している債権者に対しては，各別にこれを催告しなければならない。この場合において，その期間は，2月を下回ってはならない。

第36条 債権者が前条第2項の期間内に異議を述べなかったときは，合併を承認したものとみなす。

2 債権者が異議を述べたときは，特定非営利活動法人は，これに弁済し，若しくは相当の担保を供し，又はその債権者に弁済を受けさせることを目的として信託会社若しくは信託業務を営む金融機関に相当の財産を信託しなければならない。ただし，合併をしてもその債権者を害するおそれがないときは，この限りでない。

第37条 合併により特定非営利活動法人を設立する場合においては，定款の作成その他特定非営利活動法人の設立に関する事務は，それぞれの特定非営利活動法人において選任した者が共同して行わなければならない。

（合併の効果）

第38条 合併後存続する特定非営利活動法人又は合併によって設立した特定非営利活動法人は，合併によって消滅した特定非営利活動法人の一切の権利義務（当該特定非営利活動法人がその行う事業に関し行政庁の認可その他の処分に基づいて有する権利義務を含む。）を承継する。

（合併の時期等）

第39条 特定非営利活動法人の合併は，合併後存続する特定非営利活動法人又は合併によって設立する特定非営利活動法人の主たる事務所の所在地において登記をすることによって，その効力を生ずる。

2 第13条第2項及び第14条の規定は前項の登記をした場合について，第13条第3項の規定は前項の登記をしない場合について，それぞれ準用する。

第40条 削除

第5節 監　督

（報告及び検査）

第41条 所轄庁は，特定非営利活動法人（認定特定非営利活動法人及び仮認定特定非営利活動法人を除く。以下この項及び次項において同じ。）が法令，法令に基づいてする行政庁の処分又は定款に違反する疑いがあると認められる相当な理由があるときは，当該特定

非営利活動法人に対し，その業務若しくは財産の状況に関し報告をさせ，又はその職員に，当該特定非営利活動法人の事務所その他の施設に立ち入り，その業務若しくは財産の状況若しくは帳簿，書類その他の物件を検査させることができる。

2 　所轄庁は，前項の規定による検査をさせる場合においては，当該検査をする職員に，同項の相当の理由を記載した書面を，あらかじめ，当該特定非営利活動法人の役員その他の当該検査の対象となっている事務所その他の施設の管理について権限を有する者（以下この項において「特定非営利活動法人の役員等」という。）に提示させなければならない。この場合において，当該特定非営利活動法人の役員等が当該書面の交付を要求したときは，これを交付させなければならない。

3 　第1項の規定による検査をする職員は，その身分を示す証明書を携帯し，関係人にこれを提示しなければならない。

4 　第1項の規定による検査の権限は，犯罪捜査のために認められたものと解してはならない。

（改善命令）

第42条　所轄庁は，特定非営利活動法人が第12条第1項第2号，第3号又は第4号に規定する要件を欠くに至ったと認めるときその他法令，法令に基づいてする行政庁の処分若しくは定款に違反し，又はその運営が著しく適正を欠くと認めるときは，当該特定非営利活動法人に対し，期限を定めて，その改善のために必要な措置を採るべきことを命ずることができる。

（設立の認証の取消し）

第43条　所轄庁は，特定非営利活動法人が，前条の規定による命令に違反した場合であって他の方法により監督の目的を達することができないとき又は3年以上にわたって第29条の規定による事業報告書等の提出を行わないときは，当該特定非営利活動法人の設立の認証を取り消すことができる。

2 　所轄庁は，特定非営利活動法人が法令に違反した場合において，前条の規定による命令によってはその改善を期待することができないことが明らかであり，かつ，他の方法により監督の目的を達することができないときは，同条の規定による命令を経ないでも，当該特定非営利活動法人の設立の認証を取り消すことができる。

3 　前2項の規定による設立の認証の取消しに係る聴聞の期日における審理は，当該特定非営利活動法人から請求があったときは，公開により行うよう努めなければならない。

4 　所轄庁は，前項の規定による請求があった場合において，聴聞の期日における審理を公開により行わないときは，当該特定非営利活動法人に対し，当該公開により行わない

理由を記載した書面を交付しなければならない。

(意見聴取)
第43条の2 所轄庁は，特定非営利活動法人について第12条第1項第3号に規定する要件を欠いている疑い又はその役員について第20条第5号に該当する疑いがあると認めるときは，その理由を付して，警視総監又は道府県警察本部長の意見を聴くことができる。

(所轄庁への意見)
第43条の3 警視総監又は道府県警察本部長は，特定非営利活動法人について第12条第1項第3号に規定する要件を欠いていると疑うに足りる相当な理由又はその役員について第20条第5号に該当すると疑うに足りる相当な理由があるため，所轄庁が当該特定非営利活動法人に対して適当な措置を採ることが必要であると認めるときは，所轄庁に対し，その旨の意見を述べることができる。

第3章　認定特定非営利活動法人及び仮認定特定非営利活動法人

第1節　認定特定非営利活動法人

(認定)
第44条 特定非営利活動法人のうち，その運営組織及び事業活動が適正であって公益の増進に資するものは，所轄庁の認定を受けることができる。
2　前項の認定を受けようとする特定非営利活動法人は，都道府県又は指定都市の条例で定めるところにより，次に掲げる書類を添付した申請書を所轄庁に提出しなければならない。ただし，次条第1項第1号ハに掲げる基準に適合する特定非営利活動法人が申請をする場合には，第1号に掲げる書類を添付することを要しない。
　一　実績判定期間内の日を含む各事業年度（その期間が1年を超える場合は，当該期間をその初日以後1年ごとに区分した期間（最後に1年未満の期間を生じたときは，その1年未満の期間）。以下同じ。）の寄附者名簿（各事業年度に当該申請に係る特定非営利活動法人が受け入れた寄附金の支払者ごとに当該支払者の氏名（法人にあっては，その名称）及び住所並びにその寄附金の額及び受け入れた年月日を記載した書類をいう。以下同じ。）
　二　次条第1項各号に掲げる基準に適合する旨を説明する書類（前号に掲げる書類を除く。）及び第47条各号のいずれにも該当しない旨を説明する書類
　三　寄附金を充当する予定の具体的な事業の内容を記載した書類
3　前項第1号の「実績判定期間」とは，第1項の認定を受けようとする特定非営利活動

法人の直前に終了した事業年度の末日以前5年（同項の認定を受けたことのない特定非営利活動法人が同項の認定を受けようとする場合にあっては，2年）内に終了した各事業年度のうち最も早い事業年度の初日から当該末日までの期間をいう。

（認定の基準）

第45条 所轄庁は，前条第1項の認定の申請をした特定非営利活動法人が次の各号に掲げる基準に適合すると認めるときは，同項の認定をするものとする。

一 広く市民からの支援を受けているかどうかを判断するための基準として次に掲げる基準のいずれかに適合すること。

　イ 実績判定期間（前条第3項に規定する実績判定期間をいう。以下同じ。）における経常収入金額（(1)に掲げる金額をいう。）のうちに寄附金等収入金額（(2)に掲げる金額（内閣府令で定める要件を満たす特定非営利活動法人にあっては，(2)及び(3)に掲げる金額の合計額）をいう。）の占める割合が政令で定める割合以上であること。

　　(1) 総収入金額から国等（国，地方公共団体，法人税法（昭和40年法律第34号）別表第一に掲げる独立行政法人，地方独立行政法人，国立大学法人，大学共同利用機関法人及び我が国が加盟している国際機関をいう。以下この(1)において同じ。）からの補助金その他国等が反対給付を受けないで交付するもの（次項において「国の補助金等」という。），臨時的な収入その他の内閣府令で定めるものの額を控除した金額

　　(2) 受け入れた寄附金の額の総額（第4号ニにおいて「受入寄附金総額」という。）から一者当たり基準限度超過額（同一の者からの寄附金の額のうち内閣府令で定める金額を超える部分の金額をいう。）その他の内閣府令で定める寄附金の額の合計額を控除した金額

　　(3) 社員から受け入れた会費の額の合計額から当該合計額に次号に規定する内閣府令で定める割合を乗じて計算した金額を控除した金額のうち(2)に掲げる金額に達するまでの金額

　ロ 実績判定期間内の日を含む各事業年度における判定基準寄附者（当該事業年度における同一の者からの寄附金（寄附者の氏名（法人にあっては，その名称）その他の内閣府令で定める事項が明らかな寄附金に限る。以下このロにおいて同じ。）の額の総額（当該同一の者が個人である場合には，当該事業年度におけるその者と生計を一にする者からの寄附金の額を加算した金額）が政令で定める額以上である場合の当該同一の者をいい，当該申請に係る特定非営利活動法人の役員である者及び当該役員と生計を一にする者を除く。以下同じ。）の数（当該事業年度において個人である判定基準寄附者と生

計を一にする他の判定基準寄附者がいる場合には，当該判定基準寄附者と当該他の判定基準寄附者を一人とみなした数）の合計数に 12 を乗じてこれを当該実績判定期間の月数で除して得た数が政令で定める数以上であること。

　ハ　前条第 2 項の申請書を提出した日の前日において，地方税法（昭和 25 年法律第 226 号）第 37 条の 2 第 1 項第 4 号（同法第 1 条第 2 項の規定により都について準用する場合を含む。）に掲げる寄附金又は同法第 314 条の 7 第 1 項第 4 号（同法第 1 条第 2 項の規定により特別区について準用する場合を含む。）に掲げる寄附金を受け入れる特定非営利活動法人としてこれらの寄附金を定める条例で定められているもの（その条例を制定した道府県（都を含む。）又は市町村（特別区を含む。）の区域内に事務所を有するものに限る。）であること。

二　実績判定期間における事業活動のうちに次に掲げる活動の占める割合として内閣府令で定める割合が 100 分の 50 未満であること。

　イ　会員又はこれに類するものとして内閣府令で定める者（当該申請に係る特定非営利活動法人の運営又は業務の執行に関係しない者で内閣府令で定めるものを除く。以下この号において「会員等」という。）に対する資産の譲渡若しくは貸付け又は役務の提供（以下「資産の譲渡等」という。），会員等相互の交流，連絡又は意見交換その他その対象が会員等である活動（資産の譲渡等のうち対価を得ないで行われるものその他内閣府令で定めるものを除く。）

　ロ　その便益の及ぶ者が次に掲げる者その他特定の範囲の者（前号ハに掲げる基準に適合する場合にあっては，（4）に掲げる者を除く。）である活動（会員等を対象とする活動で内閣府令で定めるもの及び会員等に対する資産の譲渡等を除く。）

　　（1）　会員等
　　（2）　特定の団体の構成員
　　（3）　特定の職域に属する者
　　（4）　特定の地域として内閣府令で定める地域に居住し又は事務所その他これに準ずるものを有する者

　ハ　特定の著作物又は特定の者に関する普及啓発，広告宣伝，調査研究，情報提供その他の活動

　ニ　特定の者に対し，その者の意に反した作為又は不作為を求める活動

三　その運営組織及び経理に関し，次に掲げる基準に適合していること。

　イ　各役員について，次に掲げる者の数の役員の総数のうちに占める割合が，それぞれ 3 分の 1 以下であること。

(1)　当該役員並びに当該役員の配偶者及び三親等以内の親族並びに当該役員と内閣府令で定める特殊の関係のある者
　　　(2)　特定の法人（当該法人との間に発行済株式又は出資（その有する自己の株式又は出資を除く。）の総数又は総額の100分の50以上の株式又は出資の数又は金額を直接又は間接に保有する関係その他の内閣府令で定める関係のある法人を含む。）の役員又は使用人である者並びにこれらの者の配偶者及び三親等以内の親族並びにこれらの者と内閣府令で定める特殊の関係のある者
　ロ　各社員の表決権が平等であること。
　ハ　その会計について公認会計士若しくは監査法人の監査を受けていること又は内閣府令で定めるところにより帳簿及び書類を備え付けてこれらにその取引を記録し、かつ、当該帳簿及び書類を保存していること。
　ニ　その支出した金銭でその費途が明らかでないものがあることその他の不適正な経理として内閣府令で定める経理が行われていないこと。
四　その事業活動に関し、次に掲げる基準に適合していること。
　イ　次に掲げる活動を行っていないこと。
　　　(1)　宗教の教義を広め、儀式行事を行い、及び信者を教化育成すること。
　　　(2)　政治上の主義を推進し、支持し、又はこれに反対すること。
　　　(3)　特定の公職の候補者若しくは公職にある者又は政党を推薦し、支持し、又はこれらに反対すること。
　ロ　その役員、社員、職員若しくは寄附者若しくはこれらの者の配偶者若しくは三親等以内の親族又はこれらの者と内閣府令で定める特殊の関係のある者に対し特別の利益を与えないことその他の特定の者と特別の関係がないものとして内閣府令で定める基準に適合していること。
　ハ　実績判定期間における事業費の総額のうちに特定非営利活動に係る事業費の額の占める割合又はこれに準ずるものとして内閣府令で定める割合が100分の80以上であること。
　ニ　実績判定期間における受入寄附金総額の100分の70以上を特定非営利活動に係る事業費に充てていること。
五　次に掲げる書類について閲覧の請求があった場合には、正当な理由がある場合を除いて、これをその事務所において閲覧させること。
　イ　事業報告書等、役員名簿及び定款等
　ロ　前条第2項第2号及び第3号に掲げる書類並びに第54条第2項第2号から第4

号までに掲げる書類，同条第3項の書類及び同条第4項の書類
六　各事業年度において，事業報告書等を第29条の規定により所轄庁に提出していること。
七　法令又は法令に基づいてする行政庁の処分に違反する事実，偽りその他不正の行為により利益を得，又は得ようとした事実その他公益に反する事実がないこと。
八　前条第2項の申請書を提出した日を含む事業年度の初日において，その設立の日以後1年を超える期間が経過していること。
九　実績判定期間において，第3号，第4号イ及びロ並びに第5号から第7号までに掲げる基準（当該実績判定期間中に，前条第1項の認定又は第58条第1項の仮認定を受けていない期間が含まれる場合には，当該期間については第5号ロに掲げる基準を除く。）に適合していること。
2　前項の規定にかかわらず，前条第一項の認定の申請をした特定非営利活動法人の実績判定期間に国の補助金等がある場合及び政令で定める小規模な特定非営利活動法人が同項の認定の申請をした場合における前項第1号イに規定する割合の計算については，政令で定める方法によることができる。

（合併特定非営利活動法人に関する適用）
第46条　前2条に定めるもののほか，第44条第1項の認定を受けようとする特定非営利活動法人が合併後存続した特定非営利活動法人又は合併によって設立した特定非営利活動法人で同条第2項の申請書を提出しようとする事業年度の初日においてその合併又は設立の日以後1年を超える期間が経過していないものである場合における前2条の規定の適用に関し必要な事項は，政令で定める。

（欠格事由）
第47条　第45条の規定にかかわらず，次のいずれかに該当する特定非営利活動法人は，第44条第1項の認定を受けることができない。
一　その役員のうちに，次のいずれかに該当する者があるもの
　イ　認定特定非営利活動法人が第67条第1項若しくは第2項の規定により第44条第1項の認定を取り消された場合又は仮認定特定非営利活動法人が第67条第3項において準用する同条第1項若しくは第2項の規定により第58条第1項の仮認定を取り消された場合において，その取消しの原因となった事実があった日以前1年内に当該認定特定非営利活動法人又は当該仮認定特定非営利活動法人のその業務を行う理事であった者でその取消しの日から5年を経過しないもの
　ロ　禁錮以上の刑に処せられ，その執行を終わった日又はその執行を受けることがな

くなった日から5年を経過しない者
ハ　この法律若しくは暴力団員による不当な行為の防止等に関する法律の規定に違反したことにより，若しくは刑法第204条，第206条，第208条，第208条の2，第222条若しくは第247条の罪若しくは暴力行為等処罰に関する法律の罪を犯したことにより，又は国税若しくは地方税に関する法律中偽りその他不正の行為により国税若しくは地方税を免れ，納付せず，若しくはこれらの税の還付を受け，若しくはこれらの違反行為をしようとすることに関する罪を定めた規定に違反したことにより，罰金の刑に処せられ，その執行を終わった日又はその執行を受けることがなくなった日から5年を経過しない者
ニ　暴力団の構成員等
二　第67条第1項若しくは第2項の規定により第44条第1項の認定を取り消され，又は第67条第3項において準用する同条第一項若しくは第2項の規定により第58条第1項の仮認定を取り消され，その取消しの日から5年を経過しないもの
三　その定款又は事業計画書の内容が法令又は法令に基づいてする行政庁の処分に違反しているもの
四　国税又は地方税の滞納処分の執行がされているもの又は当該滞納処分の終了の日から3年を経過しないもの
五　国税に係る重加算税又は地方税に係る重加算金を課された日から3年を経過しないもの
六　次のいずれかに該当するもの
　　イ　暴力団
　　ロ　暴力団又は暴力団の構成員等の統制の下にあるもの

（認定に関する意見聴取）
第48条　所轄庁は，第44条第1項の認定をしようとするときは，次の各号に掲げる事由の区分に応じ，当該事由の有無について，当該各号に定める者の意見を聴くことができる。
一　前条第1号ニ及び第6号に規定する事由　警視総監又は道府県警察本部長
二　前条第4号及び第5号に規定する事由　国税庁長官，関係都道府県知事又は関係市町村長（以下「国税庁長官等」という。）

（認定の通知等）
第49条　所轄庁は，第四十四条第一項の認定をしたときはその旨を，同項の認定をしないことを決定したときはその旨及びその理由を，当該申請をした特定非営利活動法人に

対し，速やかに，書面により通知しなければならない。
2　所轄庁は，第44条第1項の認定をしたときは，インターネットの利用その他の適切な方法により，当該認定に係る認定特定非営利活動法人に係る次に掲げる事項を公示しなければならない。
　一　名称
　二　代表者の氏名
　三　主たる事務所及びその他の事務所の所在地
　四　当該認定の有効期間
　五　前各号に掲げるもののほか，都道府県又は指定都市の条例で定める事項
3　所轄庁は，特定非営利活動法人で二以上の都道府県の区域内に事務所を設置するものについて第44条第1項の認定をしたときは，当該認定に係る認定特定非営利活動法人の名称その他の内閣府令で定める事項を，その主たる事務所が所在する都道府県以外の都道府県でその事務所が所在する都道府県の知事（以下「所轄庁以外の関係知事」という。）に対し通知しなければならない。
4　認定特定非営利活動法人で二以上の都道府県の区域内に事務所を設置するものは，第1項の規定による認定の通知を受けたときは，内閣府令で定めるところにより，遅滞なく，次に掲げる書類を所轄庁以外の関係知事に提出しなければならない。
　一　直近の事業報告書等（合併後当該書類が作成されるまでの間は，第34条第5項において準用する第10条第1項第7号の事業計画書，第34条第5項において準用する第10条第1項第8号の活動予算書及び第35条第1項の財産目録。第52条第4項において同じ。），役員名簿及び定款等
　二　第44条第2項の規定により所轄庁に提出した同項各号に掲げる添付書類の写し
　三　認定に関する書類の写し

（名称等の使用制限）
第50条　認定特定非営利活動法人でない者は，その名称又は商号中に，認定特定非営利活動法人であると誤認されるおそれのある文字を用いてはならない。
2　何人も，不正の目的をもって，他の認定特定非営利活動法人であると誤認されるおそれのある名称又は商号を使用してはならない。

（認定の有効期間及びその更新）
第51条　第44条第1項の認定の有効期間（次項の有効期間の更新がされた場合にあっては，当該更新された有効期間。以下この条及び第57条第1項第1号において同じ。）は，当該認定の日（次項の有効期間の更新がされた場合にあっては，従前の認定の有効期間の満了の日

の翌日。第54条第1項において同じ。）から起算して5年とする。

2　前項の有効期間の満了後引き続き認定特定非営利活動法人として特定非営利活動を行おうとする認定特定非営利活動法人は，その有効期間の更新を受けなければならない。

3　前項の有効期間の更新を受けようとする認定特定非営利活動法人は，第1項の有効期間の満了の日の6月前から3月前までの間（以下この項において「更新申請期間」という。）に，所轄庁に有効期間の更新の申請をしなければならない。ただし，災害その他やむを得ない事由により更新申請期間にその申請をすることができないときは，この限りでない。

4　前項の申請があった場合において，第1項の有効期間の満了の日までにその申請に対する処分がされないときは，従前の認定は，同項の有効期間の満了後もその処分がされるまでの間は，なお効力を有する。

5　第44条第2項（第1号に係る部分を除く。）及び第3項，第45条第1項（第3号ロ，第6号，第8号及び第9号に係る部分を除く。）及び第2項，第46条から第48条まで並びに第49条第1項，第2項及び第4項（第1号に係る部分を除く。）の規定は，第2項の有効期間の更新について準用する。ただし，第44条第2項第2号及び第3号に掲げる書類については，既に所轄庁に提出されている当該書類の内容に変更がないときは，その添付を省略することができる。

（役員の変更等の届出，定款の変更の届出等及び事業報告書等の提出に係る特例並びにこれらの書類の閲覧）

第52条　認定特定非営利活動法人についての第23条，第25条第6項及び第7項並びに第29条の規定の適用については，これらの規定中「所轄庁に」とあるのは，「所轄庁（二以上の都道府県の区域内に事務所を設置する認定特定非営利活動法人にあっては，所轄庁及び所轄庁以外の関係知事）に」とする。

2　二以上の都道府県の区域内に事務所を設置する認定特定非営利活動法人は，第25条第3項の定款の変更の認証を受けたときは，都道府県又は指定都市の条例で定めるところにより，遅滞なく，当該定款の変更を議決した社員総会の議事録の謄本及び変更後の定款を所轄庁以外の関係知事に提出しなければならない。

3　第26条第1項の場合においては，認定特定非営利活動法人は，同条第2項に掲げる添付書類のほか，内閣府令で定めるところにより，寄附者名簿その他の内閣府令で定める書類を申請書に添付しなければならない。

4　認定特定非営利活動法人は，事業報告書等，役員名簿又は定款等の閲覧の請求があった場合には，正当な理由がある場合を除いて，これをその事務所において閲覧させなけ

ればならない。

(代表者の氏名の変更の届出等並びに事務所の新設及び廃止に関する通知等)
第53条　認定特定非営利活動法人は，代表者の氏名に変更があったときは，遅滞なく，その旨を所轄庁に届け出なければならない。

2　所轄庁は，認定特定非営利活動法人について，第49条第2項各号（第2号及び第4号を除く。）に掲げる事項に係る定款の変更についての第25条第3項の認証をしたとき若しくは同条第6項の届出を受けたとき，前項の届出を受けたとき又は第49条第2項第5号に掲げる事項に変更があったときは，インターネットの利用その他の適切な方法により，その旨を公示しなければならない。

3　所轄庁は，認定特定非営利活動法人の事務所が所在する都道府県以外の都道府県の区域内に新たに事務所を設置する旨又はその主たる事務所が所在する都道府県以外の都道府県の区域内の全ての事務所を廃止する旨の定款の変更についての第25条第3項の認証をしたとき又は同条第6項の届出を受けたときは，その旨を当該都道府県の知事に通知しなければならない。

4　認定特定非営利活動法人は，その事務所が所在する都道府県以外の都道府県の区域内に新たに事務所を設置したときは，内閣府令で定めるところにより，遅滞なく，第49条第4項各号に掲げる書類を，当該都道府県の知事に提出しなければならない。

(認定申請の添付書類及び役員報酬規程等の備置き等及び閲覧)
第54条　認定特定非営利活動法人は，第44条第1項の認定を受けたときは，同条第2項第2号及び第3号に掲げる書類を，都道府県又は指定都市の条例で定めるところにより，同条第一項の認定の日から起算して5年間，その事務所に備え置かなければならない。

2　認定特定非営利活動法人は，毎事業年度初めの3月以内に，都道府県又は指定都市の条例で定めるところにより，次に掲げる書類を作成し，第1号に掲げる書類についてはその作成の日から起算して5年間，第2号から第四号までに掲げる書類については翌々事業年度の末日までの間，その事務所に備え置かなければならない。
　一　前事業年度の寄附者名簿
　二　前事業年度の役員報酬又は職員給与の支給に関する規程
　三　前事業年度の収益の明細その他の資金に関する事項，資産の譲渡等に関する事項，寄附金に関する事項その他の内閣府令で定める事項を記載した書類
　四　前3号に掲げるもののほか，内閣府令で定める書類

3　認定特定非営利活動法人は，助成金の支給を行ったときは，都道府県又は指定都市の条例で定めるところにより，遅滞なく，その助成の実績を記載した書類を作成し，その

作成の日から起算して3年が経過した日を含む事業年度の末日までの間，これをその事務所に備え置かなければならない。
4 認定特定非営利活動法人は，海外への送金又は金銭の持出し（その金額が200万円以下のものを除く。次条第2項において同じ。）を行うときは，都道府県又は指定都市の条例で定めるところにより，事前に，その金額及び使途並びにその予定日（災害に対する援助その他緊急を要する場合で事前の作成が困難なときは，事後遅滞なく，その金額及び使途並びにその実施日）を記載した書類を作成し，その作成の日から起算して3年が経過した日を含む事業年度の末日までの間，これをその事務所に備え置かなければならない。
5 認定特定非営利活動法人は，第44条第2項第2号若しくは第3号に掲げる書類又は第2項第2号から第4号までに掲げる書類，第3項の書類若しくは前項の書類の閲覧の請求があった場合には，正当な理由がある場合を除いて，これをその事務所において閲覧させなければならない。

（役員報酬規程等の提出）

第55条 認定特定非営利活動法人は，都道府県又は指定都市の条例で定めるところにより，毎事業年度1回，前条第2項第2号から第4号までに掲げる書類を所轄庁（二以上の都道府県の区域内に事務所を設置する認定特定非営利活動法人にあっては，所轄庁及び所轄庁以外の関係知事。次項において同じ。）に提出しなければならない。
2 認定特定非営利活動法人は，助成金の支給を行ったとき又は海外への送金若しくは金銭の持出しを行うときは，都道府県又は指定都市の条例で定めるところにより，前条第3項又は第4項の書類を所轄庁に提出しなければならない。

（役員報酬規程等の公開）

第56条 所轄庁は，認定特定非営利活動法人から提出を受けた第44条第2項第2号若しくは第3号に掲げる書類又は第54条第2項第2号から第4号までに掲げる書類，同条第3項の書類若しくは同条第4項の書類（過去3年間に提出を受けたものに限る。）について閲覧又は謄写の請求があったときは，都道府県又は指定都市の条例で定めるところにより，これを閲覧させ，又は謄写させなければならない。

（認定の失効）

第57条 認定特定非営利活動法人について，次のいずれかに掲げる事由が生じたときは，第44条第1項の認定は，その効力を失う。
一 第44条第1項の認定の有効期間が経過したとき（第51条第4項に規定する場合にあっては，更新拒否処分がされたとき。）。
二 認定特定非営利活動法人が認定特定非営利活動法人でない特定非営利活動法人と合

併をした場合において，その合併が第63条第1項の認定を経ずにその効力を生じたとき（同条第4項に規定する場合にあっては，その合併の不認定処分がされたとき。）。

　三　認定特定非営利活動法人が解散したとき。

2　所轄庁は，前項の規定により第44条第1項の認定がその効力を失ったときは，インターネットの利用その他の適切な方法により，その旨を公示しなければならない。

3　所轄庁は，認定特定非営利活動法人で二以上の都道府県の区域内に事務所を設置するものについて第1項の規定により第44条第1項の認定がその効力を失ったときは，その旨を所轄庁以外の関係知事に対し通知しなければならない。

第2節　仮認定特定非営利活動法人

（仮認定）

第58条　特定非営利活動法人であって新たに設立されたもののうち，その運営組織及び事業活動が適正であって特定非営利活動の健全な発展の基盤を有し公益の増進に資すると見込まれるものは，所轄庁の仮認定を受けることができる。

2　第44条第2項（第1号に係る部分を除く。）及び第3項の規定は，前項の仮認定を受けようとする特定非営利活動法人について準用する。この場合において，同条第3項中「5年（同項の認定を受けたことのない特定非営利活動法人が同項の認定を受けようとする場合にあっては，2年）」とあるのは，「2年」と読み替えるものとする。

（仮認定の基準）

第59条　所轄庁は，前条第一項の仮認定の申請をした特定非営利活動法人が次の各号に掲げる基準に適合すると認めるときは，同項の仮認定をするものとする。

　一　第45条第1項第2号から第9号までに掲げる基準に適合すること。

　二　前条第2項において準用する第44条第2項の申請書を提出した日の前日において，その設立の日（当該特定非営利活動法人が合併後存続した特定非営利活動法人である場合にあっては当該特定非営利活動法人又はその合併によって消滅した各特定非営利活動法人の設立の日のうち最も早い日，当該特定非営利活動法人が合併によって設立した特定非営利活動法人である場合にあってはその合併によって消滅した各特定非営利活動法人の設立の日のうち最も早い日）から5年を経過しない特定非営利活動法人であること。

　三　第44条第1項の認定又は前条第一項の仮認定を受けたことがないこと。

（仮認定の有効期間）

第60条　第58条第1項の仮認定の有効期間は，当該仮認定の日から起算して3年とする。

（仮認定の失効）
第61条　仮認定特定非営利活動法人について，次のいずれかに掲げる事由が生じたときは，第58条第1項の仮認定は，その効力を失う。
一　第58条第1項の仮認定の有効期間が経過したとき。
二　仮認定特定非営利活動法人が仮認定特定非営利活動法人でない特定非営利活動法人と合併をした場合において，その合併が第63条第1項又は第2項の認定を経ずにその効力を生じたとき（同条第4項に規定する場合にあっては，その合併の不認定処分がされたとき。）。
三　仮認定特定非営利活動法人が解散したとき。
四　仮認定特定非営利活動法人が第44条第1項の認定を受けたとき。

（認定特定非営利活動法人に関する規定の準用）
第62条　第46条から第50条まで，第52条から第56条まで並びに第57条第2項及び第3項の規定は，仮認定特定非営利活動法人について準用する。この場合において，第54条第1項及び第2項中「5年間」とあるのは「3年間」と，同条第3項及び第4項中「3年が経過した日を含む事業年度の末日」とあるのは「第60条の有効期間の満了の日」と読み替えるものとする。

第3節　認定特定非営利活動法人等の合併

第63条　認定特定非営利活動法人が認定特定非営利活動法人でない特定非営利活動法人と合併をした場合は，合併後存続する特定非営利活動法人又は合併によって設立した特定非営利活動法人は，その合併について所轄庁の認定がされたときに限り，合併によって消滅した特定非営利活動法人のこの法律の規定による認定特定非営利活動法人としての地位を承継する。

2　仮認定特定非営利活動法人が仮認定特定非営利活動法人でない特定非営利活動法人（認定特定非営利活動法人であるものを除く。）と合併をした場合は，合併後存続する特定非営利活動法人又は合併によって設立した特定非営利活動法人は，その合併について所轄庁の認定がされたときに限り，合併によって消滅した特定非営利活動法人のこの法律の規定による仮認定特定非営利活動法人としての地位を承継する。

3　第1項の認定を受けようとする認定特定非営利活動法人又は前項の認定を受けようとする仮認定特定非営利活動法人は，第34条第3項の認証の申請に併せて，所轄庁に第1項の認定又は前項の認定の申請をしなければならない。

4　前項の申請があった場合において，その合併がその効力を生ずる日までにその申請に

対する処分がされないときは，合併後存続する特定非営利活動法人又は合併によって設立した特定非営利活動法人は，その処分がされるまでの間は，合併によって消滅した特定非営利活動法人のこの法律の規定による認定特定非営利活動法人又は仮認定特定非営利活動法人としての地位を承継しているものとみなす。

5　第44条第2項及び第3項，第45条，第47条から第49条まで並びに第54条第1項の規定は第1項の認定について，第58条第2項において準用する第44条第2項及び第3項，第59条並びに前条において準用する第47条から第49条まで及び第54条第1項の規定は第2項の認定について，それぞれ準用する。この場合において，必要な技術的読替えその他これらの規定の適用に関し必要な事項は，政令で定める。

第4節　認定特定非営利活動法人等の監督

（報告及び検査）

第64条　所轄庁は，認定特定非営利活動法人又は仮認定特定非営利活動法人（以下「認定特定非営利活動法人等」という。）が法令，法令に基づいてする行政庁の処分若しくは定款に違反し，又はその運営が著しく適正を欠いている疑いがあると認めるときは，当該認定特定非営利活動法人等に対し，その業務若しくは財産の状況に関し報告をさせ，又はその職員に，当該認定特定非営利活動法人等の事務所その他の施設に立ち入り，その業務若しくは財産の状況若しくは帳簿，書類その他の物件を検査させることができる。

2　所轄庁以外の関係知事は，認定特定非営利活動法人等が法令，法令に基づいてする行政庁の処分若しくは定款に違反し，又はその運営が著しく適正を欠いている疑いがあると認めるときは，当該認定特定非営利活動法人等に対し，当該都道府県の区域内における業務若しくは財産の状況に関し報告をさせ，又はその職員に，当該都道府県の区域内に所在する当該認定特定非営利活動法人等の事務所その他の施設に立ち入り，その業務若しくは財産の状況若しくは帳簿，書類その他の物件を検査させることができる。

3　所轄庁又は所轄庁以外の関係知事は，前2項の規定による検査をさせる場合においては，当該検査をする職員に，これらの項の疑いがあると認める理由を記載した書面を，あらかじめ，当該認定特定非営利活動法人等の役員その他の当該検査の対象となっている事務所その他の施設の管理について権限を有する者（第5項において「認定特定非営利活動法人等の役員等」という。）に提示させなければならない。

4　前項の規定にかかわらず，所轄庁又は所轄庁以外の関係知事が第1項又は第2項の規定による検査の適正な遂行に支障を及ぼすおそれがあると認める場合には，前項の規定による書面の提示を要しない。

5 前項の場合において，所轄庁又は所轄庁以外の関係知事は，第1項又は第2項の規定による検査を終了するまでの間に，当該検査をする職員に，これらの項の疑いがあると認める理由を記載した書面を，認定特定非営利活動法人等の役員等に提示させるものとする。
6 第3項又は前項の規定は，第1項又は第2項の規定による検査をする職員が，当該検査により第3項又は前項の規定により理由として提示した事項以外の事項について第1項又は第2項の疑いがあると認められることとなった場合において，当該事項に関し検査を行うことを妨げるものではない。この場合において，第3項又は前項の規定は，当該事項に関する検査については適用しない。
7 第41条第3項及び第4項の規定は，第1項又は第2項の規定による検査について準用する。

（勧告，命令等）
第65条 所轄庁は，認定特定非営利活動法人等について，第67条第2項各号（同条第3項において準用する場合を含む。次項において同じ。）のいずれかに該当すると疑うに足りる相当な理由がある場合には，当該認定特定非営利活動法人等に対し，期限を定めて，その改善のために必要な措置を採るべき旨の勧告をすることができる。
2 所轄庁以外の関係知事は，認定特定非営利活動法人等について，第67条第2項各号（第1号にあっては，第45条第1項第3号に係る部分を除く。）のいずれかに該当すると疑うに足りる相当な理由がある場合には，当該認定特定非営利活動法人等に対し，期限を定めて，当該都道府県の区域内における事業活動について，その改善のために必要な措置を採るべき旨の勧告をすることができる。
3 所轄庁又は所轄庁以外の関係知事は，前2項の規定による勧告をしたときは，インターネットの利用その他の適切な方法により，その勧告の内容を公表しなければならない。
4 所轄庁又は所轄庁以外の関係知事は，第1項又は第2項の規定による勧告を受けた認定特定非営利活動法人等が，正当な理由がなく，その勧告に係る措置を採らなかったときは，当該認定特定非営利活動法人等に対し，その勧告に係る措置を採るべきことを命ずることができる。
5 第1項及び第2項の規定による勧告並びに前項の規定による命令は，書面により行うよう努めなければならない。
6 所轄庁又は所轄庁以外の関係知事は，第4項の規定による命令をしたときは，インターネットの利用その他の適切な方法により，その旨を公示しなければならない。

7 所轄庁又は所轄庁以外の関係知事は，第1項若しくは第2項の規定による勧告又は第4項の規定による命令をしようとするときは，次の各号に掲げる事由の区分に応じ，当該事由の有無について，当該各号に定める者の意見を聴くことができる。
　一　第47条第1号ニ又は第6号に規定する事由　警視総監又は道府県警察本部長
　二　第47条第4号又は第5号に規定する事由　国税庁長官等

（その他の事業の停止）
第66条　所轄庁は，その他の事業を行う認定特定非営利活動法人につき，第5条第1項の規定に違反してその他の事業から生じた利益が当該認定特定非営利活動法人が行う特定非営利活動に係る事業以外の目的に使用されたと認めるときは，当該認定特定非営利活動法人に対し，その他の事業の停止を命ずることができる。
2　前条第5項及び第6項の規定は，前項の規定による命令について準用する。

（認定又は仮認定の取消し）
第67条　所轄庁は，認定特定非営利活動法人が次のいずれかに該当するときは，第44条第1項の認定を取り消さなければならない。
　一　第47条各号（第2号を除く。）のいずれかに該当するとき。
　二　偽りその他不正の手段により第44条第1項の認定，第51条第2項の有効期間の更新又は第63条第1項の認定を受けたとき。
　三　正当な理由がなく，第65条第4項又は前条第1項の規定による命令に従わないとき。
　四　認定特定非営利活動法人から第44条第1項の認定の取消しの申請があったとき。
2　所轄庁は，認定特定非営利活動法人が次のいずれかに該当するときは，第44条第1項の認定を取り消すことができる。
　一　第45条第1項第3号，第4号イ若しくはロ又は第7号に掲げる基準に適合しなくなったとき。
　二　第29条，第52条第4項又は第54条第5項の規定を遵守していないとき。
　三　前2号に掲げるもののほか，法令又は法令に基づいてする行政庁の処分に違反したとき。
3　前2項の規定は，第58条第1項の仮認定について準用する。この場合において，第1項第2号中「，第51条第2項の有効期間の更新又は第63条第1項の認定」とあるのは，「又は第63条第2項の認定」と読み替えるものとする。
4　第43条第3項及び第4項，第49条第1項から第3項まで並びに第65条第7項の規定は，第1項又は第2項の規定による認定の取消し（第69条において「認定の取消し」

という。）及び前項において準用する第1項又は第2項の規定による仮認定の取消し（同条において「仮認定の取消し」という。）について準用する。

（所轄庁への意見等）
第68条 所轄庁以外の関係知事は，認定特定非営利活動法人等が第65条第4項の規定による命令に従わなかった場合その他の場合であって，所轄庁が当該認定特定非営利活動法人等に対して適当な措置を採ることが必要であると認めるときは，所轄庁に対し，その旨の意見を述べることができる。
2　次の各号に掲げる者は，認定特定非営利活動法人等についてそれぞれ当該各号に定める事由があると疑うに足りる相当な理由があるため，所轄庁が当該認定特定非営利活動法人等に対して適当な措置を採ることが必要であると認める場合には，所轄庁に対し，その旨の意見を述べることができる。
　一　警視総監又は道府県警察本部長　第47条第1号ニ又は第6号に該当する事由
　二　国税庁長官等　第47条第4号又は第5号に該当する事由
3　所轄庁は，この章に規定する認定特定非営利活動法人等に関する事務の実施に関して特に必要があると認めるときは，所轄庁以外の関係知事に対し，当該所轄庁以外の関係知事が採るべき措置について，必要な要請をすることができる。

（所轄庁への指示）
第69条 内閣総理大臣は，この章に規定する認定特定非営利活動法人等に関する事務の実施に関して地域間の均衡を図るため特に必要があると認めるときは，所轄庁に対し，第65条第1項の規定による勧告，同条第4項の規定による命令，第66条第1項の規定による命令又は認定の取消し若しくは仮認定の取消しその他の措置を採るべきことを指示することができる。

第4章　税法上の特例

第70条 特定非営利活動法人は，法人税法　その他法人税に関する法令の規定の適用については，同法第2条第6号に規定する公益法人等とみなす。この場合において，同法第37条の規定を適用する場合には同条第4項中「公益法人等（）とあるのは「公益法人等（特定非営利活動促進法（平成10年法律第7号）第2条第2項に規定する法人（以下「特定非営利活動法人」という。）並びに）と，同法第66条の規定を適用する場合には同条第1項及び第2項中「普通法人」とあるのは「普通法人（特定非営利活動法人を含む。）」と，同条第3項中「公益法人等（）とあるのは「公益法人等（特定非営利活動法人及び）と，租税特別措置法（昭和32年法律第26号）第68条の6の規定を適用する場

合には同条中「みなされているもの」とあるのは「みなされているもの（特定非営利活動促進法第2条第2項に規定する法人については，小規模な法人として政令で定めるものに限る。）」とする。

2　特定非営利活動法人は，消費税法（昭和63年法律第108号）その他消費税に関する法令の規定の適用については，同法　別表第三に掲げる法人とみなす。

3　特定非営利活動法人は，地価税法（平成3年法律第69号）その他地価税に関する法令の規定（同法第33条の規定を除く。）の適用については，同法第2条第6号に規定する公益法人等とみなす。ただし，同法第六条　の規定による地価税の非課税に関する法令の規定の適用については，同法第2条第7号に規定する人格のない社団等とみなす。

第71条　個人又は法人が，認定特定非営利活動法人等に対し，その行う特定非営利活動に係る事業に関連する寄附又は贈与をしたときは，租税特別措置法で定めるところにより，当該個人又は法人に対する所得税，法人税又は相続税の課税について寄附金控除等の特例の適用があるものとする。

第5章　雑　則

（情報の提供）

第72条　内閣総理大臣及び所轄庁は，特定非営利活動法人に対する寄附その他の特定非営利活動への市民の参画を促進するため，認定特定非営利活動法人等その他の特定非営利活動法人の事業報告書その他の活動の状況に関するデータベースの整備を図り，国民にインターネットその他の高度情報通信ネットワークの利用を通じて迅速に情報を提供できるよう必要な措置を講ずるものとする。

（協力依頼）

第73条　所轄庁は，この法律の施行のため必要があると認めるときは，官庁，公共団体その他の者に照会し，又は協力を求めることができる。

（行政手続等における情報通信の技術の利用に関する法律の適用）

第74条　第10条第1項の規定による申請及び同条第2項（第25条第5項及び第34条第5項において準用する場合を含む。）の規定による縦覧，第12条第3項（第25条第5項及び第34条第5項において準用する場合を含む。）の規定による通知，第13条第2項（第39条第2項において準用する場合を含む。）の規定による届出，第23条第1項の規定による届出，第25条第3項の規定による申請，同条第6項の規定による届出及び同条第7項の規定による提出，第29条の規定による提出，第30条の規定による閲覧，第31条第2項の規定による申請，第34条第3項の規定による申請，第43条第4項（第67条第4

項において準用する場合を含む。）の規定による交付，第44条第1項の規定による申請，第49条第1項（第51条第5項，第62条（第63条第5項において準用する場合を含む。），第63条第5項及び第67条第4項において準用する場合を含む。）の規定による通知及び第49条第4項（第51条第5項，第62条（第63条第5項において準用する場合を含む。）及び第63条第5項において準用する場合を含む。）の規定による提出，第51条第3項の規定による申請，第52条第2項（第62条において準用する場合を含む。）の規定による提出，第53条第4項（第62条において準用する場合を含む。）の規定による提出，第55条第1項及び第2項（これらの規定を第62条において準用する場合を含む。）の規定による提出，第56条（第62条において準用する場合を含む。）の規定による閲覧，第58条第1項の規定による申請並びに第63条第3項の規定による申請について行政手続等における情報通信の技術の利用に関する法律（平成14年法律第151号）の規定を適用する場合においては，同法中「主務省令」とあるのは，「都道府県又は指定都市の条例」とし，同法第12条の規定は，適用しない。

（民間事業者等が行う書面の保存等における情報通信の技術の利用に関する法律の適用）

第75条 第14条（第39条第2項において準用する場合を含む。）の規定による作成及び備置き，第28条第1項の規定による作成及び備置き，同条第2項の規定による備置き並びに同条第3項の規定による閲覧，第35条第1項の規定による作成及び備置き，第45条第1項第5号（第51条第5項及び第63条第5項において準用する場合を含む。）の規定による閲覧，第52条第4項（第62条において準用する場合を含む。）の規定による閲覧，第54条第1項（第62条（第63条第5項において準用する場合を含む。）及び第63条第5項において準用する場合を含む。）の規定による備置き，第54条第2項から第4項まで（これらの規定を第62条において準用する場合を含む。）の規定による作成及び備置き並びに第54条第5項（第62条において準用する場合を含む。）の規定による閲覧について民間事業者等が行う書面の保存等における情報通信の技術の利用に関する法律（平成16年法律第149号）の規定を適用する場合においては，同法中「主務省令」とあるのは，「都道府県又は指定都市の条例」とし，同法第9条の規定は，適用しない。

（実施規定）

第76条 この法律に定めるもののほか，この法律の規定の実施のための手続その他その執行に関し必要な細則は，内閣府令又は都道府県若しくは指定都市の条例で定める。

第6章 罰　　則

第77条 偽りその他不正の手段により第44条第1項の認定，第51条第2項の有効期間

の更新，第58条第1項の仮認定又は第63条第1項若しくは第2項の認定を受けた者は，6月以下の懲役又は50万円以下の罰金に処する。

第78条 次の各号のいずれかに該当する者は，50万円以下の罰金に処する。
　一　正当な理由がないのに，第42条の規定による命令に違反して当該命令に係る措置を採らなかった者
　二　第50条第1項の規定に違反して，認定特定非営利活動法人であると誤認されるおそれのある文字をその名称又は商号中に用いた者
　三　第50条第2項の規定に違反して，他の認定特定非営利活動法人であると誤認されるおそれのある名称又は商号を使用した者
　四　第62条において準用する第50条第1項の規定に違反して，仮認定特定非営利活動法人であると誤認されるおそれのある文字をその名称又は商号中に用いた者
　五　第62条において準用する第50条第2項の規定に違反して，他の仮認定特定非営利活動法人であると誤認されるおそれのある名称又は商号を使用した者
　六　正当な理由がないのに，第65条第4項の規定による命令に違反して当該命令に係る措置を採らなかった者
　七　正当な理由がないのに，第66条第1項の規定による停止命令に違反して引き続きその他の事業を行った者

第79条 法人（法人でない団体で代表者又は管理人の定めのあるものを含む。以下この項において同じ。）の代表者若しくは管理人又は法人若しくは人の代理人，使用人その他の従業者が，その法人又は人の業務に関して前2条の違反行為をしたときは，行為者を罰するほか，その法人又は人に対しても，各本条の罰金刑を科する。

2　法人でない団体について前項の規定の適用がある場合には，その代表者又は管理人が，その訴訟行為につき法人でない団体を代表するほか，法人を被告人又は被疑者とする場合の刑事訴訟に関する法律の規定を準用する。

第80条 次の各号のいずれかに該当する場合においては，特定非営利活動法人の理事，監事又は清算人は，20万円以下の過料に処する。
　一　第7条第1項の規定による政令に違反して，登記することを怠ったとき。
　二　第14条（第39条第2項において準用する場合を含む。）の規定に違反して，財産目録を備え置かず，又はこれに記載すべき事項を記載せず，若しくは不実の記載をしたとき。
　三　第23条第1項若しくは第25条第6項（これらの規定を第52条第1項（第62条において準用する場合を含む。）の規定により読み替えて適用する場合を含む。）又は第53条

第 1 項（第 62 条において準用する場合を含む。）の規定に違反して，届出をせず，又は虚偽の届出をしたとき。
四　第 28 条第 1 項若しくは第 2 項，第 54 条第 1 項（第 62 条（第 63 条第 5 項において準用する場合を含む。）及び第 63 条第 5 項において準用する場合を含む。）又は第 54 条第 2 項から第 4 項まで（これらの規定を第 62 条において準用する場合を含む。）の規定に違反して，書類を備え置かず，又はこれに記載すべき事項を記載せず，若しくは不実の記載をしたとき。
五　第 25 条第 7 項若しくは第 29 条（これらの規定を第 52 条第 1 項（第 62 条において準用する場合を含む。）の規定により読み替えて適用する場合を含む。），第 49 条第 4 項（第 51 条第 5 項，第 62 条（第 63 条第 5 項において準用する場合を含む。）及び第 63 条第 5 項において準用する場合を含む。）又は第 52 条第 2 項，第 53 条第 4 項若しくは第 55 条第 1 項若しくは第 2 項（これらの規定を第 62 条において準用する場合を含む。）の規定に違反して，書類の提出を怠ったとき。
六　第 31 条の 3 第 2 項又は第 31 条の 12 第 1 項の規定に違反して，破産手続開始の申立てをしなかったとき。
七　第 31 条の 10 第 1 項又は第 31 条の 12 第 1 項の規定に違反して，公告をせず，又は不正の公告をしたとき。
八　第 35 条第 1 項の規定に違反して，書類の作成をせず，又はこれに記載すべき事項を記載せず，若しくは不実の記載をしたとき。
九　第 35 条第 2 項又は第 36 条第 2 項の規定に違反したとき。
十　第 41 条第 1 項又は第 62 条第 1 項若しくは第 2 項の規定による報告をせず，若しくは虚偽の報告をし，又はこれらの項の規定による検査を拒み，妨げ，若しくは忌避したとき。

第 81 条　第 4 条の規定に違反した者は，10 万円以下の過料に処する。

附　則（抄）（平成 25 年 11 月 27 日法律第 86 号）

（施行期日）

第 1 条　この法律は，公布の日から起算して 6 月を超えない範囲内において政令で定める日から施行する。

付録 ②
特定非営利活動促進法施行令

特定非営利活動促進法施行令

(平成23年10月14日 政令第319号)

　内閣は，特定非営利活動促進法（平成10年法律第7号）第7条第1項，第45条第1項第1号イ及びロ並びに第2項（同法第51条第5項及び第63条第5項において準用する場合を含む。），第46条（同法第51条第5項及び第62条において準用する場合を含む。）並びに第63条第5項の規定に基づき，並びに同法を実施するため，この政令を制定する。

（認定の基準となる寄附金等収入金額の割合）
第1条　特定非営利活動促進法（以下「法」という。）第45条第1項第1号イに規定する政令で定める割合は，5分の1とする。

（判定基準寄附者の要件等）
第2条　法第45条第1項第1号ロに規定する政令で定める額は，3000円とする。
2　法第45条第1項第1号ロに規定する政令で定める数は，100とする。

（小規模な特定非営利活動法人）
第3条　法第45条第2項に規定する政令で定める小規模な特定非営利活動法人（第5条第2項及び第3項において「小規模法人」という。）とは，実績判定期間（法第44条第3項に規定する実績判定期間をいう。以下同じ。）における総収入金額に12を乗じてこれを当該実績判定期間の月数で除して得た金額が800万円未満で，かつ，当該実績判定期間において受け入れた寄附金の額の総額が3000円以上である寄附者（当該申請に係る特定非営利活動法人の役員又は社員である者を除く。）の数が50人以上である特定非営利活動法人をいう。

（実績判定期間の月数の計算方法）
第4条　法第45条第1項第1号ロ及び前条の月数は，暦に従って計算し，1月に満たない端数を生じたときは，これを1月とする。

（国の補助金等がある場合における寄附金等収入金額の割合の計算方法等）
第5条　法第44条第1項の認定を受けようとする特定非営利活動法人の実績判定期間に国の補助金等（法第45条第1項第1号イ(1)に規定する国の補助金等をいう。以下この条

において同じ。）がある場合における同号イに規定する割合の計算については，当該国の補助金等の金額のうち同号イ（2）に掲げる金額に達するまでの金額は，同号イに規定する寄附金等収入金額に含めることができる。この場合において，当該国の補助金等の金額は，同号イに規定する経常収入金額に含めるものとする。

2　小規模法人が法第44条第1項の認定を受けようとする場合における法第45条第1項第1号に掲げる基準については，同号イの規定にかかわらず，実績判定期間における第1号に掲げる金額のうちに第2号に掲げる金額（内閣府令で定める要件を満たす小規模法人にあっては，同号及び第3号に掲げる金額の合計額）の占める割合が5分の1以上であることとすることができる。
　一　総収入金額から国の補助金等，臨時的な収入その他の内閣府令で定めるものの額を控除した金額
　二　法第45条第1項第1号イ（2）に規定する受入寄附金総額から同号イ（2）に規定する一者当たり基準限度超過額の合計額を控除した金額
　三　社員から受け入れた会費の額の合計額から当該合計額に法第45条第1項第2号に規定する内閣府令で定める割合を乗じて計算した金額を控除した金額のうち前号に掲げる金額に達するまでの金額

3　前項の規定の適用を受けようとする小規模法人の実績判定期間に国の補助金等がある場合における同項に規定する割合の計算については，当該国の補助金等の金額のうち同項第2号に掲げる金額に達するまでの金額は，同号に掲げる金額に含めることができる。この場合において，当該国の補助金等の金額は，同項第1号に掲げる金額に含めるものとする。

（合併特定非営利活動法人に関する法第44条及び第45条の規定の適用）

第6条　法第44条第1項の認定を受けようとする特定非営利活動法人が合併後存続した特定非営利活動法人で同条第2項の申請書を提出しようとする事業年度の初日においてその合併の日以後1年を超える期間が経過していないものである場合における同条及び法第45条の規定の適用については，法第44条第3項中「の末日」とあるのは「の末日（当該末日の翌日以後に合併をした場合にあっては，その合併の日の前日。以下この項において同じ。）」と，「各事業年度」とあるのは「当該特定非営利活動法人又は合併によって消滅した各特定非営利活動法人の各事業年度」と，法第45条第1項第8号中「その設立の日」とあるのは「当該申請に係る特定非営利活動法人又は合併によって消滅した各特定非営利活動法人の設立の日のうち最も早い日」とする。

2　前項に規定する場合において，当該特定非営利活動法人の合併前の期間につき法第

45条第1項第1号，第2号，第4号ハ及びニ並びに第9号に掲げる基準に適合するか否かの判定は，次の各号に掲げる基準に応じ，当該各号に定めるところにより行うものとする。

一 法第45条第1項第1号，第2号並びに第4号ハ及びニに掲げる基準　当該特定非営利活動法人及び合併によって消滅した各特定非営利活動法人を一の法人とみなして判定すること。

二 法第45条第1項第9号（同項第5号ロに係る部分を除く。）に掲げる基準　当該特定非営利活動法人及び合併によって消滅した各特定非営利活動法人のそれぞれについて判定すること。

三 法第45条第1項第9号（同項第5号ロに係る部分に限る。）に掲げる基準　当該特定非営利活動法人及び合併によって消滅した各特定非営利活動法人（いずれも実績判定期間中に法第44条第1項の認定又は法第58条第1項の仮認定を受けていた期間が含まれるものに限る。）のそれぞれについて判定すること。

3　前2項の規定は，法第44条第1項の認定を受けようとする特定非営利活動法人が合併によって設立した特定非営利活動法人で同条第2項の申請書を提出しようとする事業年度の初日においてその設立の日以後1年を超える期間が経過していないものである場合における同条及び法第45条の規定の適用について準用する。この場合において，第1項中「当該末日の翌々日以降に合併をした場合にあっては，その合併」とあるのは「前項の申請書を提出しようとする日の前日において，設立後最初の事業年度が終了していない場合にあっては，その設立」と，同項中「当該特定非営利活動法人又は合併」及び「当該申請に係る特定非営利活動法人又は合併」とあり，並びに前項各号中「当該特定非営利活動法人及び合併」とあるのは「合併」と，同項中「合併前」とあるのは「設立前」と，それぞれ読み替えるものとする。

（認定の有効期間の更新に関する認定特定非営利活動法人の認定に係る規定の準用）

第7条　第1条の規定は法第51条第5項において準用する法第45条第1項第1号イに規定する政令で定める割合について，第2条の規定は法第51条第5項において準用する法第45条第1項第1号ロに規定する政令で定める額及び数について，第3条の規定は法第51条第5項において準用する法第45条第2項に規定する政令で定める小規模な特定非営利活動法人について，第4条の規定は法第51条第5項において準用する法第45条第1項第1号ロ及びこの条において準用する第3条の月数の計算方法について，第5条の規定は法第51条第5項において準用する法第45条第2項に規定する政令で定める方法について，前条（第2項第2号及び第3号に係る部分を除く。）の規定は法第51条第

5項において準用する法第46条に規定する政令で定める事項について、それぞれ準用する。この場合において、前条第1項中「と、法第45条第1項第8号中「その設立の日」とあるのは「当該申請に係る特定非営利活動法人又は合併によって消滅した各特定非営利活動法人の設立の日のうち最も早い日」とする」とあるのは「とする」と、同条第2項中「法第45条第1項第1号、第2号、第4号ハ及びニ並びに第9号」とあるのは「法第51条第5項において準用する法第45条第1項第1号、第2号並びに第4号ハ及びニ」と、同条第3項中「前項の」とあるのは「法第51条第5項において準用する前項の」と、それぞれ読み替えるものとする。

（仮認定特定非営利活動法人に関する法第58条及び第59条の規定の適用）
第8条 法第58条第1項の仮認定を受けようとする特定非営利活動法人が合併後存続した特定非営利活動法人で同条第2項において準用する法第44条第2項の申請書を提出しようとする事業年度の初日においてその合併の日以後1年を超える期間が経過していないものである場合における法第58条の規定の適用については、同条第2項中「5年」とあるのは「以前5年」と、「2年)」とあるのは「2年)内に終了した」と、「「2年」とあるのは「「(当該末日の翌々日以後に合併をした場合にあっては、その合併の日の前日。以下この項において同じ。)以前2年内に終了した当該特定非営利活動法人又は合併によって消滅した各特定非営利活動法人の」とする。

2 前項に規定する場合において、法第59条第1号の規定による当該特定非営利活動法人の合併前の期間につき法第45条第1項第2号、第4号ハ及びニ並びに第9号（同項第5号ロに係る部分を除く。）に掲げる基準に適合するか否かの判定は、次の各号に掲げる基準に応じ、当該各号に定めるところにより行うものとする。
　一　法第45条第1項第2号並びに第4号ハ及びニに掲げる基準　当該特定非営利活動法人及び合併によって消滅した各特定非営利活動法人を一の法人とみなして判定すること。
　二　法第45条第1項第9号（同項第5号ロに係る部分を除く。）に掲げる基準　当該特定非営利活動法人及び合併によって消滅した各特定非営利活動法人のそれぞれについて判定すること。

3 第1項に規定する場合において、法第59条第1号の規定により法第45条第1項第8号に掲げる基準に適合するか否かを判定する場合においては、同号中「その設立の日」とあるのは、「当該申請に係る特定非営利活動法人又は合併によって消滅した各特定非営利活動法人の設立の日のうち最も早い日」と読み替えるものとする。

4 前3項の規定は、法第58条第1項の仮認定を受けようとする特定非営利活動法人が

合併によって設立した特定非営利活動法人で同条第2項において準用する法第44条第2項の申請書を提出しようとする事業年度の初日においてその設立の日以後1年を超える期間が経過していないものである場合における法第58条及び第59条の規定の適用について準用する。この場合において，第1項中「当該末日の翌々日以後に合併をした場合にあっては，その合併」とあるのは「第58条第2項において準用する前項の申請書を提出しようとする日の前日において，設立後最初の事業年度が終了していない場合にあっては，その設立」と，同項中「当該特定非営利活動法人又は合併」とあり，第2項各号中「当該特定非営利活動法人及び合併」とあり，及び前項中「当該申請に係る特定非営利活動法人又は合併」とあるのは「合併」と，第2項中「合併前」とあるのは「設立前」と，それぞれ読み替えるものとする。

（認定特定非営利活動法人等の合併についての認定に関する技術的読替え等）

第9条 法第63条第5項の規定により法第44条第2項及び第3項，第45条並びに第49条の規定を準用する場合には，法第44条第2項ただし書中「次条第1項第1号ハに掲げる基準に適合する特定非営利活動法人が申請をする」とあるのは「合併後存続する特定非営利活動法人又は合併によって設立した特定非営利活動法人が次条第1項第1号ハに掲げる基準に適合する」と，同条第3項中「第1項の認定を受けようとする特定非営利活動法人の」とあるのは「合併後存続する特定非営利活動法人又は合併によって消滅する各特定非営利活動法人（合併によって特定非営利活動法人を設立する場合にあっては，合併によって消滅する各特定非営利活動法人。以下この項において同じ。）の各事業年度のうち」と，「5年（同項の認定を受けたことのない特定非営利活動法人が同項の認定を受けようとする場合にあっては，2年）」とあるのは「2年」と，「各事業年度」とあるのは「合併後存続する特定非営利活動法人又は合併によって消滅する各特定非営利活動法人の各事業年度」と，法第45条第1項中「前条第1項の認定の申請をした」とあるのは「第63条第1項の認定の申請に係る合併後存続する特定非営利活動法人又は合併によって設立した」と，同項第1号ロ及び第2号イ中「当該申請に係る」とあるのは「合併後存続する特定非営利活動法人又は合併によって設立した」と，同項第8号中「前条第2項の申請書を提出した日を含む事業年度の初日」とあるのは「合併後存続する特定非営利活動法人又は合併によって消滅する各特定非営利活動法人（合併によって特定非営利活動法人を設立する場合にあっては，合併によって消滅する各特定非営利活動法人）の各事業年度のうち直前に終了した事業年度の末日の翌日」と，「その設立」とあるのは「合併後存続する特定非営利活動法人及び合併によって消滅する各特定非営利活動法人（合併によって特定非営利活動法人を設立する場合にあっては，合併によって消滅する各特定非

営利活動法人）であって認定特定非営利活動法人又は仮認定特定非営利活動法人でないものの設立」と，同条第2項中「前条第1項の認定の申請をした」とあるのは「第63条第1項の認定の申請に係る合併後存続する特定非営利活動法人又は合併によって設立する」と，「政令で定める小規模な特定非営利活動法人が同項の認定の申請をした」とあるのは「同項の認定の申請に係る合併後存続する特定非営利活動法人又は合併によって設立する特定非営利活動法人が政令で定める小規模な特定非営利活動法人となる」と，法第49条第2項及び第3項中「当該認定に係る認定特定非営利活動法人」とあるのは「合併後存続する特定非営利活動法人又は合併によって設立した特定非営利活動法人」と，それぞれ読み替えるものとする。

2 　法第63条第5項の規定により法第58条第2項において準用する法第44条第3項，法第59条及び法第62条において準用する法第49条の規定を準用する場合には，法第58条第2項において準用する法第44条第3項中「第1項の認定を受けようとする特定非営利活動法人の」とあるのは「合併後存続する特定非営利活動法人又は合併によって消滅する各特定非営利活動法人（合併によって特定非営利活動法人を設立する場合にあっては，合併によって消滅する各特定非営利活動法人。以下この項において同じ。）の各事業年度のうち」と，「各事業年度」とあるのは「合併後存続する特定非営利活動法人又は合併によって消滅する各特定非営利活動法人の各事業年度」と，法第59条中「前条第1項の仮認定の申請をした」とあるのは「合併後存続する特定非営利活動法人又は合併によって設立した」と，同条第2号中「その設立の日（当該特定非営利活動法人が合併後存続した特定非営利活動法人である場合にあっては当該特定非営利活動法人又はその合併によって消滅した各特定非営利活動法人の設立の日のうち最も早い日，当該特定非営利活動法人が合併によって設立した特定非営利活動法人である場合にあってはその合併によって消滅した各特定非営利活動法人の設立の日のうち最も早い日）」とあるのは「合併後存続する特定非営利活動法人及び合併によって消滅する各特定非営利活動法人（合併によって特定非営利活動法人を設立する場合にあっては，合併によって消滅する各特定非営利活動法人）であって仮認定特定非営利活動法人でないものが，その設立の日」と，同条第3号中「第44条第1項」とあるのは「合併後存続する特定非営利活動法人及び合併によって消滅する各特定非営利活動法人（合併によって特定非営利活動法人を設立する場合にあっては，合併によって消滅する各特定非営利活動法人）であって仮認定特定非営利活動法人でないものが，第44条第1項」と，法第62条において準用する法第49条第2項及び第3項中「当該認定に係る認定特定非営利活動法人」とあるのは「合併後存続する特定非営利活動法人又は合併によって設立した特定非営利活動法人」と，それぞれ読み替える

ものとする。

3 法第63条第5項の規定により法第44条第3項の規定を準用する場合において，合併後存続する特定非営利活動法人及び合併によって消滅する各特定非営利活動法人（合併によって特定非営利活動法人を設立する場合にあっては，合併によって消滅する各特定非営利活動法人。以下この項において同じ。）の実績判定期間につき法第63条第5項において準用する法第45条第1項第1号，第2号，第4号ハ及びニ並びに第9号に掲げる基準に適合するか否かの判定は，次の各号に掲げる基準に応じ，当該各号に定めるところにより行うものとする。

一 法第63条第5項において準用する法第45条第1項第1号，第2号並びに第4号ハ及びニに掲げる基準 合併後存続する特定非営利活動法人及び合併によって消滅する各特定非営利活動法人を一の法人とみなして判定すること。

二 法第63条第5項において準用する法第45条第1項第9号（同項第5号ロに係る部分を除く。）に掲げる基準 合併後存続する特定非営利活動法人及び合併によって消滅する各特定非営利活動法人のそれぞれについて判定すること。

三 法第63条第5項において準用する法第45条第1項第9号（同項第5号ロに係る部分に限る。）に掲げる基準 合併後存続する特定非営利活動法人及び合併によって消滅する各特定非営利活動法人（いずれも実績判定期間中に法第44条第1項の認定又は法第58条第1項の仮認定を受けていた期間が含まれるものに限る。）のそれぞれについて判定すること。

4 法第63条第5項において準用する法第59条第1号の規定により法第45条第1項第2号及び第8号に掲げる基準に適合するか否かを判定する場合においては，同項第2号イ中「当該申請に係る」とあるのは「合併後存続する特定非営利活動法人又は合併によって設立した」と，同項第8号中「前条第2項の申請書を提出した日を含む事業年度の初日」とあるのは「合併後存続する特定非営利活動法人又は合併によって消滅する各特定非営利活動法人（合併によって特定非営利活動法人を設立する場合にあっては，合併によって消滅する各特定非営利活動法人）の各事業年度のうち直前に終了した事業年度の末日の翌日」と，「その設立」とあるのは「合併後存続する特定非営利活動法人及び合併によって消滅する各特定非営利活動法人（合併によって特定非営利活動法人を設立する場合にあっては，合併によって消滅する各特定非営利活動法人）であって仮認定特定非営利活動法人でないものの設立」と，それぞれ読み替えるものとする。

5 法第63条第5項の規定により法第58条第2項において準用する法第44条第3項の規定を準用する場合において，法第63条第5項において準用する法第59条第1号の規

定による合併後存続する特定非営利活動法人及び合併によって消滅する各特定非営利活動法人（合併によって特定非営利活動法人を設立する場合にあっては，合併によって消滅する各特定非営利活動法人。以下この項において同じ。）の実績判定期間につき法第45条第1項第2号，第4号ハ及びニ並びに第9号に掲げる基準に適合するか否かの判定は，次の各号に掲げる基準に応じ，当該各号に定めるところにより行うものとする。

一　法第45条第1項第2号並びに第4号ハ及びニに掲げる基準　合併後存続する特定非営利活動法人及び合併によって消滅する各特定非営利活動法人を一の法人とみなして判定すること。

二　法第45条第1項第9号（同項第5号ロに係る部分を除く。）に掲げる基準　合併後存続する特定非営利活動法人及び合併によって消滅する各特定非営利活動法人のそれぞれについて判定すること。

三　法第45条第1項第9号（同項第5号ロに係る部分に限る。）に掲げる基準　合併後存続する特定非営利活動法人及び合併によって消滅する各特定非営利活動法人（いずれも仮認定特定非営利活動法人であるものに限る。）のそれぞれについて判定すること。

6　第1条の規定は法第63条第5項において準用する法第45条第1項第1号イに規定する政令で定める割合について，第2条の規定は法第63条第5項において準用する法第45条第1項第1号ロに規定する政令で定める額及び数について，第3条の規定は法第63条第5項において準用する法第45条第2項に規定する政令で定める小規模な特定非営利活動法人について，第4条の規定は法第63条第5項において準用する法第45条第1項第1号ロ及びこの項において準用する第3条の月数の計算方法について，第5条の規定は法第63条第5項において準用する法第45条第2項に規定する政令で定める方法について，それぞれ準用する。この場合において，第5条第1項中「法第44条第1項の認定を受けようとする」とあるのは「法第63条第1項の認定の申請に係る合併後存続する特定非営利活動法人又は合併によって設立する」と，同条第2項中「小規模法人が法第44条第1項の認定を受けようとする」とあるのは「法第63条第1項の認定の申請に係る合併後存続する特定非営利活動法人又は合併によって設立する特定非営利活動法人が小規模法人となる」と，それぞれ読み替えるものとする。

附　　則（抄）

（施行期日）

第1条　この政令は，平成24年4月1日から施行する。

付録 ③
特定非営利活動促進法施行規則

特定非営利活動促進法施行規則

(平成23年10月14日)
(内閣府令第55号)

特定非営利活動促進法（平成10年法律第7号）及び特定非営利活動促進法施行令（平成23年政令第319号）の規定に基づき，並びに同法を実施するため，特定非営利活動促進法施行規則を次のように定める。

第1章　特定非営利活動法人（第1条―第3条）
第2章　認定特定非営利活動法人及び仮認定特定非営利活動法人
　第1節　認定特定非営利活動法人（第4条―第32条）
　第2節　仮認定特定非営利活動法人（第33条・第34条）
　第3節　認定特定非営利活動法人等の合併（第35条）
附則

第1章　特定非営利活動法人

（電磁的方法）
第1条　特定非営利活動促進法（以下「法」という。）第14条の7第3項に規定する内閣府令で定めるものは，次に掲げる方法とする。
　一　電子情報処理組織を使用する方法のうちイ又はロに掲げるもの
　　イ　送信者の使用に係る電子計算機と受信者の使用に係る電子計算機とを接続する電気通信回線を通じて送信し，受信者の使用に係る電子計算機に備えられたファイルに記録する方法
　　ロ　送信者の使用に係る電子計算機に備えられたファイルに記録された情報の内容を電気通信回線を通じて情報の提供を受ける者の閲覧に供し，当該情報の提供を受ける者の使用に係る電子計算機に備えられたファイルに当該情報を記録する方法
　二　磁気ディスクその他これに準ずる方法により一定の情報を確実に記録しておくことができる物をもって調製するファイルに情報を記録したものを交付する方法
2　前項各号に掲げる方法は，受信者がファイルへの記録を出力することにより書面を作

成することができるものでなければならない。
(電磁的記録)
第2条 法第14条の9第1項に規定する内閣府令で定めるものは,磁気ディスクその他これに準ずる方法により一定の情報を確実に記録しておくことができる物をもって調製するファイルに情報を記録したものとする。
(所轄庁の変更に伴う事務の引継ぎ)
第3条 法第26条第3項の規定による事務の引継ぎは,所轄庁の変更を伴う定款の変更の認証を受けた特定非営利活動法人に係る法の規定に基づく事務について行うものとする。

2 都道府県知事又は指定都市(地方自治法(昭和22年法律第67号)第252条の19第1項に規定する指定都市をいう。以下同じ。)の長は,所轄庁の変更を伴う定款の変更を認証したときは,遅滞なく,変更前の所轄庁に当該定款の変更を認証したことを通知するものとする。ただし,変更前の所轄庁が法第53条第3項(法第62条において準用する場合を含む。)の都道府県知事であるときは,この限りでない。

第2章 認定特定非営利活動法人及び仮認定特定非営利活動法人人

第1節 認定特定非営利活動法人

(寄附金等収入金額に会費の一部を加えることができる特定非営利活動法人の要件)
第4条 法第45条第1項第1号イに規定する内閣府令で定める要件は,次に掲げるものとする。
一 社員の会費の額が合理的と認められる基準により定められていること。
二 社員(役員並びに役員の配偶者及び3親等以内の親族並びに役員と特殊の関係(第16条に規定する関係をいう。第8条及び第32条第1項第4号において同じ。)のある者を除く。)の数が20人以上であること。

(総収入金額から控除されるもの)
第5条 法第45条第1項第1号イ(1)に規定する内閣府令で定めるものは,次に掲げるものとする。
一 国の補助金等(法第45条第1項第1号イ(1)に規定する国の補助金等をいう。)
二 委託の対価としての収入で国等(法第45条第1項第1号イ(1)に規定する国等をいう。)から支払われるもの
三 法律又は政令の規定に基づき行われる事業でその対価の全部又は一部につき,その

対価を支払うべき者に代わり国又は地方公共団体が負担することとされている場合のその負担部分
四　資産の売却による収入で臨時的なもの
五　遺贈（贈与者の死亡により効力を生ずる贈与を含む。）により受け入れた寄附金又は贈与者の被相続人に係る相続の開始があったことを知った日の翌日から10月以内に当該相続により当該贈与者が取得した財産の全部若しくは一部を当該贈与者からの贈与（贈与者の死亡により効力を生ずる贈与を除く。）により受け入れた寄附金のうち，1者当たり基準限度超過額（法第45条第1項第1号イ（2）に規定する1者当たり基準限度超過額をいう。第7条第1号において同じ。）に相当する部分
六　実績判定期間（法第44条第3項に規定する実績判定期間をいう。以下同じ。）における同一の者から受け入れた寄附金の額の合計額が1000円に満たないもの
七　寄附者の氏名（法人にあっては，その名称）及びその住所が明らかな寄附金以外の寄附金

（同一の者からの寄附金の額のうち1者当たり基準限度となる金額）

第6条　法第45条第1項第1号イ（2）に規定する内閣府令で定める金額は，同号イ（2）に規定する受入寄附金総額の100分の10（寄附者が法人税法施行令（昭和40年政令第97号）第77条各号に掲げる法人又は認定特定非営利活動法人である場合にあっては，受入寄附金総額の100分の50）に相当する金額とする。

（受入寄附金総額から控除される寄附金の額）

第7条　法第45条第1項第1号イ（2）に規定する内閣府令で定める寄附金の額は，次に掲げる金額とする。
一　受け入れた寄附金の額のうち1者当たり基準限度超過額
二　実績判定期間における同一の者から受け入れた寄附金の額の合計額が1000円に満たない場合の当該合計額
三　寄附者の氏名（法人にあっては，その名称）及びその住所が明らかな寄附金以外の寄附金の額

（役員が寄附者である場合の金額の算出方法の特例）

第8条　法第45条第1項第1号イ（1）及び（2）に掲げる金額を算出する場合において，役員が寄附者であって，他の寄附者のうちに当該役員の配偶者及び3親等以内の親族並びに当該役員と特殊の関係のある者があるときは，これらの者は当該役員と同一の者とみなす。

(判定基準寄附者について明らかにすべき事項)
第9条　法第45条第1項第1号ロに規定する内閣府令で定める事項は，寄附者の氏名（法人にあっては，その名称）及びその住所とする。

(事業活動のうちにその対象が会員等である活動等の占める割合)
第10条　法第45条第1項第2号に規定する内閣府令で定める割合は，実績判定期間において，当該申請に係る特定非営利活動法人の行った事業活動に係る事業費の額，従事者の作業時間数その他の合理的な指標により当該事業活動のうちに同号イ，ロ，ハ又はニに掲げる活動の占める割合を算定する方法により算定した割合とする。

(会員に類するもの)
第11条　法第45条第1項第2号イに規定する内閣府令で定める者は，次に掲げる者とする。
　一　当該申請に係る特定非営利活動法人から継続的に若しくは反復して資産の譲渡等（法第45条第1項第2号イに規定する資産の譲渡等をいう。以下同じ。）を受ける者又は相互の交流，連絡若しくは意見交換に参加する者として当該申請に係る特定非営利活動法人の帳簿又は書類その他に氏名（法人にあっては，その名称）が記載された者であって，当該申請に係る特定非営利活動法人から継続的に若しくは反復して資産の譲渡等を受け，又は相互の交流，連絡若しくは意見交換に参加する者
　二　当該申請に係る特定非営利活動法人の役員

(特定非営利活動法人の運営又は業務の執行に関係しない者)
第12条　法第45条第1項第2号イに規定する当該申請に係る特定非営利活動法人の運営又は業務の執行に関係しない者で内閣府令で定めるものは，当該申請に係る特定非営利活動法人が行う不特定多数の者を対象とする資産の譲渡等の相手方であって，当該資産の譲渡等以外の当該申請に係る特定非営利活動法人の活動に関係しない者とする。

(その対象が会員等である資産の譲渡等から除かれる活動)
第13条　法第45条第1項第2号イに規定する内閣府令で定める活動は，次に掲げるものとする。
　一　当該申請に係る特定非営利活動法人が行う資産の譲渡等で，その対価として当該資産の譲渡等に係る通常の対価の額のおおむね100分の10程度に相当する額以下のもの及び交通費，消耗品費その他当該資産の譲渡等に付随して生ずる費用でその実費に相当する額（次号において「付随費用の実費相当額」という。）以下のものを会員等（法第45条第1項第2号イに規定する会員等をいう。以下同じ。）から得て行うもの
　二　当該申請に係る特定非営利活動法人が行う役務の提供で，最低賃金法（昭和34年

法律第137号）第4条第1項の規定により使用者が労働者に支払わなければならないこととされている賃金の算定の基礎となる同法第9条第1項に規定する地域別最低賃金の額を会員等が当該申請に係る特定非営利活動法人に支払う当該役務の提供の対価の額の算定の基礎となる額とみなして，これと当該役務の提供の従事者の作業時間数に基づいて算出される金額におおむね相当する額以下のもの及び付随費用の実費相当額以下のものをその対価として会員等から得て行うもの

三　法別表第19号に掲げる活動又は同表第20号の規定により同表第19号に掲げる活動に準ずる活動として都道府県若しくは指定都市の条例で定める活動を主たる目的とする特定非営利活動法人が行うその会員等の活動（公益社団法人若しくは公益財団法人である会員等又は認定特定非営利活動法人である会員等が参加しているものに限る。）に対する助成

（その便益の及ぶ者が特定の範囲の者である活動から除かれる活動）

第14条　法第45条第1項第2号ロに規定する内閣府令で定める活動は，前条第3号に掲げる活動とする。

（特定の地域）

第15条　法第45条第1項第2号ロ(4)に規定する内閣府令で定める地域は，1の市町村（東京都の特別区の存する区域及び指定都市にあっては，区）の区域の一部で地縁に基づく地域とする。

（特殊の関係）

第16条　法第45条第1項第3号イ(1)に規定する内閣府令で定める特殊の関係は，次に掲げる関係とする。

一　婚姻の届出をしていないが事実上婚姻関係と同様の事情にある関係
二　使用人である関係及び使用人以外の者で当該役員から受ける金銭その他の財産によって生計を維持している関係
三　前2号に掲げる関係のある者の配偶者及び3親等以内の親族でこれらの者と生計を1にしている関係

（特定の法人との関係）

第17条　法第45条第1項第3号イ(2)に規定する内閣府令で定める関係は，1の者（法人に限る。）が法人の発行済株式又は出資（その有する自己の株式又は出資を除く。以下この条において「発行済株式等」という。）の総数又は総額の100分の50以上の数又は金額の株式又は出資を保有する場合における当該1の者と当該法人との間の関係（以下この条において「直接支配関係」という。）とする。この場合において，当該1の者及び

これとの間に直接支配関係がある1若しくは2以上の法人又は当該1の者との間に直接支配関係がある1若しくは2以上の法人が他の法人の発行済株式等の総数又は総額の100分の50以上の数又は金額の株式又は出資を保有するときは，当該1の者は当該他の法人の発行済株式等の総数又は総額の100分の50以上の数又は金額の株式又は出資を保有するものとみなす。

(役員又は使用人である者との特殊の関係)

第18条　法第45条第1項第3号イ (2) に規定する内閣府令で定める特殊の関係は，第16条第2号中「役員」とあるのを「役員又は使用人である者」と読み替えた場合における同条各号に掲げる関係とする。

(特定の者の数の役員の総数のうちに占める割合の基準の適合に関する判定)

第19条　法第45条第1項第3号イに掲げる基準に適合するか否かの判定に当たっては，当該特定非営利活動法人の責めに帰することのできない事由により当該基準に適合しないこととなった場合において，その後遅滞なく当該基準に適合していると認められるときは，当該基準に継続して適合しているものとみなす。

(取引の記録並びに帳簿及び書類の保存)

第20条　法第45条第1項第3号ハの規定による取引の記録並びに帳簿及び書類の保存は，法人税法施行規則（昭和40年大蔵省令第12号）第53条から第59条までの規定に準じて行うものとする。

(不適正な経理)

第21条　法第45条第1項第3号ニに規定する内閣府令で定める経理は，当該特定非営利活動法人の経理でその支出した金銭の費途が明らかでないものがあるもの，帳簿に虚偽の記載があるものその他の不適正な経理とする。

(役員，社員，職員若しくは寄附者等との特殊の関係)

第22条　法第45条第1項第4号ロに規定する内閣府令で定める特殊の関係は，第16条第2号中「役員」とあるのを「役員，社員，職員若しくは寄附者又はこれらの者の配偶者若しくは3親等以内の親族」と読み替えた場合における同条各号に掲げる関係とする。

(特定の者と特別の関係がないものとされる基準)

第23条　法第45条第1項第4号ロに規定する内閣府令で定める基準は，次に掲げる基準とする。

　一　当該役員の職務の内容，当該特定非営利活動法人の職員に対する給与の支給の状況，当該特定非営利活動法人とその活動内容及び事業規模が類似するものの役員に対する報酬の支給の状況等に照らして当該役員に対する報酬の支給として過大と認められる

報酬の支給を行わないことその他役員等（役員，社員，職員若しくは寄附者若しくはこれらの者の配偶者若しくは3親等以内の親族又はこれらの者と前条に規定する特殊の関係のある者をいう。以下この項及び第32条第1項第3号ロにおいて同じ。）に対し報酬又は給与の支給に関して特別の利益を与えないこと。

二　役員等又は役員等が支配する法人に対しその対価の額が当該資産のその譲渡の時における価額に比して著しく過少と認められる資産の譲渡を行わないことその他これらの者と当該特定非営利活動法人との間の資産の譲渡等に関して特別の利益を与えないこと。

三　役員等に対し役員の選任その他当該特定非営利活動法人の財産の運用及び事業の運営に関して特別の利益を与えないこと。

四　営利を目的とした事業を行う者，法第45条第1項第4号イ（1），（2）若しくは（3）に掲げる活動を行う者又は同号イ（3）に規定する特定の公職の候補者若しくは公職にある者に対し，寄附を行わないこと。

（特定非営利活動に係る事業費の額の占める割合に準ずる割合）

第24条　法第45条第1項第4号ハに規定する内閣府令で定める割合は，実績判定期間において，当該申請に係る特定非営利活動法人の行った事業活動に係る従事者の作業時間数その他の合理的な指標により当該事業活動のうちに特定非営利活動が占める割合を算定する方法により算定した割合とする。

（小規模法人に関する特例）

第25条　特定非営利活動促進法施行令（次項において「令」という。）第5条第2項に規定する内閣府令で定める要件は，第4条各号に掲げるものとする。

2　令第5条第2項第1号に規定する内閣府令で定めるものは，第5条第1号から第5号までに掲げるものとする。

（認定に関する意見聴取）

第26条　所轄庁が，法第47条第4号に掲げる事由の有無について，法第48条第2号に定める者の意見を聴くときは，当該申請に係る特定非営利活動法人から提出された滞納処分に係る国税又は地方税の納税証明書を示して行うものとする。

（所轄庁以外の関係知事に対する認定の通知等）

第27条　法第49条第3項に規定する内閣府令で定める事項は，当該認定に係る特定非営利活動法人の次に掲げる事項とする。

一　名称

二　代表者の氏名

三　主たる事務所及び法第49条第3項の通知を受ける所轄庁以外の関係知事（同項に規定する所轄庁以外の関係知事をいう。以下同じ。）の管轄する区域内に所在するその他の事務所の所在場所及び電話番号（ファクシミリの番号を含む。）その他の連絡先

四　当該認定の有効期間

2　法第49条第4項の規定による同項各号に掲げる書類の提出は、様式第1号により作成した提出書を所轄庁以外の関係知事に提出してするものとする。

(認定の有効期間の更新の届出)

第28条　法第51条第5項において準用する法第49条第4項（第1号に係る部分を除く。）の規定による同項第2号及び第3号に掲げる書類の提出は、様式第2号により作成した提出書を所轄庁以外の関係知事に提出してするものとする。

(認定の有効期間の更新に関する認定特定非営利活動法人の認定に係る規定の準用)

第29条　第4条から第26条までの規定は、法第51条第2項の有効期間の更新について準用する。

(所轄庁の変更を伴う定款の変更の認証の申請の添付書類)

第30条　法第52条第3項に規定する内閣府令で定める書類は、次の各号に掲げる書類とする。

一　法第44条第2項の規定により所轄庁に提出した同項第1号に規定する寄附者名簿その他の同項各号に掲げる添付書類の写し

二　認定に関する書類の写し

三　法第55条第1項の規定により所轄庁に提出した直近の法第54条第2項第2号から第4号までに掲げる書類の写し

四　法第55条第2項の規定により所轄庁に提出した直近の法第54条第3項及び第4項の書類の写し

(定款の変更の通知等)

第31条　所轄庁は、法第53条第3項の通知をしようとするときは、当該認定特定非営利活動法人の第27条第1項各号に掲げる事項について通知するものとする。

2　法第53条第4項の規定による法第49条第4項各号に掲げる書類の提出は、様式第3号により作成した提出書を所轄庁以外の関係知事に提出してするものとする。

(認定特定非営利活動法人がその事務所に備え置くべき書類)

第32条　法第54条第2項第3号に規定する内閣府令で定める事項は、次に掲げる事項とする。

一　収益の源泉別の明細、借入金の明細その他の資金に関する事項

二　資産の譲渡等に係る事業の料金，条件その他その内容に関する事項
三　次に掲げる取引に係る取引先，取引金額その他その内容に関する事項
　イ　収益の生ずる取引及び費用の生ずる取引のそれぞれについて，取引金額の最も多いものから順次その順位を付した場合におけるそれぞれ第1順位から第5順位までの取引
　ロ　役員等との取引
四　寄附者（当該認定特定非営利活動法人の役員，役員の配偶者若しくは3親等以内の親族又は役員と特殊の関係のある者で，前事業年度における当該認定特定非営利活動法人に対する寄附金の額の合計額が20万円以上であるものに限る。）の氏名並びにその寄附金の額及び受領年月日
五　給与を得た職員の総数及び当該職員に対する給与の総額に関する事項
六　支出した寄附金の額並びにその相手先及び支出年月日
七　海外への送金又は金銭の持出しを行った場合（その金額が200万円以下の場合に限る。）におけるその金額及び使途並びにその実施日

2　法第54条第2項第4号に規定する内閣府令で定める書類は，法第45条第1項第3号（ロに係る部分を除く。），第4号イ及びロ，第5号並びに第7号に掲げる基準に適合している旨並びに法第47条各号のいずれにも該当していない旨を説明する書類とする。

第2節　仮認定特定非営利活動法人

（所轄庁以外の関係知事への書類の提出）

第33条　法第62条において準用する法第49条第4項の規定による同項各号に掲げる書類の提出は，様式第4号により作成した提出書を所轄庁以外の関係知事に提出してするものとする。

2　法第62条において準用する法第53条第4項の規定による法第49条第4項各号に掲げる書類の提出は，様式第5号により作成した提出書を法第62条において準用する法第53条第4項の都道府県知事に提出してするものとする。

（仮認定特定非営利活動法人に関する認定特定非営利活動法人に係る規定の準用）

第34条　第26条の規定は所轄庁が法第62条において準用する法第47条第4号に掲げる事由の有無につき法第62条において準用する法第48条第2号に定める者の意見を聴くときについて，第27条の規定は法第62条において準用する法第49条第3項に規定する内閣府令で定める事項について，第30条の規定は法第62条において準用する法第52条第3項に規定する内閣府令で定める書類について，第31条第1項の規定は所轄庁

が法第62条において準用する法第53条第3項の通知をしようとするときについて、第32条の規定は法第62条において準用する法第54条第2項第3号に規定する内閣府令で定める事項について、それぞれ準用する。

第3節　認定特定非営利活動法人等の合併

(合併の認定の通知等)

第35条　法第63条第1項の認定又は同条第2項の認定の申請を受けた所轄庁は、直ちに、合併によって消滅する各特定非営利活動法人の事務所が所在する都道府県の知事又は指定都市の長にその旨を通知するものとする。

2　前項の規定により通知をした所轄庁は、同項の通知に係る申請に対する処分をしたときは、直ちに、その旨を同項の通知を受けた都道府県の知事又は指定都市の長に通知するものとする。

3　法第63条第5項において準用する法第49条第4項の規定による同項各号に掲げる書類の提出は、様式第6号により作成した提出書を所轄庁以外の関係知事に提出してするものとする。

4　法第63条第5項において準用する法第62条において準用する法第49条第4項の規定による同項各号に掲げる書類の提出は、様式第7号により作成した提出書を所轄庁以外の関係知事に提出してするものとする。

5　第4条から第27条までの規定は、法第63条第1項の認定及び同条第2項の認定について準用する。この場合において、第10条、第11条各号、第12条、第13条第1号及び第2号、第24条並びに第26条中「当該申請に係る」とあるのは「合併後存続する特定非営利活動法人又は合併により設立した」と、同条中「滞納処分」とあるのは「合併後存続する特定非営利活動法人及び合併によって消滅する各特定非営利活動法人(合併によって特定非営利活動法人を設立する場合にあっては、合併によって消滅する各特定非営利活動法人)の滞納処分」と読み替えるものとする。

附　則（抄）

(施行期日)

第1条　この府令は、平成24年4月1日から施行する。

(経過措置)

第3条　第3条の規定は、この府令の施行の日以後に行われた定款の変更の認証について適用し、同日前に行われた定款の変更の認証については、なお従前の例による。

2　法人税法施行令の一部を改正する政令（平成20年政令第156号）附則第12条第2項の規定によりなおその効力を有するものとされる同令による改正前の法人税法施行令（第4項において「旧効力法人税法施行令」という。）第77条第1項第2号及び第3号に掲げる法人から受け入れる寄附金がある特定非営利活動法人に係る第6条の規定の適用については，同条中「第77条各号」とあるのは，「第77条各号若しくは法人税法施行令の一部を改正する政令（平成20年政令第156号）附則第12条第2項の規定によりなおその効力を有するものとされる同令による改正前の法人税法施行令第77条第1項第2号若しくは第3号」とする。

3　旧認定特定非営利活動法人（特定非営利活動促進法の一部を改正する法律（平成23年法律第70号）附則第10条第4項に規定する旧認定特定非営利活動法人をいう。第5項において同じ。）から受け入れる寄附金がある特定非営利活動法人に係る第6条の規定の適用については，同条中「認定特定非営利活動法人」とあるのは，「認定特定非営利活動法人若しくは特定非営利活動促進法の一部を改正する法律（平成23年法律第70号）附則第10条第4項に規定する旧認定特定非営利活動法人」とする。

4　旧効力法人税法施行令第77条第1項第3号に掲げる法人を会員等とする特定非営利活動法人に係る第13条第3号の規定の適用については，同号中「公益財団法人である会員等」とあるのは，「公益財団法人である会員等，法人税法施行令の一部を改正する政令（平成20年政令第156号）附則第12条第2項の規定によりなおその効力を有するものとされる同令による改正前の法人税法施行令第77条第1項第3号に掲げる法人である会員等」とする。

5　旧認定特定非営利活動法人を会員等とする特定非営利活動法人に係る第13条第3号の規定の適用については，同号中「認定特定非営利活動法人」とあるのは，「認定特定非営利活動法人若しくは特定非営利活動促進法の一部を改正する法律（平成23年法律第70号）附則第10条第4項に規定する旧認定特定非営利活動法人」とする。

〈著者紹介〉

田中　義幸（たなか・よしゆき）

公認会計士・税理士。

〔主な著書〕
「NPO法人のすべて」（税務経理協会）
「宗教法人会計のすべて」（税務経理協会）
「公益法人等における収益事業の判定実務」（新日本法規）
「非営利法人における消費税処理の手引き」（新日本法規）
他，著書，論文多数

著者との契約により検印省略

平成15年7月10日	初版発行
平成16年7月1日	初版2刷発行
平成27年3月25日	改訂版発行

NPO法人の税務
[改訂版]

著　者	田　中　義　幸
発行者	大　坪　嘉　春
整版所	美研プリンティング㈱
印刷所	税経印刷株式会社
製本所	三　森　製　本　所

発行所　東京都新宿区下落合2丁目5番13号　株式会社 税務経理協会
郵便番号 161-0033　振替 00190-2-187408　電話 (03) 3953-3301（大代表）
FAX (03) 3565-3391　(03) 3953-3325（営業代表）
URL　http://www.zeikei.co.jp/
乱丁・落丁の場合はお取替えいたします。

© 田中義幸 2015　　　　　　　　　　　　Printed in Japan

本書の無断複写は著作権法上での例外を除き禁じられています。複写される場合は，そのつど事前に，(社)出版者著作権管理機構（電話03-3513-6969, FAX03-3513-6979, e-mail:info@jcopy.or.jp）の許諾を得てください。

JCOPY ＜(社)出版者著作権管理機構　委託出版物＞

ISBN978—4—419—06222—4　C3032